Frank-Rüdiger und Hannelore Jach
(Hrsg.)

Schule ist Gemeinschaft

Konzepte einer europäisch ausgerichteten Bildung

Schneider Verlag Hohengehren GmbH

Umschlaggestaltung: Hannelore Jach.
Umschlagbild: © Hannelore Jach, Tanzende, 1995, alle Rechte vorbehalten.

Gedruckt auf umweltfreundlichem Papier (chlor- und säurefrei hergestellt).

Bibliografische Information Der Deutschen Bibliothek

Die Deutsche Bibliothek verzeichnet diese Publikation in der Deutschen Nationalbibliografie; detaillierte bibliografische Daten sind im Internet über ›http://dnb.ddb.de‹ abrufbar.

ISBN 3-89676-583-3

Inhaltsverzeichnis

Vorwort

Dieser Sammelband dokumentiert Beiträge des Symposiums Schulvielfalt auf dem Weg nach Europa, das vom 8.–10. Juni 2001 vom Institut für Bildungsforschung und Bildungsrecht Hannover im Leibniz Haus der Universität Hannover veranstaltet wurde.

Im Zeitalter der Internationalisierung und Globalisierung, des Wandels zur Wissens- und Informationsgesellschaft steht die Schule am Beginn des 21. Jahrhunderts vor grundlegenden neuen Herausforderungen. Während Politik, Wirtschaft und Arbeitsleben längst den selbständigen, lebenslang lernenden, teamfähigen und über nationale Grenzen hinausdenkenden europäischen Bürger einfordern, vermögen erst wenige Schulen in Deutschland ihre Schüler hierauf vorzubereiten. *In welchem Verhältnis hierbei Wissensvermittlung und Persönlichkeitsbildung stehen und welche Inhalte sie haben müssen*, ist ebenso wesentlicher Bestandteil der Beiträge wie die Frage nach der gesellschaftlichen Integration von Kindern ethnischer Minderheiten.

Ziel dieses Sammelbandes ist es, Erfahrungen aus verschiedenen Perspektiven und Ländern zusammentragen und darzustellen. Neben wissenschaftlichen Reflexionen sollen zugleich praktische Erfahrungen von Schulen auf dem Weg zu einer europäisch ausgerichteten Bildung dargestellt werden. Hierbei ist unabdingbar, dass es sich nur um eine exemplarische und selektive Dokumentation von innovativen Schulen handelt. Von ihrem spezifischen Ansatz können aber alle Schulen je nach ihrem Schulprofil profitieren und Anregungen erhalten. Auch wenn es sich bei den im zweiten Teil selbst darstellenden Schulen allesamt um Schulen in freier Trägerschaft handelt, bedeutet dies nicht, dass diese als solche schon innovativer als staatliche wären. Vielmehr galt das Interesse der Darstellung verschiedener pädagogischer Konzeptionen unabhängig von der Trägerschaft und selbstverständlich waren auf dem Symposium auch staatliche Schulen vertreten, doch leider haben diese kein für eine Veröffentlichung geeignetes Manuskript zur Verfügung stellen können.

Die Bandbreite der Schulen reicht von allgemeinbildenden und beruflichen, deutschen, ausländischen und konfessionellen bis hin zu reformpädagogischen Schulen. Es sind allesamt Schulen, die versuchen, Schüler zu befähigen,

- ein europäisches Bewusstsein zu entwickeln,
- selbständig zu lernen und sich in immer wieder neuen Situationen zu recht zu finden,
- in Toleranz gegenüber anderen Lebensformen Verantwortung für sich und die Gesellschaft zu übernehmen,

- Leistungsbereitschaft und Kreativität zu entwickeln.

Ziel dieser Schulen ist dabei auch, die Integration ausländischer Schüler ebenso wie Schüler und Schülerinnen mit besonderen Begabungen zu fördern.

Die erziehungswissenschaftlichen und bildungspolitischen Beiträge beleuchten neben grundsätzlichen Überlegungen einer europäischen Dimension von Bildung Fragen der Qualitätsentwicklung von Schulen und versuchen, internationale Erfahrungen mit einzubeziehen. Sie wollen eine Antwort darauf geben, welche Anforderungen an das Bildungswesen der Zukunft zu stellen sind. Die niedersächsische Kultusministerin Renate Jürgens-Pieper stellt darüber hinaus aus der Sicht der Politik dar, welche Qualitätsanforderungen an Schulen auf dem Weg nach Europa zu stellen sind.

Aus all diesen Überlegungen und empirischen Erfahrungen des Schulalltags wird deutlich, dass Motor der Schulentwicklung – und damit der Qualitätsentwicklung von Schule – vor allem einzelne Schulen sind, die neue Wege gehen. Es sind Schulen, die ungeachtet eines allgemeinverbindlichen Bildungsauftrags durch ihre Einzigartigkeit und ihr spezielles Schulprofil in dem Bemühen hervortreten, den Horizont der Schüler über die klassische nationalstaatliche Bildungsperspektive hinaus zu erweitern und dabei auf die besondere und jeweilige Lebenswelt ihrer Schüler eingehen. Solche Schulen sollen in dem Band vorgestellt werden.

Gemeinsam ist dieser Vielfalt von Schulen die Suche nach den Wurzeln eigener Identität, die geistige Positionierung im Sinne eines sie tragenden Schulethos, das den Schüler als Menschen beherbergen und ihn nicht allein in die Welt abfragbaren Wissens entlassen möchte.

Schule muss lebendige Gemeinschaft sein, in der der Einzelne im Prozess der Globalisierung und des Zusammenwachsens Europas Heimat finden kann und die die Erfahrungen eines friedlichen, humanen und toleranten Gemeinschaft vermittelt.

Dies ist nur möglich in einem Bildungssystem, in dem hierfür sowohl strukturell wie auch inhaltlich die notwendigen Rahmenbedingungen bestehen. Diese müssen weiter ausgebaut und verbessert werden und erfordert Schulen, die mit unterschiedlichen Profilen unabhängig von ihrer Trägerschaft Eigenverantwortung tragen und auf die spezifischen Bedürfnisse ihrer Schüler eingehen können, also ein Bildungssystem, welches durch den Grundsatz der Vielfalt in der Einheit geprägt wird.

Die Beiträge für dieses Buch sind lange vor dem Bekanntwerden der Ergebnisse der PISA-Studie verfasst worden. Und doch geben sie eine Antwort auf die Frage, wie unser Bildungssystem durch eine europäische Bildung wert- und leistungsorientierter und den verschiedenen Begabungen und Herkunftswelten der Schüler besser gerecht werden könnte.

Hannover, im Mai 2002

Frank-Rüdiger Jach

Hannelore Jach

I. Voraussetzungen einer europäischen Bildung und der Qualitätsentwicklung von Schule

Schulvielfalt auf dem Weg nach Europa

Frank-Rüdiger Jach

Die Schule der Zukunft muss im Wesentlichen auf drei Dinge eine Antwort geben:

- der Notwendigkeit eines neuen Bildungsbegriffs und einer Wertorientierung in Zeiten der Pluralisierung;
- dem Wandel zur Wissens- und Informationsgesellschaft;
- der Globalisierung und Internationalisierung der Lebensverhältnisse.

1. Zu einem neuen Bildungsbegriff

Vorrangiges Ziel von Bildung muss zukünftig sein, das Individuum in die Lage zu versetzen, unabhängig von konkreten Wissensstoffen selbstorganisiert zu lernen, sich in neuen Situationen zurechtzufinden und sozial verantwortlich zu handeln. Die Schule darf nicht nur ein Ort der Wissensvermittlung sein, sondern muss deshalb zugleich Schlüsselqualifikationen wie Kreativität, Befähigung zur Konfliktbewältigung, Toleranz und Verständnis für andere, Sozial- und Kooperationsfähigkeit vermitteln und zur eigenverantwortlichen Lebensführung und -bewältigung befähigen. Dies darf jedoch nicht bedeuten, sich der Mühe des Lernens unter Hinweis auf diese Begebenheit zu entziehen. Die Schlüsselqualifikation der Zukunft heißt zwar zu wissen, wie ich mir bestimmte Gegenstände aneigne, Sachverhalte vernetzen zu können und Gestaltungskräfte für Neues zu haben, doch bleiben Grundfertigkeiten und Kenntnisse in den Naturwissenschaften, in Geschichte, Literatur, den künstlerischen Fächern sowie in den Fremdsprachen unerlässlich.

Vielmehr geht es darum, für eine umfassende Bildung von einer rein stoff- und lehrerorientierten Didaktik hin zu mehr Eigenaktivität und -Verantwortung zu gelangen, um neben einem fundierten Fachwissen die Fähigkeit eigenverantwortlichen lebenslangen Lernens als Schlüsselqualifikation zu vermitteln.

Die nur mittelmäßigen Lernerfolge an deutschen Schulen sind keine Frage der Quantität von Wissen, sondern des Selbstverständnisses von Schule. Die Schule muss stärker als bisher,

- die Schüler zu leistungsbereiten und verantwortungsbewussten Persönlichkeiten erziehen,
- ein möglichst hohes Bildungsniveau anstreben,
- die individuelle Lernbedürfnisse und Begabungen von Schülern stärker fördern,
- soziales Verhalten und Toleranz gegenüber anderen Lebensformen und Lebensauffassungen einüben,

um den Anforderungen des 21. Jahrhunderts zu entsprechen.

2. Der Wandel zur Mediengesellschaft

Es wäre eine völlige Unterschätzung der Bildungsaufgabe der Schule, den Wandel zur Informations- und Wissensgesellschaft auf rein technisch-mediale Aspekte dergestalt zu verengen, dass es nur darauf ankomme, sich per Computer noch schneller noch mehr Informationen anzueignen.

Schüler brauchen, um ihre Persönlichkeit zu entfalten, aktives Tun. Die Welt des Computers ist ein reaktive, welche viel für den vereinfachen kann, dessen Fähigkeiten schon entwickelt sind, aber ebenso Passivität fördern kann, wenn diese Fähigkeit zum aktiven Handeln und Gestalten nicht zuvor ausgebildet ist. Der Computer vermittelt Faktenwissen, aber keine Bildung. Bildung ist – wie Kurt Jaspers es einmal formulierte – Lebensform. Und diese kann nicht durch Maschinen ersetzt werden, sondern muss in der menschlichen Begegnung vermittelt werden und erfahrbar sein.

Desweiteren brauchen Schüler, um sich identifizieren zu können und damit den Begriff der Autorität positiv besetzen zu lernen, nicht eine fiktive, sondern eine reale Wirklichkeit. In diesem Sinne beinhaltet heute und zukünftig noch viel stärker das Recht auf Bildung auch das Recht auf Begegnung mit Menschen.

Deshalb dürfen wir die virtuelle Welt, dem das Kind in den ersten Jahren in der Verarbeitung von Sinneseindrücken hoffnungslos ausgeliefert ist, nicht zu massiv an die Kinder heranführen.

Kinder dürfen nicht zu früh durch standardisiertes, abfragbares Wissen gar zu Computerprogrammexperten werden. Jugendliche müssen lernen, den Computer und das Internet zu bedienen, wir müssen uns aber sehr wohl fragen, in welchem Umfang und ab welcher Altersstufe ist dies sinnvoll?

Aufgabe der Schule der Zukunft muss es deshalb auch sein, nicht nur der medialen Scheinwelt eine erfahrbare, sinnlich wahrnehmbare entgegenzusetzen, sondern einen Ausgleich zu schaffen für Kinder, die durch unkontrollierten Medienkonsum in der Entwicklung ihrer Motorik und Konzentrationsfähigkeit gehemmt sind. In diesem Sinne kommt künstlerisch-handwerklicher Aktivität eine neue Aufgabe zu, weil sie Bereiche übernehmen muss, die früher außerhalb der Schule im Alltag der Kinder etwa durch das Spielen und Zuschauen bei der Ausübung eines Handwerks erlebbar waren. Künstlerische und sprachliche Ausdrucksformen dürfen nicht durch den Computer zurückgedrängt werden, sondern geben der Notwendigkeit einer ästhetischen Erziehung im Sinne Schillers im Zeitalter der Mediengesellschaft eine neue Qualität.

Völlig unromantisch müssen wir konstatieren, dass Bildung durch den Computer die Erfahrungswelt des Kindes entsinnlicht, entseelt und letztlich durch übertriebene Permanenz entmenschlicht und so zum Katalysator eines Abstraktionsprozesses der Kindheit werden kann, an dessen Ende die Nahrung des Geistes – wie etwa das Lesen – zu verdorren droht.

3. Bildung im Zeitalter der Globalisierung und Internationalisierung

Für ein leistungsfähiges Bildungssystem der Zukunft kommt darüber hinaus der Europäisierung und Internationalisierung von Bildung eine herausragende Bedeutung zu. Hierbei kann Europa nur zusammenwachsen, wenn Schüler als die die Zukunft gestaltende Generation innerlich die gemeinsame europäische Tradition bejahen und dabei das Gefühl behalten, dass ihre eigene Identität, ihre Wurzeln nicht gebrochen werden. Dies erfordert mehr als den dringend notwendigen Erwerb anderer Sprachen.

Im europäischen Kulturraum müssen die Schüler ein Bewusstsein des kulturellen und geistigen Reichtums dessen erfahren, was kulturelle Vielfalt in der Einheit meint und zugleich ein Weltverständnis entwickeln, das den Menschen in seiner Andersartigkeit akzeptiert, ohne in Beliebigkeit zu verfallen.

4. Neue Qualifikationsanforderungen einer interkulturellen Bildung

Im Zuge der Globalisierung und europäischen Integration wird es mehr denn je notwendig, Elemente einer globalen Bildung, einer interkulturellen Erziehung zu internationaler Verständigung unter Akzeptanz der Vielfalt der Kulturen so zu entwickeln wie die Stärkung der Fremdsprachenkompetenz. Hierbei hat der jüngst von Jaque Delors vorgelegte UNESCO-Bericht zur Bildung für das 21. Jahrhundert überzeugend dargelegt, dass die klassischen, messbaren, kognitiven Fähigkeiten der nationalen Bildungssysteme den Herausforderungen der Zukunft (allein) nicht mehr gerecht werden. Nicht nur die Wirtschaft, sondern vor allem auch die individuelle Existenz befindet sich in der

Entwicklung von der lokalen Gemeinschaft zur Weltgesellschaft, die eine Globalisierung menschlichen Erfahrens und Handelns voraussetzt. Bildung kommt dabei die entscheidende Aufgabe zu, in Achtung und Erfahrung der kulturellen und geistigen Unterschiede zu einem besseren Verständnis unter den Völkern beizutragen[1].

Diese generelle Bildungsaufgabe erst ist die Befähigung junger Menschen für die Zukunft, nicht das nationalstaatlich orientierte, messbare Wissen eines Schulabschlusses allein.

Dementsprechend fordert der Bericht als eine wesentliche Aufgabe für die Schule zu lernen, „Verständnis für andere zu entwickeln und gegenseitige globale Abhängigkeiten zu erfassen, z. B. durch gemeinsame Projekte und Konfliktbewältigungsstrategien. Dabei sind so grundlegende Werte wie Pluralismus, wechselseitiges Verständnis und Frieden zu respektieren“[2].

In ihrem Beitrag „Bildung für die Weltgesellschaft“ des UNESCO-Berichts formuliert Karan Singh die gegenwärtigen Schwächen nationaler Bildungspolitik und stellt diesen einen erweiterten Bildungsbegriff entgegen: „Nationale Bildungssysteme gründen sich fast immer auf Vorstellungen, die noch von ... präglobaler Wahrnehmung herrühren. Sie sind deshalb nicht in der Lage, die neuen Denkparadigmen zu liefern, die das menschliche Wohl und Überleben heute brauchen ... Wir müssen sorgfältig strukturierte Programme in globalem Maßstab entwickeln ... Wir brauchen den Mut, global zu denken, uns von den traditionellen Paradigmen zu lösen und uns kühn in Unbekanntes zu stürzen ... “[3].

So muss auch die Bildungspolitik konkrete Antworten darauf geben, dass die Entwicklungsprobleme unserer Welt nur noch international zu lösen sind[4].

Bildungspolitisch stellt sich deshalb die Notwendigkeit eines Curriculums, welches die nationalen Bildungssysteme zu einer wettbewerbsfähigen und interkulturell-humanen Bildung auf hohem Niveau weiterentwickelt.

Hierzu gehört, dass wir einen europäischen Bildungsraum anstreben und akzeptieren, in dem nicht das Prinzip der Gleichartigkeit, sondern das der Gleichwertigkeit von Bildungsprozessen Anerkennung findet.

Im Zuge der Globalisierung und europäischen Integration wandelt sich die Aufgabe der Schule grundlegend. Mit der europäischen Integration geht die Auflösung der Bildungsorientierung im Sinne einer monokulturellen Identität einher, an ihre Stelle treten

---

[1] Vgl. UNESCO-Bericht „Lernen – unser verborgener Reichtum“, S. 31, 33, 42.

[2] UNESCO-Bericht, S. 83.

[3] Karan *Singh*, Bildung für die Weltgesellschaft, S. 201 ff.

[4] Bildungskommission NRW, Zukunft der Bildung – Schule der Zukunft, Neuwied 1995, S. 117.

das Prinzip der interkulturellen Offenheit und die Internationalisierung von schulischen Qualifikationsanforderungen. Deshalb kann das Prinzip der kulturellen Vielfalt als Leitmotiv der europäischen Integration auch nur glaubhaft sein, wenn es Schülern und Eltern möglich ist, schulische Bildungsbiographien unabhängig von nationalen Grenzen zu leben.

Auch ein vereintes Europa wird sich durch die Vielfalt seiner Lebensformen auszeichnen. Neben dieser kulturellen Vielfalt hat Europa eine große gemeinsame Tradition der Aufklärung und der humanistischen Idee, deren Brüchigkeit jedoch in diesem Jahrhundert schmerzhaft vor Augen geführt wurde. Toleranz gegenüber anderen Lebensformen und den unterschiedlichen kulturellen Traditionen der Staaten Europas und der Welt ist Grundvoraussetzung eines Zusammenwachsens der Völker im Sinne einer Vielfalt in der Einheit.

Dies erfordert im Bildungswesen eine verantwortungsvolle Pädagogik, die die Würde des Kindes und sein Recht auf volle und umfassende Persönlichkeitsentfaltung anerkennt und deren Grenze die Achtung der Menschenrechte und Grundfreiheiten ist. Auch hier gilt, dass Freiheit aber nicht Beliebigkeit bedeutet. Toleranz erfordert aber mehr als lediglich die Duldung der ethnischen, kulturellen und pädagogischen Gruppen der Gesellschaft. Aktive Toleranz heißt gleichberechtigtes Mit- und Nebeneinander.

5. Die besondere Bedeutung des Fremdsprachenerwerbs

Im Zeitalter der Internationalisierung kommt der Fremdsprachenkompetenz eine herausragende Bedeutung zu. So hat die Europäische Kommission in ihrem Bericht »Lernen lebender Sprachen an den Schulen der Europäischen Union« aus dem Jahre 1997 ausgeführt: „Das Grundrecht der Bürger und Bürgerinnen der Europäischen Union, sich frei und ungehindert in einem immer stärker zusammenwachsenden Europa zu bewegen, kann nur dann wirklich zum Tragen kommen, wenn es ihnen gelingt, mehrere Sprachen der Gemeinschaft zu erlernen und zu sprechen". Die Entwicklung eines gemeinsamen Sprachraums wird zugleich unabdingbar für die Idee eines Gemeinsamen Europas als politische Einheit sein. Denn hierzu bedarf es einer europäischen Öffentlichkeit, die ohne eine, von allen Bürgern Europas gesprochene Sprache nicht möglich sein wird. Deshalb muss Mehrsprachigkeit zur schulischen Normalität werden.

6. Die Integration von Schülern ausländischer Herkunft

Die Aufgabe der Integration von Schülern ausländischer Herkunft ist von zentraler Bedeutung für Schulen im multikulturellen Umfeld. Die Aufgabe der Integration stellt sich heute stärker denn je. Integration meint dabei in erster Linie die Ermöglichung von Bildungserfolgen durch die Beherrschung von Schlüsselqualifikationen, die Erreichung qualifizierender Schulabschlüsse und den Zugang zur höheren Bildung. Gleichzeitig muss die Schule ein Ort sein, wo ungeachtet der unterschiedlichen kulturellen und sozialen Herkunft verbindliche Werte des Miteinanderumgehens vermittelt werden, ohne die eigene Identität zu brechen oder zu verleugnen.

Als Grundsatz muss dabei die kulturelle und sprachliche Verschiedenheit von Kindern als Bereicherung und Herausforderung im Schulalltag bewusst wahrgenommen werden. Hierbei muss das Ziel, die je eigene Sprache und Kultur zu achten und zu pflegen ungeachtet des vorrangigen Zieles, die Schüler in der deutschen Sprache vollständig zu alphabetisieren und ihre Sprachkompetenz weitestgehend zu fördern, im Unterricht umgesetzt werden. Neben dem bloßen Spracherwerb muss jedoch auch eine Bewusstseinsbildung über Sprache erfolgen. So gilt es historisch konservierte Vorurteile gegenüber bestimmten Nationalitäten, wie sie in Sprichwörtern und Redewendungen zum Ausdruck kommen, zu reflektieren und zu überwinden.

7. Interkulturelle Erziehung im Curriculum

Daneben muss das Prinzip interkultureller Erziehung in verschiedenen Dimensionen Bestandteil des Curriculums und des Unterrichts werden. Dies beinhaltet sowohl die hinreichende Beachtung und Akzeptanz der jeweiligen Muttersprache als auch der jeweiligen Herkunftskultur der Migrantenkinder. So sind verschiedene Modelle des interkulturellen Unterrichts, in denen gegenseitiges Verständnis für unterschiedliche Kulturen geweckt werden soll, dadurch erfolgreich, dass sie verschiedenen kulturellen und ethnischen Gruppen die Kultur ihres Landes in konkreten Unterrichtsprojekten den anderen Schülern vermitteln und erlebbar machen.

Hierzu gehört die Aufführung eines türkischen Theaterstückes ebenso wie die Darbietung von lukullischen Genüssen auf einem Schulfest, aber auch eine offene, d.h. mit kritischer Hinterfragung geführte Diskussionsveranstaltung in der Sekundarstufe, wieso der Islam z.B. das Tragen eines Schleiers gebietet, welches die Rolle der Frau in der modernen islamischen Gesellschaft ist etc. Das Kennenlernen verschiedener Kulturen ist vor allem durch Projektwochen und Veranstaltungen möglich, in denen sich unterschiedliche Nationalitäten begegnen und kennenlernen.[5]

8. Die Achtung der Individualität des Schülers

Bei alledem müssen wir vor allem aber das Kind als ein eigenständiges, einzigartiges Individuum und nicht primär als Bestandteil einer kulturellen oder ethnischen Gruppe bzw. Minderheit begreifen. Auch dieser gegenüber hat jeder und jede das Recht auf freie Entfaltung der Persönlichkeit.

Aufgrund dieser Erkenntnis gilt es, Integration und die Chance der Individualisierung als gleichberechtigte Orientierungspunkte zu begreifen. Hierbei muss die Schule ihr

---

[5] s. hierzu mit konkreten Fallbeispielen Myrthas Häusler, Innovation in multikulturellen Schulen, Zürich 1999, S. 5.

jeweils eigenes Schulprofil entwickeln und an die individuellen Lernvoraussetzungen ihrer Schule anknüpfen.

Gleichzeitig muss das Selbstwertgefühl von Schülern durch Akzeptanz und Erleben ihrer Andersartigkeit gestärkt werden, ohne das Ziel der Integration durch Sprach- und Leistungsförderung aus den Augen zu verlieren.

Bei alledem wird interkulturelle Bildung nur dann Erfolg haben, wenn eine persönliche Identifikation der ausländischen Schüler mit ihrer Schule möglich wird. Dies hängt vor allem von der Persönlichkeit der LehrerInnen und SchulleiterInnen ab, die wesentlich dazu beitragen müssen, über eine quasi familiäre Atmosphäre der Schulgemeinschaft ein Gefühl der Identifikation und des Verstandenfühlens herzustellen.

In Schulen, die sich um eine aktive interkulturelle Bildung mit einem wert- und leistungsbewussten Individualisierungsanspruch bemühen, zeigt sich ein besonderes positives Schulklima. Dieses hat nicht nur Auswirkung etwa auf den Erwerb von Sprachkompetenz, sondern allgemein die Persönlichkeitsentwicklung, das Selbstwertgefühl und das Sozialverhalten. Und nur wenn diese positiv besetzt sind, lässt sich Wertevermittlung als nicht äußerlich verlangtes Verhalten innerlich akzeptieren und kann damit die Integration in die Gesamtgesellschaft gelingen. Dies setzt voraus, dass ungeachtet aller Integrationsbemühungen die Herkunftssprache- und -kultur ihren sichtbaren Platz in der Organisations-, Erziehungs- und Lernkultur der einzelnen Schule haben muss.[6]

Jüngste Untersuchungen zum Bildungserfolg belegen zwar, dass Migrantenkinder mehr noch als früher zu den Bildungsverlierern von morgen zu drohen werden. Doch dies muss nicht so sein. Denn es gibt immer wieder Beispiele, wie einzelne Schulen aufgrund besonderen Profils und Engagements Entwicklungsperspektiven eröffnen, die es erlauben von einem Systempessimismus Abstand zu nehmen und zu erkennen, dass bei hinreichenden Gestaltungsmöglichkeiten für die Schule diese in eigener Verantwortung den Bedürfnissen dieser Kinder gerecht werden kann.

9. Förderung des Schüleraustausches

Die Integration von Migrantenkindern in das deutsche Bildungswesen wird auch wesentlich von der Einstellung der deutschen Mitschüler gegenüber »den Andersartigen« geprägt. Auslandsaufenthalte deutscher Schüler sind nicht nur deshalb zu fördern, weil sie der eigenen Qualifikation dienen, sondern auch, weil in der Erfahrung, als Einzelner in einer fremden Umgang und Kultur bestehen zu müssen, eine ganz erhebliche Förderung der Sozialkompetenz für mehr Toleranz gegenüber dem Andersartigen liegt. Auch aus diesem Grund müssen internationale Schulpartnerschaften zu einem Entwicklungs-

6 s.a. entsprechende Studien der OECD.

schwerpunkt von Schulen werden.[7] In diesem Sinne bedeutet im Umkehrschluss Integration von ausländischen Austauschschülern in das deutsche Schulsystem aber auch, dies nicht bloß als nette Bereicherung des Schulalltags zu begreifen, sondern – wie Ulrich van Lith jüngst forderte – die Betreuung von Austauschschülern zum Systemelement deutscher Schulen werden zu lassen.[8]

10. Zusammenarbeit von Elternhaus und Schule

Die Ergebnisse der Schulforschung zeigen darüber hinaus, dass ein wesentlicher Faktor für einen erfolgreichen Bildungsweg der Migrantenkinder in der Zusammenarbeit zwischen Elternhaus und Schule liegt. Diese ist nicht nur notwendig um Informationsdefizite auszugleichen, sondern um die bestehende Distanz ausländischer, insbesondere auch türkischer Zuwanderer gegenüber dem deutschen Bildungssystem an sich aufzubrechen. Diese Einbeziehung der Eltern muss über bloße schriftliche Informationen in der jeweiligen Muttersprache hinausgehen. Denkbar sind etwa Gesprächskreise oder die Einbeziehung muttersprachlicher Lehrer in die Elternabende. So hat die entsprechende Praxis am Schulhaus St. Johanns in Basel, nach dem allgemeinen Elternabend einen Gesprächskreis über das Gehörte mit Muttersprachlehrkräften durchzuführen, nachdrücklichen Erfolg gezeigt.[9]

11. Lehrer in Europa

Im Zuge lebenslangen Lernens, der Internationalisierung und Europäisierung von Bildung ist mit Lehrerbildung zu reformieren. Die Lehrer müssen in der Lehrerausbildung lernen, andere Kulturen zu verstehen, mit den besonderen Problemen interkulturell zusammengesetzter Klassen umzugehen und mit ausländischen Lehrern zusammenzuarbeiten.

Lehrerausbildung kann heute nicht mehr allein nationalstaatlich orientiert sein. Eine europäische Dimension der Bildung erfordert nicht nur neue Perspektiven der curricularen Ausgestaltung von Lehrinhalten, sondern auch eine Internationalisierung des Lehrerberufs. Die Beschäftigung ausländischer Lehrer oder von Lehrern mit ausländischer Lehrbefähigung ist daher dringend notwendig.

Ziel muss es sein, die Lehrer zu befähigen, eine europäische und interkulturelle Identität und Professionalität zu entwickeln, die die Vielfalt der europäischen Kulturen als

---

[7] s. hierzu Günter Dresselhaus, Internationale Schulpartnerschaften als ein Entwicklungsschwerpunkt von Schulen, schul-mangement 1999, S. 33 ff.

[8] Ulrich van Lith, Die Betreuung von Austauschschülern muss Systemelement deutscher Schulen werden, schul-mangement 2000, S. 4 f.

[9] Häusler, S. 95.

Reichtum ihrer selbst begreift und dies den Schülern zu vermitteln, sowie durch Mehrsprachigkeit Entfaltungshindernisse für Kinder zu beseitigen. Hierbei kommt der Weiter- und Fortbildung von Lehrern eine ebenso wichtige Bedeutung zu wie der Erstausbildung, so dass insbesondere auch der Lehreraustausch wesentlich zu intensivieren ist.

Auch die Lehrer sind gefordert lebenslanges »Lernen lernen« zu praktizieren und in der Lage zu sein, aktive Toleranz und Empathie für andere Kulturen und Werte zu entwickeln, ohne dabei in Beliebigkeit zu verfallen. Und nicht zuletzt müssen sie sich vom Einzelkämpfer zum verantwortungsbewussten Teil eines sozialen Gebildes aus Lehrern, Schülern und Eltern im Sinne einer gemeinsamen Kommunikation und Konfliktfähigkeit weiterentwickeln. Hierzu bedarf es neuer Formen der Lehrerausbildung, die auch Rolle und Selbstverständnis des Lehrers neu definieren und diesen nicht nur als Wissensvermittler begreift. Und es ist bezeichnend, dass der UNESCO-Bericht zur Bildung für das 21. Jahrhundert Unterrichten als „eine Kunst und eine Wissenschaft“ versteht[10] und fordert, „Lehrer so mit den ethischen, intellektuellen und emotionalen Fähigkeiten auszustatten, dass sie in ihren Schülern genau die Qualität entwickeln können, die unsere Gesellschaft braucht“[11], um Individuen hervorzubringen, die Zukunft in Verantwortung denken und gestalten können. Wesentlich ist dabei auch, den „Schülern die Liebe zum Lernen“ näher zu bringen.

12. Voraussetzungen für die Qualitätsentwicklung von Schulen

Zahlreiche Untersuchungen zum Schulerfolg von Schülern belegen, dass Lernprozesse und Persönlichkeitsentfaltung dort im besonderen Maße gelingen, wo Eltern und Schüler gemäß ihren Begabungen und Grundüberzeugungen zwischen verschiedenen pädagogischen Optionen frei wählen und sich mit den pädagogischen, moralischen und ethischen Grundsätzen der Schule identifizieren können. Erfolgreiche Schulen zeichnen sich speziell dadurch aus, dass sie Wissensvermittlung mit allgemeiner Persönlichkeitsbildung, Internationalität, Gemeinschaftsbildung und sozialem Engagement verbinden.

Entscheidend für eine gute Schule ist insbesondere das Schulethos im Sinne gemeinsamer, verbindlicher Grundüberzeugungen. Hierzu gehören

- eine auf die ganze Persönlichkeit des Schülers gerichtete Lern- und Leistungsorientierung,
- ein Grundkonsens zwischen Elternschaft und Kollegium über die Zielorientierung schulischer Arbeit,

---

[10] Deutsche UNESCO-Kommission (Hrsg.), Lernfähigkeit – unser verborgener Reichtum, Neuwied 1997, S. 126

[11] aaO., S. 130.

- eine starke Eigenverantwortlichkeit der Schüler,
- eine klare Formulierung der Bildungs- und Erziehungsziele der einzelnen Schule,
- eine Vertrauen schaffende Umgebung, in der sich Schüler wohl fühlen,
- hohe kognitive und soziale Eigenanforderungen der Lehrer und Schüler an sich selbst,
- die Verbindung von Theorie und praxisorientiertem Lernen,
- ein gewaltfreies Klima,
- ein Zusammengehörigkeitsgefühl im Sinne einer corporate identity.

Schulqualität hängt vor allem davon ab, ob die einzelne Schule eine eigene, verbindliche Identität mit hohem Leistungsanspruch sich selbst gegenüber entwickeln und verwirklichen kann.

Hiervon ist zumindest der größte Teil des staatlichen Schulwesens in Deutschland weit entfernt. Eine Identifikation von Schülern, Eltern und Lehrern mit „ihrer" Schule ist nur schwach ausgeprägt, Kollegien werden ganz überwiegend nicht nach pädagogischen Erwägungen, sondern beamtenrechtlichen (Zufalls-)Kriterien zusammengestellt, die Lehrerbildung ist noch immer unter Vernachlässigung pädagogisch-psychologischer Fähigkeiten zu sehr fachwissenschaftlich orientiert und statt der Förderung der Persönlichkeitsbildung im Ganzen findet der Unterricht in Formen und Inhalten statt, die einem modernen Lernbegriff nicht mehr genügen. Und dies auf einem Niveau, das viele Wünsche offen lässt.

Die Schule der Zukunft muss wesentlich stärker als bisher anerkennen, dass

- Schulprofilbildung,
- Stärkung der Eigenverantwortung von Bildungsinstitutionen,
- die Erweiterung des Bildungsbegriffs,
- die Notwendigkeit einer stärkeren Wertorientierung von Bildung und Erziehung unter Achtung kultureller Pluralität,
- die Internationalisierung von Bildungsprozessen,
- eine stärkere Identifikation von Schülern und Eltern mit Schule,
- eine Reform der Lehreraus- und -fortbildung

Grundvoraussetzungen für ein leistungsfähiges Bildungswesen der Zukunft sind.

Hierbei müssen Schulen stärker als bisher Möglichkeiten

- des Erwerbs von Fremdsprachenkenntnissen,
- des Besuchs ausländischer Schulen,

- der Anerkennung von Schulabschlüssen und im Ausland erworbener Bildungsqualifikationen,
- des bilingualen Spracherwerbs,
- des regelmäßigen Lehreraustausches mit Schulen im Ausland,
- der Absolvierung von Praktika im Ausland,
- regelmäßiger Schülerauslandsaufenthalte,
- länderübergreifender Projekte von Schulen,
- der Berücksichtigung globaler Themenbereiche und europaweiter Probleme im Curriculum,
- des interkulturellen Verständnisses durch curriculare Angebote und der Vermittlung von Kenntnissen unterschiedlicher Kulturen,
- der Integration von Kindern ausländischer Herkunft,
- der Leistungs- und Begabtenförderung von Kindern ausländischer Herkunft, insbesondere der Förderung beim Spracherwerb des Aufenthaltslandes

eröffnen.

Länder mit einer liberalen Schulverfassungstradition wie die Niederlande oder Dänemark versuchen über die normative Absicherung der Autonomie der Einzelschule in curricularer, haushaltsrechtlicher und verwaltungsmäßiger Hinsicht ein vielfältiges und zugleich interkulturell ausgerichtetes, sich an den Interessen der Bildungsabnehmer orientierendes Schulwesen zu ermöglichen, in dem lediglich Rahmenvorgaben hinsichtlich allgemeinverbindlicher Bildungs- und Unterrichtsziele gesetzt werden. Hierbei zeigen diese Länder, dass mit der Verwirklichung von Schulvielfalt in gesellschaftlicher Verantwortung keinesfalls ein Verlust der gesellschaftlichen Integrationsfähigkeit der Sozialisationsinstanz Schule einhergehen muss.

Entgegen der Bedenken etwa von Bönsch in seinem Beitrag Persönlichkeitsbildung durch Wert- und Leistungserziehung in der Schule sehe ich besonders beachtenswerte positive Entwicklungstendenzen in westeuropäischer Perspektive vor allem nordwärts in den skandinavischen Ländern. Während Dänemark traditionell eine liberale Schulverfassungstradition mit großen Freiheitsräumen prägt, waren die skandinavischen Nachbarländer Norwegen, Finnland und Schweden lange Zeit als Musterbeispiel uniformer sozialstaatlicher Bildungspolitik zentralistisch geprägt.

Hier hat ein bemerkenswerter Sinneswandel stattgefunden, der sowohl die Prinzipien der Unterrichts- und Wahlfreiheit mit denen sozialer Gerechtigkeit und einer Qualitätsentwicklung von Schule verbindet.

Die skandinavischen Länder sind heute Vorbild nicht wegen ihres Gesamtschulsystems – auch wenn sie uns unzweifelhaft zeigen, dass Gesamtschulen zum Ausgleich sozial bedingter Nachteile beitragen können –, sondern weil diese Abschied von zentraler, bürokratischer Reglementierung genommen haben und den Schulen gerade zur Erreichung eines hohen Bildungsniveaus, insbesondere in den Fremdsprachen und der Integration ausländischer Schüler die Freiheit darüber belassen, wie und mit welchem Personal sie die angestrebten Bildungsziele umsetzen.

Gedanken zu einer europäischen Schulbildung und zu einem Recht des Differenten

Arnold Köpcke-Duttler

1. Flanieren durch Europa

In seinem Buch „Ach Europa !“[1], Wahrnehmungen aus sieben Ländern Europas, spannt Hans Magnus Enzensberger seine ungeduldigen und bohrenden Blicke aus zwischen der Zeit der Katastrophe der europäischen Zivilisation, nämlich der Zeit des Nationalsozialismus, und der Zeit einer ironischen Utopie, des Bilds einer Halbinsel, die von ihren Differenzen lebt und die nicht an ihren eigenen Defekten und Entstellungen untergegangen ist. Der kluge europäische Wanderer entdeckt, dass der Wirrwarr die Stärke Europas sein könne, seine Chance auf ein Überleben. Nur wenigen von dem skeptisch zurückgehaltenen Wunsch nach Eintracht, Solidarität und Selbstlosigkeit geleiteten Blicken folge ich. Im schwedischen Herbst fragt der Grübelnde, abgestoßen von Versuchen der „Zähmung des Menschen“ durch die Theokratie und den Bolschewismus, angesichts der Warenfluten, der Leuchtreklamen der Monopole, nach den Folgekosten einer allgegenwärtigen, sanften, unerbittlichen Pädagogik, nach dem Preis einer nicht-erzwungenen Umerziehung. Der Zyniker sieht die Bewohner moderner Industriestaaten unterliegen einer fremden, jedoch stets wohlwollenden Macht, einer unanfechtbaren Macht des Guten, die selbst die alltäglichsten Regungen der Menschen reglementiert und ihr Leben durchdringt. So komme es, dass die institutionellen Apparate auch die moralischen Werte der Bürger beschlagnahmten. „Sie sind es, die für Solidarität und Gleichheit, für Schutz und Hilfe, für Gerechtigkeit und Anstand sorgen – allesamt Dinge, die viel zu wichtig sind, als dass man sie den gewöhnlichen Leuten überlassen könnte.“[2] Nicht mehr sorgen demnach dafür die Menschen selber – auch nicht die Erzieher.

---

[1] Hans Magnus Enzensberger, Ach Europa !, Frankfurt 1989; s. Mark Mazower, Der dunkle Kontinent, Berlin 2000.

[2] Ebd. S. 23; s. Ernst *Howald*, Humanismus und Europäertum, Zürich 1957.

Das Ziel dieser umformenden Verbesserung des Menschen, die die Zöglinge zur Menschenfreundlichkeit zu führen verheißt durch eine umgreifende Daseinsfürsorge, scheint nun in einem anderen Teil Europas ohne Sinn zu sein. In Portugal findet der Flanierende „o gosto de ser triste“, saudade, überhaupt ein kleines Land, in dem die Unvernünftigen nicht aussterben, die Kunst des Überlebens üben in pathologischer Toleranz, Selbstzweifel und Skepsis. „Die Vernunftkritik ist in diesem Volk Fleisch geworden. Nehmen wir an, Politik wäre mehr als Rüstung und Produktion, nehmen wir an, es gäbe ein Europa der Wünsche, so wäre Portugal in diesem Europa kein peripheres Anhängsel, sondern eine Großmacht ...“[3] Schließlich sieht der Europa in seiner Vielfalt und Zerrissenheit Suchende das Tal der Gefallenen (valle de los caidos) mit seinem riesigen Kreuz, ein Kriegerdenkmal, das von Tausenden von Zwangsarbeitern errichtet worden ist zur Rühmung des Worts :“! La muerte es un acto de servicio ! Tod ist Dienst.“ Gegen dieses Wort der Legitimation von Herrschaft über Menschen, diesen martialischen Ruf kann sich ein Europa der Gewaltfreiheit, der Überwindung der Militär-Dienste richten. Einer dieser europäischen Dichter ist Reinhold Schneider gewesen, der zum Widerstand gegen den Krieg gelangt ist aus der Grunderfahrung der tragischen Würde der geschichtlichen Existenz des Menschen heraus. Sein Blick in die spanische und die portugiesische Welt hat ihn unter anderem zu dem Lebensdrama Miguel de Unamunos geführt, des spanischsten und europäischsten Schriftstellers zugleich[4], zu dessen tragischem Lebensgefühl (sentimiento tragico de la vida), dessen Leben „en el fondo del abismo“. Unamunos Überzeugung von der Unheilbarkeit der Welt widerspricht jeder Verheißung des Fortschritts. Unamuno will das europäische Volk des Nichts, des Nada bergen, des Geschenks Spaniens an die Erde. Achtet Dostojewski Don Quijote als die schönste Gestalt des Abendlandes, so betrachtet der christliche Nihilist Unamuno („todo es nada“) Christus als gestorbenen Sohn der Erde, als Verzweifelten und Leidenden. Der an seiner Sehnsucht nach Unsterblichkeit („este largo martirio de no morir de sed de eternidad“) Aufbrechende wirft das Licht seiner tragischen Existenz immer noch über jenes Europa, das von seiner zerstörerischen Macht sich nicht zu lösen vermag.[5]

Reinhold Schneider sammelt die Selbstzerstrittenheit der menschlichen Existenz in dem Bild der Langusten, in dem die Menschen einander vernichten. Das Leben zerquält sich hier selbst; es dominiert ein kriegerischer harter grausamer Wille, der in den Menschen gebildet worden ist. Im Hass zermartern sich die Menschen selbst. Der Prozess des Werdens ist ein Geschehen der Selbstzerstörung.[6] In dem portugiesischen Dichter

---

[3] Ebd. S. 232; s. Michael *Salewski*, Geschichte Europas, München 2000.

[4] Reinhold *Schneider*, Dem lebendigen Geist, Frankfurt 1987; s. Miguel *de Unamuno*, Del sentimiento tragico de la vida, in: Obras completas.

[5] Reinhold *Schneider*, Schuld und Sühne, in: Neues Abendland, Oktober 1946, S. 9.

[6] Reinhold *Schneider*, Portugal. Ein Reisetagebuch, Frankfurt 1984, S. 107; s. ders., Philipp II., in: Gesammelte Werke 1, Frankfurt 1977, S. 457. – Dagegen geht es Erich *Przywara* in seiner theologia cordis um

Camoes entdeckt Schneider einen elegischen Pessimismus, ein „Gefühl vom Verlorensein der Seele“[7] , lächelnde Wehmut, die Traurigkeit des Zerfalls, unsagbares Leid.[8] Von Shakespeare lernt der christliche Dichter, dass Schuld auf allen liegt und wir alle deshalb auch gerichtet werden: Je schuldiger die Welt, um so höher stehe das Recht.

Über das Recht kann der Europa Suchende dies lernen: Mein Recht ist aus sich heraus das Recht des Anderen; insofern trifft der zerstörerische Grundzug auch auf Gegenwege. Nach Hannah Arendt und Jean-Francois Lyotard steht dem „Lebenskampf“ das Recht des Anderen entgegen. Einander ähnlich werden die Menschen, einander nahe geraten sie dadurch, dass jedes menschliche Wesen die Gestalt des Anderen in sich trägt. Die Ähnlichkeit, die sie verbindet, entsteht aus ihrer wechselseitigen Verschiedenheit[9] Die Menschen können lernen, sie wahrzunehmen und zu achten.

2. Der stumme Zwang der Unbildung

Der Weltverkehr und die Weltwirtschaft scheinen heute eine Einheitskultur der Menschheit zu erzwingen. Die wissenschaftlich-technische Perfektion drückt in Richtung auf eine unabweisbare Progressivität, eine rationale Weltverwaltung, eine standardisierende Weltzivilisation.[10] Hans-Georg Gadamer bemerkt, dass dieser Tendenz der Gleichschleifung gleichzeitig eine Tendenz zur Differenzierung, zur Entbergung der Unterschiede, entgegensteht. Der Intoleranz, der Unterdrückung des Anderen im Kampf um die Erdherrschaft stellt er das Ideal der aufgeklärten Humanität und der Toleranz entgegen: Die Einsetzung des Eigenen für die Erkenntnis und die Anerkennung des Anderen. Europa ist ohne Zweifel in sich vielfältig. So fordert der Philosoph vor der politischen Gestaltung eines einheitlichen Europas die geistige Einswerdung Europas, die im Bewusstsein der Vielfältigkeit ihren tiefsten Grund finde. Diese geistige Einswerdung streitet gegen jede politische oder ökonomische Vereinheitlichung. Eine einebnende Zentralisation wirtschaftlicher und rechtlicher Kompetenzen verfehlt geradezu die Idee Europas, insbesondere verletzt sie jene „Vereinigung“, die nur eine machtvolle Technokratie

---

eine Theologie der Menschwerdung, um das, was sich in den Worten Feuer, Energeia und Agape kundtut (s. Erich *Przywara*, Logos, Düsseldorf 1964, S. 88).

7 Reinhold *Schneider*, Camoes oder Untergang und Vollendung der portugiesischen Macht, in: ders., Gesammelte Werke 1, Frankfurt 1977, S. 61.

8 Reinhold *Schneider*, Kontinuität oder Ende europäischer Geschichte, in: ders., Gesammelte Werke 7, Frankfurt 1980, S. 196 ff.

9 Jean-Francois *Lyotard*, Die Rechte des Anderen, in: Stephen Shute/Susan Hurley (Hrsg.), Die Idee der Menschenrechte, Frankfurt 1996, S. 171.

10 Hans-Georg *Gadamer*, Die Zukunft der europäischen Geisteswissenschaften, in: Franz König/Karl Rahner (Hrsg.), Europa. Horizonte der Hoffnung, Graz/Wien/Köln 1983, S. 255.

und eine erzwungene Konsumsteigerung anzielt.[11] Pathetisch wird diese äußerliche Vereinheitlichung verborgen durch die Forderung nach jenem Gleichschritt, der mit unersetzlichen europäischen Werten[12] gewahrt werden müsse. Dieser wuchtige Universalismus stößt aber bereits auf vertragsrechtliche Bedenken, weil mit dem Maastrichter Vertrag wohl eine gesetzliche Grundlage für das Tätigwerden der Gemeinschaftsorgane im Bildungsbereich entstanden ist, die aber die Zuständigkeit der nationalen Staaten für die Bildungsinhalte und die Schulorganisation nicht antasten soll.[13]

Die Wanderung durch Europa setze ich noch ein wenig fort.

Erinnere ich mich an sie und spreche von Europa, so übersehe ich keinesfalls das russische Denken und Dichten. In seinem Buch „Europa. Mutter der Revolutionen"[14] erwähnt Friedrich Heer als Aufgabe des Menschen die große Brüderlichkeit aller Menschen, aller Lebenden mit allen Toten. Nach Nikolai Fedorov komme es nicht darauf an, für sich selbst zu leben (Egoismus), auch nicht darauf, für die Anderen zu leben (Altruismus). Es handle sich darum, mit Allen und für Alle zu leben. Dieses Pathos der Brüderlichkeit und Schwesterlichkeit widersteht der modernen Zivilisation, in der die Menschen durch Angst, Zwang und Nützlichkeitserwägungen zusammengehalten werden. Fedorov attackiert den industriell-kapitalistischen Westen und sein gegen die Natur gerichtetes kriegerisches Verhalten, zudem wie Dostojewski und Rosanov die Anthropolatrie des europäischen Westens. Das Christentum steht demnach für Heer und andere widerspenstige Christen noch aus; in der Zivilisation des freien Warenverkehrs, unter dem Joch der industrialistischen Zivilisation verliert es immer mehr an „Weltsinn" (Friedrich Hölderlin), schwindet die Kraft seines geistigen Weges.[15]

Dieser Weg ist weder geradlinig noch in sich einfältig; es ist ein Weg zwischen konkreszierender Einheit und lebendiger Vielfalt. Die „Verschiedenheit der Köpfe" (Herbart) fügt sich gerade nicht dem Despotismus der Schulmänner.[16] Die Verschiedenheit kann aus sich heraus eine Einigkeit hervorbringen, die für mich unaufgebbar auch zu einer europäischen Bildung gehört. Alfred Grosser hat in seiner Rede „Welche Werte für

---

[11] Joseph *Kardinal Ratzinger*, Europa – verpflichtendes Erbe für die Christen, in: Europa. Horizonte der Hoffnung, a.a.O., S. 71; s.a. Franz *Wiesacker*, Europäische Rechtskultur, ebd. S. 127–155.

[12] Werner *von Simson*, Was heißt in einer europäischen Verfassung „Das Volk"?, in: Europarecht 1991, S. 18; s. Hans-Uwe *Erichsen*, Bildungspolitik der Europäischen Gemeinschaften, in: Jürgen Brand/Max Busch (Hrsg.), Marginalien zur unsichtbaren Universität. Festschrift für Josef Maria Häußling zum 65. Geburtstag, Otterbeck 1990, S. 75.

[13] Hermann *Avenius*/Hans *Heckel*, Schulrechtskunde, 7. Aufl., Neuwied/Kriftel 2000, S. 35.

[14] Stuttgart 1964, S. 759 ff.; s. Christine *Lieberknecht*, Lernen für Europa?, in: Willi Wölfing/Veronika Strittmatter (Hrsg.), Bildung und Erziehung in Europa, Weinheim 1994, S. 362.

[15] Karl *Kerényi*, Geistiger Weg Europas, Zürich 1955, S. 76.

[16] Dieter *Schulz*, Einheit und Vielfalt im Schulwesen, in: Erich E. Geisler/Sylvia Huber (Hrsg.), Pädagogik im sich einigenden Europa, Frankfurt 1996, S. 112.

welches Europa ?“, sich mit Elie Wiesel auseinandersetzend, gesagt, die kurdische Mutter, deren Kind durch irakisches Gas getötet worden sei, habe nicht den geringsten Grund, an Auschwitz zu denken. Aber jeder Überlebende von Auschwitz und noch mehr jeder, der dem Land angehöre, in dessen Namen Auschwitz vollbracht worden sei, habe die Pflicht, an die kurdische Mutter zu denken.[17]

Diese Anstrengung einer anamnetischen Solidarität daraufhin, dass Auschwitz sich nicht wiederhole, vermag ein geistiges Band aller Menschen, auch aller Schulen Europas zu sein. Hinzu kommt der andauernde Widerstand gegen jene Morde, die sich mit dem Namen Hiroshima verbinden: der Herabsetzung der Menschheit zu einer vernichtbaren Gattung. [18] Den Beruf europäischer Schulen, Gedanken und Taten der Gewaltfreiheit zu bewähren, verstehe ich als ein zweites, die Differenzen verbindendes Gemeinsames. Von diesen Spuren der werdenden Gemeinsamkeit (Gemeinheit) hebe ich deutlich ab jene sich aufdrängende Allgemeinheit, die das Recht des Differenten missachtet. Sie prozessiert als die von Marianne Gronemeyer umrissene zwanglos zwingende „schöne neue Bildungswelt“.[19] Diese unmenschliche Menschenbildung, jede Bildung tilgend, schließt als das „radikale Monopol“ (Ivan Illich) der neuen Erziehung alle Menschen in einer einheitlichen Weltzivilisation ein, nicht: zusammen. Ob deren Alleinherrschaft gebrochen werden kann, bleibt freilich fraglich. Da dieser Bruch so fragwürdig ist, ist er zu denken und zu tun. Marianne Gronemeyer spricht von einer „heillosen Schule“ ohne Rettung, von einer fürsorglichen Belagerung durch die Umweltbedingungen, insbesondere durch die Menge der selbstproduzierten Geräte. Die zur Unmündigkeit befreiende Welt der Geräte, die Lenkung durch sie, erübrigt die Idee der Bildung, der Anspannung des Gewissens, des Eigensinns. Bildung nimmt sogar die täuschende Form der Geräte- und Institutionenoptimierung an. Auch wenn der zwanglose Zwang die Bildung und die Schule zu erübrigen die Macht besitzt, so ist doch von jeder Selbstauslieferung abzuraten. Der stumme Zwang der die Menschen umformenden, Bildung überflüssig machenden Lebensumstände leistet Gewissenhaftigkeit, Hilfsbereitschaft, Rücksicht, Geduld, Takt, Gewaltfreiheit nicht, sondern überlässt die Menschen durch seine scheinhaft von innen gelenkte Außensteuerung, durch seine Externalisierung ihrem rohen Zustand. Die gerätedominierten Beziehungen werden in ihrer Dominanz und ihrer schnell zu durchschauenden Langeweile bald nicht mehr jenen Menschen genügen, die sich dem anderen Menschen wieder als Person zumuten, sie und ihn als anderen Menschen anerkennen wollen. Bildung kann überleben, gerade indem die widersprüchliche und paradoxe Situation der Schulen wahrgenommen wird, die sich so aussprechen lässt: „Wenn die Schule

---

[17] Alfred *Grosser*, Welche Werte für welches Europa?, in: Willi Wölfing/Veronika Strittmatter (Hrsg.), Bildung und Erziehung in Europa, a.a.O., S. 46.

[18] Arnold *Köpcke-Duttler*, Pädagogik, Medizin und Rechtswissenschaft im Atomzeitalter, Frankfurt 1984.

[19] Marianne *Gronemeyer*, Lernen mit beschränkter Haftung. Über das Scheitern der Schule, Berlin 1996, S. 155 ff.; s. Arnold *Köpcke-Duttler*/Günter *Metz* (Hrsg.), Vom Recht des Widerstehens, Frankfurt 1988.

den Modernisierungsanforderungen nicht nachkommt, wird sie abgehängt, wenn sie ihnen nachkommt, macht sie sich überflüssig."[20] Einen Ausweg aus dieser Widersprüchlichkeit erblickt Horst Rumpf in der „Weltaufmerksamkeit", in dem Nachdenken, dem Hinschauen, dem geduldigen Warten, das z.B. Maria Montessori in ihrer Pädagogik gezeigt hat.[21] Rumpf schlägt vor, den Sinn für das Brüchige, Widersprüchliche, Befremdliche zu schärfen, die Vieldeutigkeit der sinnlichen Gestalt wahrzunehmen, die persönliche Perspektive expressiv auszuprägen, sich dem Zwang gerade nicht bereitwillig zu ergeben, die eigenen Gedanken herauszuspüren, ins Werk zu setzen ernsthaft-skeptisch und heiter.[22] Durchdringendes Fragen gegen alle auferlegten Gewissheiten, Ungehorsam gegenüber der Verpflichtung auf einen hohlen Optimismus hin, Freude am Ungewissen und Zerbrechlichen, Eintreten auf der Seite der Ohnmächtigen, Verweigerung der Teilhabe an der Exekution von Macht, Protest gegen die Verdinglichung durch das Imperium der Geräte[23] – all das vermag zur Überwindung der Unbildung beizutragen: Ein Überschreiten, ein Entkommen auf unterschiedenen Wegen.

3. Toleranz in Diversität

Bildungsfragen haben im Rahmen der europäischen Vereinigungsanstrengungen bislang eine begrenzte Rolle gespielt. In Art. 149 (vormals Art. 126) des Vertrags zur Gründung der Europäischen Gemeinschaft (EGV) heißt es, die Gemeinschaft trage zur Entwicklung einer qualitativ hochstehenden Bildung bei, indem sie die Zusammenarbeit zwischen den Mitgliedsstaaten fördere, die Tätigkeit der Mitgliedsstaaten unter strikter Beachtung der Verantwortung der Mitgliedstaaten für die Lehrinhalte, die Gestaltung des Bildungssystems sowie die Vielfalt ihrer Kulturen und Sprachen erforderlichenfalls unterstütze und ergänze. Unter anderem ziele die Tätigkeit der Gemeinschaft auf die Entwicklung der europäischen Union im Bildungswesen.[24] Sieht man einmal ab von der doch recht unbeholfenen Sprache des Vertrags und nimmt man die Namen der Bildungsprogramme der Europäischen Union wie Socrates, Erasmus, Comenius, Leonardo da Vinci zum Maßstab[25] , so scheinen doch die rechtlichen Kommentierungen recht oberflächlich zu bleiben. Geiger wiederholt fast nur den Text des Vertrags und fügt an,

---

[20] Ebd., S. 202.

[21] Maria *Montessori*, Dem Leben helfen, Frankfurt 1992.

[22] Horst *Rumpf*, Von der Stoffbeherrschung zur Weltaufmerksamkeit, in: Erhard Wicke/Rudolf Messner (Hrsg.), Antiquiertheit des Menschen und Zukunft der Schule, Weinheim 1995, S. 54 f.

[23] s. Siegfried *Jenkner*, Respektierung der Vielfalt und Subsidiarität, in: Informationes Theologiae Europae. Internationales ökumenisches Jahrbuch für Theologie, Frankfurt 1993, S. 163 ff.

[24] s. Dirk *Staudenmeier*, Europäische Bildungspolitik, in: Bayerische Verwaltungsblätter 1995, S. 321 ff. Hier wird das Subsidiaritätsprinzip (Art. 3 b des Vertrags) auf dem Feld der Bildungspolitik erläutert.

[25] s. S. *Maurer*, Socrates, Erasmus und Comenius, Die Reform der Bildungsprogramme der Europäischen Union, in: Integration 1995, S. 117 ff.

die Mitgliedsstaaten blieben allein zuständig für die Lehrinhalte und die Gestaltung des Bildungssystems, wobei der Begriff des Systems an keiner Stelle befragt wird. Die Gemeinschaft habe diese Zuständigkeiten der Mitgliedsstaaten sowie die Vielfalt ihrer Kulturen und Sprachen strikt zu achten.[26]

Ein philosophischer Gedanke, ein klarer Zugang auf die großen Philosophen und Pädagogen hin sind nicht zu entdecken. Sie werden instrumentalisiert zur Propagierung einer europäischen Dimension der Bildung, einer Bildungspolitik, die Bildung vorrangig als human capital missversteht.[27] Zudem hat der Europäische Gerichtshof den Begriff „Berufsausbildung" bis in den Hochschulbereich ausgedehnt. Hilflos nahezu heißt es, der Begriff der allgemeinen Bildung werde im EG-Vertrag nicht definiert, sondern vorausgesetzt.[28] Oppermann betont, seit dem Maastrichter Unionsvertrag von 1992 und dem Amsterdamer Vertrag von 1997 verfüge die Europäische Gemeinschaft über eine ausdrückliche, wenngleich deutlich begrenzte Zuständigkeit im Bildungswesen. Im Sinn der Präambel des EG-Vertrags seien die Mitgliedsstaaten entschlossen, durch einen umfassenden Zugang zur Bildung und durch ständige Weiterbildung auf einen möglichst hohen Wissensstand ihrer Völker hinzuwirken. Trotz dieses Gestus der Entschlossenheit und der Hervorhebung bildungspolitischer Willenskraft bleibt es dabei, dass es für die Vielfalt der „nationalen Bildungskulturen" und die Ausprägung ihrer europäischen Gemeinsamkeiten allerdings nicht genügt, wenn die Anstrengungen der Bildung unter die praktischen Anforderungen eines Binnenmarktes mit freiem Verkehr der Bürgerinnen und Bürger gebeugt werden, demnach einer zentralen Außenbestimmung und Außenlenkung unterworfen bleiben.[29]

Der gemeinschaftsrechtliche Bildungsbegriff bleibt gefesselt an die praktischen Bedürfnisse der anfänglichen Wirtschaftsgemeinschaft, die ja zugleich eine des Militärs und der Atomtechnologie gewesen ist. Bildung wird hier reduziert zu einer Maßnahme, die gleichermaßen der Vielfalt der nationalen Bildungskulturen, ihren europäischen Gemeinsamkeiten und den praktischen Verkehrsbedingungen eines Binnenmarktes gerecht zu werden verheißt. Im Grunde genommen wird damit entgegen Oppermanns Ansicht der Bildungsbegriff des Vertrags nicht weit verstanden, sondern eng geführt, nicht einmal als berufliche Bildung verstanden, sondern als Gefügigkeit gegenüber den Bedarfs-

---

26 Rudolf *Geiger*, EUV/EGV. Kommentar, 3. Aufl., München 2000, Art. 149 EGV Rdnr. 3.

27 s. dagegen das Erasmus-Urteil des Europäischen Gerichtshofs vom 30. Mai 1989, veröffentlicht in: NJW 1989, S. 3091 ff., in dem eine aktive Kulturpolitik gefordert wird – über eine ökonomische Vereinheitlichung hinaus.

28 Carl Otto *Lenz* (Hrsg.) EG-Vertrag, 2. Aufl., Köln 1999, Vorbem. Art. 149 und 150, Rdnr. 3.

29 s. Thomas *Oppermann*, Europarecht, 2. Aufl., München 1999, S. 826; s. a. Frank *Fechner*, Kultur und Bildung im Europarecht, in: Recht der Jugend und des Bildungswesens 1996, S. 35 ff. (Kritik einer „europäischen Einheitskultur").

richtlinien der Wirtschaftsgemeinschaft, als Wirtschaftsfaktor, „Human-Kapital".[30] Menschen werden dabei verringert zu Human-Ressourcen im Rahmen einer ökonomisch-zweckrationalen Einschränkung; Bildung wird allein als wichtiger Wirtschaftsfaktor ausgelegt, als Instrument der Anpassung an die industriellen Veränderungsprozesse[31], verharrt in starker Eingeschränktheit und äußerster Einseitigkeit. Nur unzulänglich wird über eine „Balance zwischen Gemeinsamkeit und Diversität" (Wilna A.J. Meijer) nachgedacht, über „interaktive Verschiedenheit" und „heterogenen Austausch".[32] An die Stelle eines kulturellen Relativismus soll nach den Befürwortern der Diversität und der Befreiung aus einem auferlegten Ökonomismus ein kultureller Pluralismus treten, genauer: Der Mut, dem Andersartigen zu begegnen, nicht nach dem Maßstab einer einhelligen abendländischen Kultur universalistische Prinzipien Andersdenkenden zwingend aufzuerlegen, aufzudiktieren. Differenzen, interaktive Verschiedenheiten sind auszuhalten, mehr noch: zu suchen, interkulturell zur Selbstveränderung zu nutzen. In verschiedenen Verfahren eines heterogenen Austausches sollen kulturelle Unterschiede interaktiv ausgehandelt werden in aller Offenheit, in der „Toleranz der Diversität."[33] Diese Offenwerdung soll an drei Schulen gezeigt werden.

4. Das Recht auf Verschiedenheit: Drei Schulgestaltungen

In diesem Kapitel sollen wenige Schulen in den Horizont einer zu erneuernden europäischen Bildungspolitik[34] gerückt werden. Diese Politik, die keinesfalls einer eurozentrischen Zielsetzung folgt, muss verbunden werden mit Erziehungszielen wie Achtung vor der Würde des anderen Menschen und Toleranz, Sinn für die innere kulturelle Vielfalt, Wahrnehmung des Rechts des Differenten. Einem europäischen Verfassungsstaat darf es nicht um Ausgrenzung gehen; vielmehr muss er sich im Sinn einer konkreten Utopie um den Brückenbau innerhalb Europas und über Europa hinaus, schließlich um den

---

30 Ebd. S. 829; s.a. Albert *Bleckmann*, Europarecht, 5. Aufl., Köln u.a. 1990, S. 788 ff.

31 Die Abhängigkeit der Menschen von den wirtschaftlichen Bedingungen wird darin deutlich, dass die Sorge um die D-Mark in Deutschland dominiert, wenn nach Europa gefragt wird (s. Heiner *Timmermann*/Michael *Jung*, Europäische Bildungsarbeit, in: Heiner Timmermann (Hrsg.) Bildung in der Europäischen Union, Berlin 1995, S. 64).

32 Wilna A.J. *Meijer*, Allgemeine Bildung. Balance zwischen Gemeinsamkeit und Diversität, in: Rudolf Lassahn/Birgit Ofenbach (Hrsg.) Bildung in Europa, Frankfurt 1994, S. 92; s. H. *Procee*, Over de grenzen van culturen, Meppel 1991.

33 Zur dialektischen Beziehung zwischen Einheit und Vielfalt, zu einem „integrativen Konzept des Lernens für Europa" s. Otto *Hansmann*, Einheit und Vielfalt, in: Bildung in Europa, a.a.O., S. 97 ff. Hansmann gerät allerdings in die Gefahr, das „klassische deutsche Bildungsdenken" ineinszusetzen mit einer allgemeinen Menschenbildung, von einer eindeutigen europäischen Aufklärungstradition zu sprechen, ohne die Widersprüche dieser Tradition wahrzunehmen, so die dialektische Beziehung beruhigend.

34 s. Ingo *Richter*, Die sieben Todsünden der Bildungspolitik, München/Wien 1999, S. 16, und Hartmut *von Hentig*, Ach, die Werte! , München/Wien 1999, S. 37 ff.

Weltfrieden bemühen – in weltbürgerlicher, nein: in menschheitlicher Absicht.[35] Freilich ist damit keine „funktional-rationale Einheitskultur“ (Jörg Ruhloff) gemeint, die längst mit ihrer Erderoberung begonnen hat mit Hilfe eines neuzeitlichen Verständnisses von Wissenschaft, wissenschaftlich angeleiteter Technologien, einer in der Warenzirkulation und der Geldherrschaft gründenden Ökonomie. Mit Recht hält Ruhloff eine universelle und totale, auf alle Lebensbereiche ausgedehnte Orientierung an der Idee der Einheit der menschlichen Kultur für unhaltbar, weil diese Form der Integration[36], sprich: Vereinheitlichung und abstrakten Identität, Verschiedenartigkeit, Heterogenität, Pluralität der Welt- und Selbstinterpretationen übergeht und auf Einebnung, Unterdrückung angelegt ist. Übersehen werden zugleich die verschiedenartigen Ausprägungen einer Kulturtradition, die Differenzen, Heterogenitäten, Brüche, Disharmonien der europäischen Kulturen und Subkulturen. Diese Warnung vor der voreiligen Projektion von Allgemeinem, Menschen- und Weltbildern, angeblich pädagogischen Leitbildern[37] soll den Blick für das Recht des Differenten schärfen.

Drei verschiedene Schulgestaltungen seien hier umrissen: Nach der Verleihung des Nobelpreises für Literatur hat Albert Camus am 19. November 1957 nicht allein seiner Mutter gedacht, sondern auch an seinen Lehrer geschrieben. Ohne seine liebevolle Hand, die er dem armen kleinen Kind gereicht habe, ohne seine Unterweisung und sein Beispiel, ohne ihn wäre nichts von alledem geschehen. Dem für die Arbeit und die Großherzigkeit dankenden Schüler hat der Lehrer nicht lange vor dem Tod des Dichters (4. Januar 1960) geantwortet, der gewissenhafte Pädagoge lasse keine Gelegenheit aus, seine Schüler, seine Kinder kennen zu lernen, die Freude seines Schülers an der Schule sei überall spürbar gewesen. Der atheistische Lehrer spricht in einem Brief seinen Glauben aus, während all seiner Berufsjahre das Heiligste im Kind respektiert zu haben: „Das Recht, seine Wahrheit zu suchen.“[38] Er habe sein Möglichstes getan, nicht mit seinen eigenen Gedanken die junge Intelligenz der Kinder zu belasten, sondern sie in ihren eigenen Hoffnungen zu achten. In seinem Werk „Der erste Mensch“, an dem Camus bis zu seinem Tod gearbeitet hat und das jetzt vor einigen Jahren veröffentlicht worden ist, finden sich Gedanken zur „mächtigen Poesie der Schule“[39], die gespeist werde vom Ge-

---

[35] s. Wolfgang W. *Mickel*, Kulturelle Aspekte und Probleme der europäischen Integration, in: Aus Politik und Zeitgeschichte B 10/1997, S. 14 ff.

[36] Peter *Häberle*, Die europäische Verfassungsstaatlichkeit, in: Arno Baruzzi/Akihiro Takeichi (Hrsg.), Ethos des Interkulturellen, Würzburg 1998, S. 229; s.a. ders., Europäische Rechtskultur, Baden-Baden 1994.

[37] Jörg *Ruhloff*, Kulturbegegnung als Herausforderung an Bildung und Erziehung – Überlegungen im Hinblick auf „Europa 1993“, in: Zeitschrift für Pädagogik 1992, S. 355; s. ders., Über Kultur, Barbarei und Bildung, in: Vierteljahrsschrift für wissenschaftliche Pädagogik 1985, S. 421 ff.

[38] Albert *Camus*, Der erste Mensch, Reinbek 1997, S. 284.

[39] An den Lehrer Georges Izambard schreibt Arthur Rimbaud im Mai 1871, er wolle Poet werden, das Unbekannte erreichen durch die Entregelung aller Sinne. Stark müsse man sein, wenn man als Poet geboren sei,

ruch des Lacks der Lineale und Federkästen, vom Aroma der angekauten Riemen seines Ranzens, vom bitteren Geruch der violetten Tinte, vom Anfühlen der satinierten Seiten mancher Bücher. Camus sammelt hier Gedanken zu dem paradiesischen Universum der Kindheit, in dem die Kinder, von Armut, Unwissenheit, von dem erbärmlichen Leben bedrängt, von der Schule durch Freuden beschenkt wurden. In Monsieur Bernards Klasse nährte die Schule, für den Schüler Albert Camus fast ein allsinnlicher Lebensraum, in den Kindern den Hunger nach Entdeckung. „In den anderen Klassen lehrte man sie wahrscheinlich vieles, aber ein wenig so, wie man Gänse mästet. Man setzte ihnen fix und fertige Nahrung vor und bat sie, sie gefälligst zu schlucken. In Monsieur Germains Klasse fühlten sie zum erstenmal, dass sie existierten und Gegenstand höchster Achtung waren: Man hielt sie für würdig, die Welt zu entdecken.“[40]

Mit einem Blick auf Rabindranath Tagores Schule der Freude verlasse ich den Raum Europas. Ich tue es, um die Notwendigkeit der Selbstüberwindung und -überschreitung Europas anzudeuten. Seine Mehrfalt wird ermöglicht durch die Begegnung mit einer anderen Kultur. Diese Begegnung ist unter anderem zwischen Maria Montessori und Rabindranath Tagore geschehen. Einen Ort, an dem die Kinder ihre Wahrheit zu suchen im Recht sind, hat Tagore auf dem Boden seiner Kultur gesucht. Der indische Dichter, Maler, Musiker, Gründer einer „Schule des Waldes“ und einer „Weltuniversität“[41] weiß, dass ein Lehrer nur wahrhaft leben kann, wenn er selber noch lernt. Ein Licht könne ein anderes Licht nur erleuchten, wenn seine eigene Flamme weiterhin brenne.[42] Die Wahrheit müsse nicht allein informieren, sondern begeistern (inspire). Tagore betrachtet die Kindheit als Zeit der Freiheit, der Freiheit von dem Zwang, uns innerhalb der Grenzen zu entfalten, die gesellschaftliche und berufliche Konventionen aufgerichtet haben. In der Schule darf es so nicht gehen um die Anpassung an diese Zwänge und Forderungen, die Unterordnung unter jene außenbestimmenden Anforderungen, die sich in der Gewalt des Schulbetriebes wiederholen. Vielmehr ist die Schule als „besondere Einrichtung für den Unterricht“ zu überwinden durch die Wahrgebung der Liebe der Kinder zum Leben.

Gegen jene Einrichtungen der Gesellschaft, die den Geist der Kinder nach einem besonderen Muster zurechtstutzen, richtet Tagore seinen Glauben an eine geistige Welt. Seine Pflicht als Dichter und Lehrer drängt ihn, „das Unendliche in allen Gestalten der Schöpfung, in den Beziehungen menschlicher Liebe zu suchen; es zu fühlen in der Luft, die wir atmen, in dem Licht, dem wir unsere Augen öffnen, im Wasser, in dem wir ba-

---

sich als Poet erkannt habe. „Es ist falsch zu sagen: ICH denke, man müsste sagen: ES DENKT MICH ....ICH ist ein ANDERER.“ (Arthur *Rimbaud*, Seiten-Sprünge, München 1986, S. 24).

40 Albert *Camus*, Der erste Mensch, a.a.O., S. 128.

41 s. Arnold *Köpcke-Duttler*, Wege des Friedens, Würzburg 1986.

42 Rabindranath *Tagore*, Thoughts, London 1929, S. 325.

den, in der Erde, auf der wir leben und sterben.“[43] Die Freiheit des Geistes wachse nicht durch Unterricht oder äußere Übungen, sondern kraft der unsichtbaren geistigen Atmosphäre, die den Ort der Schule umgebe.

In Tagores Schule wurde Erziehung verstanden als Freiheit und Freude in der Übung der eigenen geistigen und künstlerischen Kräfte der Kinder, denen die „Schleifmühle des Schulbetriebes“ (Tagore) unerträglich war. Der dichtende Lehrer Satish Chandra Roy, ein Student, öffnete dem Kind Rabindranath alle Tore der Welt, rüttelte seinen Geist auf, weckte seine Seele. Der Lehrer ist hier nicht der Vermittler von Bücherwissen, sondern ein Mensch, der aus seiner eigenen Tiefe schöpft und den Schülern lebendige Nahrung reicht – jenseits der mit hohen Ringmauern umgebenen Festung des Bücherwissens, so den Geist der Musik, der nicht-gesetzeshaften, der befreienden Religion. Der Lehrer Rabindranath Tagore schreibt: „Ich für mein Teil halte mehr von dem Prinzip des Lebens, von der Seele des Menschen, als von Methoden. Ich glaube, dass das Ziel der Erziehung die sittliche Freiheit ist, die nur auf dem Wege der Freiheit erreicht werden kann, obgleich die Freiheit ihre Gefahren und ihre Verantwortung hat, wie das Leben überhaupt sie hat.“[44]

Rabindranath Tagore und Maria Montessori sind durch ihren Indien-Aufenthalt in die Nähe zueinander geraten. In Verbindung mit dem Kongress der Association Montessori Internationale im Jahr 1929 wurde die Fünfte Weltkonferenz der New Education Fellowship abgehalten, während der Tagore über Tagore-Montessori-Schulen in Indien berichtete.[45] Die Freude mit den Kindern wird als beiden Gemeinsames getragen von jener Unterschiedenheit, die Maria Montessori in „Il Segreto dell'Infanzia“ ausspricht. Montessori beschreibt hier die Repression der Erwachsenen gegenüber den missachteten Kindern. Der Unterdrückung durch die ältere Generation setzt Montessori den Mythos des leidenden Kindes gegenüber, des Kindes, das den Leidensweg Christi zu gehen habe. Die autoritäre und repressive Schule habe kein Sensorium für die Bedürfnisse des Kindes, die Familie verrate es, statt ihm bedingungslos zu helfen. Angesichts dieser „Seelenmorde“ (Ellen Key), der Uniformierung im Unterricht, der Kommandogewalt des Lehrplans[46], erscheint Montessori die Schule als sadistisches Labyrinth, der Weg durch die Schule als eine via dolorosa, eine Passion, die in dem Kind Wunden aufreißt durch sein ganzes Leben hindurch. Mit Emerson glaubt Montessori an das Kind als den ewigen Messias, der immer wieder unter die gefallenen Menschen zurückkehre.[47]

---

[43] Rabindranath *Tagore*, Lebensweisheit, München 1921, S. 168 f.

[44] Ebd., S. 180.

[45] s. Rita *Kramer*/Maria *Montessori*, Frankfurt 1995, S. 364; s.a. Hermann *Röhrs*, Der Weltbund für Erneuerung der Erziehung, Weinheim 1995, S. 116 f.

[46] s. Heinrich *Scharrelmann*, Erlebte Pädagogik, Hamburg/Berlin 1912.

[47] Jürgen *Oelkers* weist darauf hin, dass R. M. Emerson vom immerwährenden Messias der Kindheit, nicht des Kindes gesprochen hat. (Reformpädagogik, 3. Aufl., Weinheim/München 1996, S. 99 f.).

Das leidende und messianische Kind: Dieser Mythos deutet einen allgemeinen religiösen Grundzug im Denken Montessoris an. Die geheimnisvoll wirkenden Wachstumsgesetze des Kindes erscheinen als Emanationen eines göttlichen Willens[48]; das Kind selber trägt göttliche Züge. Montessori schreibt, wenn man die Gesetze der Entwicklung des Kindes entdecke, so entdecke man den Geist und die Weisheit Gottes, der im Kind wirke. Gott habe wunderbare Kräfte in die Kinder eingesetzt und durch sie seinen Willen kundgegeben[49]. Im Kind befinde sich eine verborgene Energie, ein Geheimnis, dessen messianisches Pathos sich eine mit dem Erleben der Weltharmonie. Die Berufung auf das zarte und schwache Kind in der Krippe[50] wird freilich schon lange mit der enthusiastischen Erhöhung des Kindes zu einem Wesen reiner Menschlichkeit verbunden. Jean Jacques Rousseau, der neuzeitliche Entdecker des Kindes, hat die reformpädagogischen Ausgriffe der „Pädagogik vom Kinde aus“ des Beginns des zwanzigsten Jahrhunderts angeregt und seine Verwunderung darüber ausgedrückt, dass die Erziehung der Kinder auf keine anderen Mittel verfallen sei als Wetteifer, Eifersucht, Neid, Habgier, Feigheit, auf Leidenschaften, die die Seele verdürben.[51]

Montessori hat sich der Gefangenschaft und der Not der Kinder widersetzt. Ihre Pädagogik wendet sich nicht allein dem Schulkind zu, sondern sehnt sich nach dem Kind in seiner fragilen Ganzheit. Diese drei unterschiedenen Schulgestaltungen wären in einem späteren Gang auf ihre sie zu sich selbst führenden Gemeinsamkeiten[52] hin zu untersuchen. Dabei darf diese Untersuchung nicht auf eine Gleichschleifung sinnen, sondern muss für das eigene Recht des Differenten eintreten, jener Differenzen, die zu ihren inneren Verbindungen freigegeben werden: Hin auf ein zu sich werdendes Europa, das sich in den Gängen seiner Geschichte zu oft selbst verfehlt hat, gerade dann, wenn es eine Herrschaft in Einheitlichkeit zu etablieren trachtete.

---

48 Winfried *Böhm*/Maria *Montessori*, 2. Aufl., Bad Heilbrunn 1991, S. 129.

49 Maria *Montessori*, La capacitá creatrice della prima infanzia, in: Atti dell' VIII. Congresso Internazionale Montessori, San Remo 22. – 29. August 1949, Roma 1950, S. 29–36.

50 Andreas *Flitner*, Konrad, sprach die Frau Mama ..., 10. Aufl., München 2000, S. 43.

51 Ebd. S. 47; s. Peter *Heitkämper*, *Montessori* und *Gandhi*, in: Harald Ludwig/Reinhard Fischer/Peter Heitkämper (Hrsg.) Erziehung zum Frieden für Eine Welt – Der Beitrag der Montessori-Pädagogik, Münster 2000, S. 29 ff.

52 s. Gerhard *Uebersohn*, Europarechtliche Entwicklungen im Bildungsrecht und in der Bildungspolitik, in: Recht der Jugend und des Bildungswesens 1996, S. 132 ff. (Bekämpfung von Rassismus und Fremdenfeindlichkeit; Umweltbildung).

Das Recht des Differenten ist verpflichtet, dieser Herrschaft zu widerstehen. An der Achtung dieses Rechts mangelt es allerdings noch beträchtlich; nicht auf den Selbstbesitz versessene Gebildete sollten verstärkt nach diesem Recht suchen, nach Wegen einer europäischen Bildung in konkreativer Vielfalt[53], nach einem anderen Europa.

---

[53] Denis *de Rougemont* unterscheidet zwei verschiedene Europas: Das Europa des Zwiegesprächs, der staatsbürgerlichen Solidarität, der Vernunft und des Maßes, des kritischen Geistes und der sokratischen Toleranz – und das diktatorische Europa, das der vereinheitlichten, kollektivistischen Regeln, der Staatsraison, des totalitären Staates. Ein aufschlussreiches Beispiel der Zerrissenheit ist darin zu sehen, dass das Europäische Kulturzentrum mit jährlich ca. 0,005 Prozent der Kosten für den Bau eines Atomkraftwerks von 1000 Megawatt gefördert wurde (s. Denis *de Rougemont*, Das andere Europa, München 1980, S. 327; s.a. das „Ökologische Manifest der Europäischen Vereinigung für eine ökologische Demokratie", ebd., S. 123 ff.). An die Stelle einer Verengung soll eine Erziehung zur Zusammenarbeit, zu Selbstbestimmung und zu einem schöpferischen Geist treten: Die Erziehung zur geistigen Entfaltung in einem Europa (s. Winfried *Böhm*/Martin *Lindauer* (Hrsg.), Europäischer Geist – Europäische Verantwortung, Stuttgart 1993), das sich jeder Eurozentrik und jeder Europäisierung der Erde verweigert (s. Wilhelm *Kütemeyer*, Die Krankheit Europas, Frankfurt 1982).

Qualitätsentwicklung von Schule – eine Herausforderung

Harm Paschen

1. Schulpädagogische Herausforderungen

Der heute von allen Menschen bewusst miterlebte umfassende Strukturwandel, auch als dritte welthistorische Entwicklungsrevolution (neolithische, industrielle Informationsrevolution oder dritte industrielle Revolution) aufgefasst, trifft Pädagogik und die Schule auf eine besondere Weise. Viele Menschen sind mit den entsprechenden Stichworten und den mit ihnen bezeichneten Phänomenen vertraut, die grundlegenden Änderungen und ihre Bedeutungen (z.B. der neuen Technologie wie Informations-, Gen- und Nanotechnik) können aber noch nicht voll erfasst und in ihren Herausforderungen beurteilt werden. In welche Weise muss und kann Pädagogik derartige Veränderungen mitgestalten, begleiten, auf sie vorbereiten? Oder wird sie noch massiv durch Krisen und Katastrophen (wie es das Energiethema und das Nahrungsthema durch Tschernobyl, BSE) geweckt werden müssen? Allgemeine Literatur, wie überhaupt Information aller Art wird zwar heute allen zugängig gemacht[1], d.h. in allen Medien diskutiert, aber welche Veränderungen, welche Konsequenzen für die Pädagogik für die Zukunft unserer Kinder relevant werden, ist ungewiss und wird kontrovers diskutiert.

Zu erwarten ist, dass Schulpädagogik a) neue Inhalte zu vermitteln hat (neue Medien, neue Lernmethoden werden heute angesprochen), aber mir scheinen hier auch andere Fragen bei beobachtbaren radikalen Veränderungen ebenso dringend. Ob nicht z.B. eher das Verschwinden der alten Medien[2] das Verschwinden der Bildungswirkungen der

---

[1] Schirrmacher, F. (Hrsg.)., Die Darwin AG. Wie Nanotechnologie, Biotechnologie und Computer den neuen Menschen träumen. Köln 2001; Keller, E.: Das Jahrhundert des Gens. Campus Verlag. 2001.

[2] Sanders, B.: Der Verlust der Sprachkultur. Frankfurt/M., 2. Aufl. 1995.

Buchkultur das eigentlich pädagogische Problem darstellt oder die tiefgreifende Wirkung neuer Medien, die wir auch neuartig erfassen müssen[3].

Zu den Aufgaben der Schulpädagogik mag es b) aber auch gehören, neue Handlungsqualitäten zu fördern. Wenn Menschen in Zukunft vor allem Prozesse zu steuern haben, also vertraut mit Orientierungssysteme, Sinnfragen sein müssen. Wenn Lernen immer anspruchsvoller wird, da immer mehr Maschinen niedere Informationsfähigkeiten übernehmen. Oder – wenn Qualitäten im stärkeren Wettbewerb der Gesellschaften und Kulturen entscheidender werden. Damit wird die Beantwortung der Frage, was überhaupt pädagogische Qualität ausmacht, zu einer c) weiteren Aufgabe der Pädagogik, ebenso wie d) die Antwort darauf, welche Pädagogik im Pluralismus legitim, notwendig und hilfreich ist. Damit werden übrigens Wirkungsfragen überhaupt für Pädagogik immer wichtiger, zur Sicherung und Förderung, aber auch zum Nachweis (Evaluation) von pädagogischer Qualität.

Selbst die Art des Fragens und seiner Bearbeitung wird zu einer Aufgabe. Die Differenz zwischen Experten und Interessierten verringert sich, Theorie/Praxis-Hierarchien verschwinden, abwägende Erörterungen und Ästhetik bekommen neue Bedeutungen[4], globale Rahmenbedingungen und lokale Kulturen sind gleichermaßen zu bedenken[5].

Damit verändern sich auch unsere gewohnten Instrumente[6] und anspruchsvolle, ungewohnte Integrationen (Ethik der Gen-Technologie) werden epistemologische Voraussetzungen für die Teilhabe Jedermanns. Wie dies alles von wem professionell geleistet werden kann, wird zur großen pädagogischen Herausforderung.

Hierzu versuche ich im nächsten Abschnitt eine Antwort aus systematischer Sicht, also aus einer Darstellung des möglichen Repertoires unserer grundlegenden schulpädagogischen Optionen.

---

[3] Patzlaff, R.: Der gefrorene Blick. Physiologische Wirkungen des Fernsehens und der Entwicklung des Kindes. Stuttgart 2000; Stoll, C.: Logout. Warum Computer nichts im Klassenzimmer zu suchen haben und andere High-Tech-Ketzereien. Frankfurt/M. 2001.

[4] Paschen, H.: Was ist Pädagogik und welcher Wissenschaft bedarf sie. In: Borelli, M. u. Ruhloff, J. (Hg.) Deutsche Gegenwartspädagogik. Baltmannsweiler 1996, S. 113-122; Lenzen, D.: Mythologie der Kindheit. Reinbek 1985.

[5] Friedman, Th.: The Lexus and the Olive Tree. Understanding Globalization. Farrar. Straus & Giroux. 1999.

[6] Es gibt nicht nur wissenschaftliches Wissen, Wissen hat viele Formen: Spinner, H.F.: Die Architektur der Informationsgesellschaft. Entwurf eines wissensorientierten Gesamtkonzepts. Bodenheim 1998.

2. Zur Systematik der Qualitätsentwicklung von Schulen

Wie in anderen Arbeiten entwickelt[7], gehe ich im Folgenden davon aus, dass schulische Wirkungen immer ganzheitlich sind (2.1), aber von unterschiedlichen Pädagogiken different fokussiert werden. Dabei können wir Grundformen unterscheiden (2.2), denen auch unterschiedliche Qualitätsentwicklungen zugedacht werden müssen (2.3), sie folglich unterschiedliche Evaluationsprogramme aufweisen (2.4), die aber zueinander in Beziehung gesetzt werden müssen (2.5).

2.1 Ganzheitliche Wirkung von Schulen

Schule wirkt immer ganzheitlich. So hat Bernstein 1972[8] gezeigt, in welcher Weise die Klassifikation von Wissen (disziplinär oder integriert) unterschiedliche Vermittlungsrahmen erfordert (Unterricht nach Fächern oder Projektunterricht) und die Grenzstärke zwischen Wissensbeständen tiefen prägenden Einfluss auf Karrieren, Umgangsformen, auch Identitätsbildungen haben können. Allgemeiner können wir sagen, dass so Wissensvermittlung ganzheitliche Wirkungen auch auf die Bildung eines Habitus hat, sowie auf Fähigkeitsbildungen.

2.2 Unterschiedliche Fokussierung von Pädagogiken

Unterschiedliche Schulpädagogiken können wir daher unterscheiden nach ihrem vorherrschenden Fokus (Wissen und entsprechende Operationen werden durch Unterrichtung vermittelt aufgrund von Lernprozessen und den entsprechenden, Wissensbeständen: Lerntheorien), haben aber auch Wirkungen andere Foki (wie auf den Habitus und seine Kompetenzen, die ihrerseits unmittelbar vermittelt werden können durch Erziehung aufgrund von Sozialisationsprozessen und ihren Wissensbeständen. Dasselbe gilt jeweils ganzheitlich umkehrbar von Entwicklungsprozessen nach ihren jeweiligen Entwicklungstheorien gesteuert, deren Bildungsvorgänge von Organen und Kräften (zu pädagogischen Beispielen vgl. die Übersichtstafel im Anhang).

2.3 Unterschiedliche Qualitätsentwicklungen

Nun weisen diese Pädagogikentypen einerseits unterschiedliche Qualitätsindikatoren für Evaluationen auf (Wissenstests, Lernberichte, Entwicklungszustände), die aber heute für zukünftige Veränderungen weiter, integrierter entwickelt werden müssen.

---

[7] Paschen, H.: Pädagogiken. Zur Systematik, ihrer Differenzen. Weinheim 1993.

[8] Bernstein, B.: Klassifikation und Lehrrahmen. In ders.: Studien zur sprachlichen Sozialisation. Düsseldorf 1972.

Wissen als wissenschaftliches Wissen muss erweitert werden auf das für zukünftige Steuerungs- und Beurteilungsaufgaben notwendiges Verstehen von allen Wissensformen in ihrer Differenz[9], entscheidender werden also die Qualitäten von „Wissen“, vor allem im Hinblick auf die spezifisch humanen Qualitäten, aus denen sich Gewissen bildet. Habituskompetenz kann nicht allein mehr auf einen bestimmten Typ (Kritischer Bürger) sozialisiert und dessen Vorliegen (oder Simulation) registriert werden, sondern plurale Kulturen sind zu erschließen und zu verstehen, entscheidend wird, die Qualität von Lebensformen, um Verantwortungen ergreifbar zu machen. Die erfolgreiche Entwicklung von Organkräften ist zu verallgemeinern und zu individualisieren in aktuelle und zukünftige Aufgabenentdeckung, deren Sinnqualitäten verstärkt zu erschließen sind, um Sinnerfüllung zur Lebens- und Überlebensaufgabe zukünftiger Menschheit zu entdecken.

Insofern Lernen und Sozialisation korrigierend im Lebenslauf immer intervenieren können, muss vor allem im ganzheitlichen Sinne ihre Bildungswirkung schärfer beachtet und verfolgt werden, da Bildungswirkungen stärker irreversibel sind. Andererseits gewinnt angesichts, der durch Information ermöglichten Technologie eine immer präzisere, subtilere (Aus-)Bildung des Humanen größere, qualitative Bedeutung.

2.4 Unterschiedliche Evaluationsindikationen

In dem Maße, wie die Qualitätsentwicklungen unterschiedlicher Schulpädagogiken in Richtung eines Bildungsprogramms des Humanen versucht werden, das aufgrund der Veränderungen menschlicher Produktions- und Lebensweisen pädagogisch erkennbar wird, müssen auch evaluative Qualitätsindikatoren gesucht und geprüft werden. Test der Wissens- und Operationsgüte (wie das bekannte TIMSS[10]) ist in Richtung von Indices über Unterscheidungsfähigkeit von Codes und, der Beurteilungsfähigkeit ihrer Qualitäten in Richtung auf Urteilskraft adäquater Anwendungen zu entwickeln. Projektkompetenzen sind über das differenzierte Verständnis menschlicher Handlungsweisen, einer kritischen Beurteilung von Lebensformen als Demokratiefähigkeit zu überprüfen. Und die Beurteilung erreichter Entwicklungen ist zu erweitern auf Interessen- und Könnensprofile für individuelle und gesellschaftlich aktuelle Aufgaben, als Prüfung von Gestaltungsfähigkeiten und für letztlich umfassender Gesundheit.

---

[9] Spinner, H.F.: Die Architektur der Informationsgesellschaft. Entwurf eines wissensorientierten Gesamtkonzepts. Bodenheim 1998.

[10] TIMSS – mathematisch-naturwissenschaftlicher Unterricht im internationalen Vergleich: deskriptive Befunde, Jürgen Baumert, Rainer Lehmann. Opladen 1997. Baumert, J.: TIMSS; III Schulbeiträge in Mathematik u.d. Naturwissenschaften am Ende d. Sekundarstufe II im internationalen Vergleich. Zusammenfassung deskriptiver Ergebnisse. Berlin 1998.

2.5 Ganzheitliche Qualitätsentwicklung

Dies kann aber zunehmend nicht mehr pädagogisch-paradigmatisch im Rahmen eines Ansatzes bleiben. Sowohl die ganzheitliche Wirkung jedes Ansatzes wie die oft semantisch ganzheitlich formulierten Intentionen (über lateinische Sprachkenntnisse bilden zu wollen) verlangt auch ganzheitliche Evaluationen (nicht nur Grammatik abfragen). Neben Wissen müssen auch die direkten und individuellen Wirkungen auf Habitus (also Kompetenzen) und auf Organe (also Gesundheit) überprüft werden, wozu häufig schon Daten, bzw. Instrumente vorliegen.

Eine ganzheitliche Qualitätsförderung lässt sich, wiederum nur systematisch, in drei Stufen oder Phasen skizzieren. Im ersten Schritt findet eine paradigmatisch wechselseitige Evaluation statt. Kontrolliert wird also nicht nur eins, das eigene Programm, sondern es werden auch die komplementären pädagogischen Ansätze, bzw. ihre Dimensionen kontrolliert. Damit kann bewusst werden, dass Qualitätsförderung nicht in einem Mehr vom Gleichen[11] zusuchen ist, sondern im Aufmerksamwerden auf ganzheitliche Wirkungen, also auf andere Zugänge.

In einem zweiten Schritt können Zugänge, Inhalte und Methoden pädagogischer Alternativen kompensatorisch gepflegt werden. Diese Ansatzstellen werden auch zukünftig diejenigen Schwachstellen, die immer auch die pädagogische Kritik entstehen lassen (Lernpädagogiken werden im Hinblick auf moderne Kompetenzen und Entwicklungsprobleme kritisiert, wie umgekehrt). Allerdings stehen hier die paradigmatischen Grenzen im Weg, die schwer zu überwinden sind, was meist nur zu additiven Programmen führt.

Erst in einem dritten Schritt, in dem die Alternativen nach dem eigenen Fokus integriert werden, wird der ganzheitlichen Intention und Wirkung Rechnung getan, ohne dass der eigene Fokus und die Konzentration seiner Wirkung verloren geht. Wie kann man sich dies vorstellen?

Unter (2.3) ist dies schon angesprochen worden. Urteilsfähigkeit im Hinblick auf praktische Adäquanz von Wissensformen als kompetente Grundlage einer Gewissensbildung, Demokratiefähigkeit durch kritischen Umgang mit Lebensformen als soziale Grundlage einer Verantwortlichkeitsbildung und ganzheitliche Gestaltungsfähigkeit für individuell und gesellschaftlich aktuelle Aufgaben als Grundlage einer „gebildeten" Gesundheit können dann als systematischer Versuch einer pädagogisch differentiellen Antwort auf die Herausforderung der sich anbahnenden Veränderungen in der Menschheitsgeschichte elaboriert werden.

---

[11] Watzlawick, P. u.a.: Lösungen: zur Theorie und Praxis menschlichen Wandels. Bern 1974.

Anhang: Zur Systematik der Qualitätsentwicklung von Schulen

1. **Ganzheitlichkeit** schulischer Wirkungen: W Δ Modell
2. **Fokus von Pädagogiken:** Prozesse – Vermittlungsformen – Ziele – Beispiele

a) Lernen	— Unterrichtung	— Wissen/ Operationen	— Herbart, Hirsch
b) Sozialisation	— Erziehung	— Habitus/ Kompetenzen	— Dewey, Laborschule
c) Entwicklung	— Bildung	— Organe/ Kräfte	— Montessori, Waldorf

3. **Qualitätsentwicklungen in pädagogischen Paradigmen** (Bildung des Humanen)

a) Wissen ➠	Wissensformen (Kunst)	➠ Wissensqualitäten	➠ Gewissen
b) Habitus ➠	Kulturen (Sprachen)	➠ Qualität von Lebensformen	➠ Verantwortung
c) Organe ➠	Aufgaben (IT)	➠ Sinnqualitäten	➠ Sinnerfüllung

4. **Qualitätsindikatoren** nach Pädagogiken

a) Operations-Güte	• Sprachen, Codes unterscheiden	• Qualitäts-differenzen bestimmen	• Adäquatheits-urteil
b) Projekt-Kompetenz	• Handlungsweisen verstehen	• Lebensform-kritik	• Demokratie-fähigkeit
c) Portfolios Werkstücke	• Kräfteprofile Interessen-Könnensprofile	• Ganzheitliche Gestaltungen	• Gesundheit

5. **Ganzheitliche Qualitätsförderung und Evaluation**

- wegen Wechselwirkung **ganzheitliche** Evaluation: TIMSS + Projekt-Kompetenzen + Gesundheit
- Weiterentwicklung durch **kompensatorische** Pflege der päd. Alternativen
- **Integration** der päd. Alternativen nach eigenem Fokus (3)

6. **Europäische Bildungsqualitäten**

Vielfalt, Freiheit, Kulturelle Vertiefung

Wissen: Europäische Geschichte und systematische Vielfalt (Sprachen)

Habitus: Nation im Europa-Bewusstsein, Kooperation

Organe: Primärerfahrungen (Auslandsaufenthalte) Selbstbewusstsein

7. **Bildungsqualitäten bei Schulvielfalt**

1. Entscheidung + Begründungszwang von pädagogische Programmen

2. Evaluation/Selbstevaluation von pädagogische Leistungen

3. Modellfunktion von Selbständigkeit, Verantwortung und Initiative für Schülerschaft

Schulentwicklung an alternativen und staatlichen Schulen[1]

Hans Ulrich Grunder

1. Das Problem

Während der vergangenen zweihundert Jahre hat sich in Deutschland weder ein zentralistisch-etatistisches[2], noch ein liberales, sondern ein föderalistisch-etatistisches Bildungs- und Schulsystem ausgeprägt. Was die obligatorische Schulpflicht angeht, zerfällt die Bildungslandschaft ähnlich wie in der Schweiz in vertikale, säulenartige Länder-Bildungssysteme. Diese numerische Vielheit, also Vielzahl, zieht indessen keineswegs pädagogische Vielfalt nach sich. So verzweigt das Schulwesen und so höckerig die Schullandschaft auch sein mögen: Im föderalistischen Schulaufbau herrscht Länder-Etatismus, der zugleich privaten Schulinitiativen misstraut. Ich umschreibe diesen Sachverhalt mit dem Terminus 'ausdifferenzierte Einfalt'[3], was eine Schulpolitik 'top-down' vermuten lässt. Sie beruht – ich provoziere gerne –, diese Schulpolitik top-down fußt auf bildungspolitischem Misstrauen und pädagogischem Argwohn, indem sie die direkte Teilhabe der Bürgerinnen und Bürger, das Engagement der Öffentlichkeit an der Schule minimiert. Insofern hat die Bundesrepublik wie die Schweiz und Österreich zwar zahlreiche bedingt koordinierbare staatliche, aber kein 'öffentliches' Schulwesen[4]. Andererseits gewähren die deutschen Länder das Recht, 'Schulen in Freier Trägerschaft' zu gründen, was mit dem Nachweis 'besonderer pädagogischer Prägung' verbunden und damit der Willkürlichkeit ausgesetzt wird. In der Schweiz besteht nicht einmal dieses Verfahren: dort muss man private Initiativen vollständig selbst finanzieren. Die Freien

---

[1] Referat, gehalten am internationalen bildungspolitischen Symposium ‚Schulvielfalt auf dem Weg nach Europa', 8.6.2001 – 10.6. 2001, in Hannover.

[2] *Jach,* F.-R., Freie Schulen in Europa. Verfassungsrechtliche und gesetzliche Rahmenbedingungen für nichtstaatliche Schulen, in: Erziehungskunst, Nr. 10 / 1993, S. 1074–1084.

[3] *Berg,* H. C., Studien zur Lehrkunst und Schulvielfalt. Suchlinien, Bd. 1., Neuwied, Berlin 1993, S. 138.

[4] *Grunder*, H. U./*Badertscher*, H. (Hrsg.), Wieviel Staat braucht die Schule?, Bern 1995.

ihrerseits sind nirgendwo völlig ungebunden. Zwar gestehen die Schulgesetze auch ihren Lehrkräften unterrichtliche Methodenfreiheit zu. Wo auch immer jemand unterrichtet, ist indessen der staatliche Lehrplan als inhaltliche Vorgabe verbindlich.

Meine schulpolitisch ausgerichtete These hängt mit der pädagogisch-didaktisch akzentuierten zusammen: Beide gründen auf dem eben Ausgeführten und zielen auf die Reform des Bildungswesens, die Reform der Schule als eines institutionellen Gefüges und auf die Reform des Unterrichts[5].

a) Schulen in Freier Trägerschaft werden immer alltäglicher, weil sich staatliche Schulen profilieren, zu 'öffentlichen Schulen' werden.

b) Schulen in Freier Trägerschaft haben den Anschluss an die Schulentwicklungsdiskussion verpasst, weil sie bereits über ein Profil verfügen.

Solche Sätze sind erklärungsbedürftig. Sie stehen in einem schulpolitischen, bildungsgeschichtlichen und schulpädagogischen Kontext, den ich nicht vollends ausleuchten kann. Ich will sie in drei Schritten immerhin begründen, illustrieren und am Schluss skeptisch beurteilen.

Meine Arbeitshypothese mit Bezug auf die Schulen in Freier Trägerschaft lautet: Aus der Reformpädagogik geblieben sind anfangs des neuen Jahrtausends pädagogische Modelle und teilweise schwer zu modernisierende Konzepte, „deren Authentizität häufig sorgsam behütet wird“[6]. Ich frage: Haben diese Modelle die Modernisierungsschübe, die in den staatlichen Schulen gegenwärtig vollzogen werden, verpasst? Einer Studie, deren Autor jüngst nach dem Maß der Freiheiten an Realschulen in Baden-Württemberg gesucht hat, entnehme ich, dass pädagogisch, didaktisch und methodisch fast alles machbar ist. Wer nützt dies am Sachdienlichsten aus?[7]

2. Schulreform: Schulen in Freier Trägerschaft in der Enge?

Der Wunsch nach Schulreform und schulischen Alternativen zur öffentlichen Schule wird in den deutschsprachigen Ländern Europas seit einigen Jahren wieder intensiver geäußert. Die Moderne und ihr pädagogischer Zeitgeist sowie sozioökonomischer Wandel rufen ihn gleichermaßen hervor. Doch obwohl die 'großen Erzählungen' in postmoderner Zeit zu fehlen scheinen, wenngleich es einen 'main-stream' nicht mehr gibt, ist

---

[5] Vgl. *Berg*, a.a.O., S. 102.

[6] Chr. *Lost*, in: Pehnke, Anregungen international verwirklichter Reformpädagogik, Frankfurt/M. 1999, S. 516.

[7] *Bohl*, T., Unterrichtsmethoden in der Realschule, Bad Heilbrunn 2000.

die Folge davon keineswegs Schulpluralismus[8]: Betrachtet man die Bildungslandschaften Deutschlands, Österreichs und der Schweiz, fehlt ihnen Vielfalt.

Andererseits transportieren die schillernd unscharfen Termini 'alternativ', 'in freier Trägerschaft' den zwiespältigen Charakter religiöser Verheißung. Freinet-Pädagogik, Jenaplan- und Montessorimodelle, anthroposophische, konfessionelle und Freie Schulen besetzen unter dem Siegel des Alternativseins die pädagogische Szenerie. Zuweilen ohne ihre reformpädagogischen Wurzeln zu benennen, offerieren sie sich als Alternativen zu staatlichen Schul- und Lernbetrieben. Im nördlichen Europa sind sie längst keine Außenseiter mehr, sondern alltägliche Normalität. Differenz ist dort schulpolitisches und pädagogisches Ziel, Vielfalt das Ergebnis, Uniformität obsolet. Die Ideen des Vertrauens, der Chance und der Motivation ersetzen oder ergänzen in jenen Ländern, wo Schulwahlfreiheit und Alternativschulfreiheit herrschen, seit Jahrzehnten die im deutschsprachigen Raum dominierenden Ordnungsprinzipien Staat, Recht und Reglement.

Doch aufgepasst: Schulen in freier Trägerschaft sind pädagogisch betrachtet nicht von vornherein kindgerechter, effizienter und klimatisch anregender als staatliche Regelschulen. Bestrebt, die Buntheit der pädagogischen Landschaft zu vergrößern, sind sie zunächst lediglich 'andere' Schulen, zumindest aber solche, die sich schon lange, oft waren es ihre Stifterinnen oder Stifter, ein pädagogisches Profil, ein institutionelles Gesicht zugelegt haben. Genau da, meine ich, liegt das Problem, auf das meine Thesen fokussieren.

Weil aber die Kontroverse um die Begriffe 'alternativ', 'in Freier Trägerschaft' auf der einen und ‚staatlich' auf der anderen Seite in einem pädagogischen Patt endet, weil die Polarisierung institutionelle Lernprozesse blockiert, will ich sie aushebeln mit dem Vorschlag, Schulen in Freier Trägerschaft und Modellschulen sollten immer mehr zu 'Regelschulen' werden. Sonst könnte es sein, dass an den alternativen Schulen lediglich alternativ ist, dass sie alternativ sind (Michael Winkler) und ihnen die pädagogische Relevanz als Anregerinnen von Reformen abgeht. Inwieweit, so frage ich sehr kritisch, und berühre damit meine beiden Thesen zugleich, werden Regelschulen zu Alternativen, Schulen in Freier Trägerschaft zu Regelschulen? Konkret:

Wie unterscheiden sich in ihrem pädagogischen Anregungspotential die stark nachgefragten Schulen in Freier Trägerschaft (Jenaplan-, Montessori oder Waldorfschulen, Landerziehungsheime, eingeschlossen die Odenwaldschule, konfessionelle Schulen) vom Elsa-Brandström-Gymnasium, vom Grundschulprojekt Gievenbeck, von der Bielefelder Laborschule, vom Oberstufenkolleg in NRW, den Thüringer Jenaplanschulen, der Oberstufenreform der Max-Brauer-Schule, der Heidenheimer Werkrealschule?[9] Wo dif-

[8] *Berg*, H. C., a.a.O., S. 127.

[9] *Pehnke,* a.a.O. S. 392.

ferieren sie – um die baden-württembergische Schullandschaft auch einmal lobend zu erwähnen – von einer zwanzigjährigen staatlichen Schule ohne Modellstatus, dem attraktiven 'Altinger Modell'? Was unterscheidet sie von den klugen didaktischen Initiativen in der Realschule in Pfullingen, von jenen in der Hauptschule Innenstadt in Tübingen, von den durchdachten pädagogischen Avancen der 'Französische Schule' in Tübingen?[10] Was ist von den vielen 'staatlichen Schulversuchen ohne Ahnherrn' zu denken, wo pädagogische Profile erarbeitet werden, welche oft jene von Schulen in Freier Trägerschaft an Gehalt übertreffen?[11] Was haben die Schulen in freier Trägerschaft zum Beispiel den vielen erfolgreichen Versuchen einer berufswahlintegrierenden neunten Volksschulklasse entgegenzusetzen?

Da nähern sich offenkundig staatliche Schulen und Schulversuche den pädagogischen Modellen der Schulen in Freier Trägerschaft an, indem sie immer mehr 'öffentliche' Schulen werden, also weniger behördlich verantwortet als von Eltern, Lehrkräften, Kindern und Kommunen getragen sind Falls dem wirklich so wäre, verlören die Schulen in freier Trägerschaft ihr ehemals alternatives, pädagogisches, didaktisches und methodisches Profil – ganz einfach: weil es sich nicht mehr von immer öffentlicher werdenden staatlichen Schulen unterscheidet, weil es verschwimmt, da ihm die 'anderen' Einzelteile entnehmen, ja stehlen, die sie kopieren und inkorporieren. Wir alle kennen die staatliche Realschule, die auf Freiarbeit setzt, einen Ganztagesbetrieb einrichtet, den Kindern das Wort gibt, indem sie sie nach Freinet drucken lässt, die Noten durch Schulberichte ersetzt und jährlich drei wirkliche Unterrichtsprojekte realisiert, die mehr sind als projektähnliche Spielerei.

Immer mehr staatliche Schulen versuchen, oft von außen gezwungen oder angeregt, in ernsthafter Absicht, sich ein Profil zu geben. Sie definieren sich dann etwa als kindzentrierte, die Selbsttätigkeit anregende, arbeitsschulmethodisch und ganzheitlich vorgehende, gemeinschafts- und individualitätsfördernde Schule, was immer sie darunter verstehen – und sie kommunizieren ihr Profil, zumindest als neue Etikette – oft sogar ziemlich unverfroren – nach außen.

Bitte beachten Sie: Ich entrolle hier nicht die Bedenken am schulhistorisch verkürzten, spielerisch-modischen Transfer reformpädagogischer Modelle und ihrer Terminologie in die staatliche Schule. Ich frage lediglich danach, wie die Schulen in Freier Trägerschaft mit den derzeit aktuellen Slogans 'Schulentwicklung', 'Pädagogische Profilierung', 'Didaktische Vielfalt', 'Dezentralisierung', 'Partizipation' und 'Selbstverwaltung' umgehen, die ihnen aufgrund der Debatte um die Positionierung der staatlichen Schulen zu Ohren kommen. Und ich vermute, dass sie sich – leider – davon nicht stören lassen,

---

10 *Grunder*, H. U. (Hrsg.), Schulentwicklung durch Kooperation und Vernetzung. Schule verändern. Bad Heilbrunn 2002.

11 Beispiele für, in: *Pehnke*, a.a.O., S. 345 ff.

demzufolge – 2. These – den Anschluss verpassen, sich kaum mehr verändern, auf ihren einst so ausdrucksstarken Profilen sitzen bleiben, sich immobilisieren, versteinern, weil ihre pädagogische Silhouette sich immer weniger markant abhebt – 1. These –, da die öffentlicher werdende Konkurrenz sich immer stärker konturierte Profile zulegt.

Das pädagogische Kriterium für eine Schule, die einen Reformstatus erringen möchte – ob 'staatlich/öffentlich' oder 'frei', hängt von ihrem Willen ab, mit einem selbständigen Beitrag die Bildungslandschaft vielseitiger zu gestalten, um damit eine weitere Chance zu eröffnen, dass sich – wie es gelegentlich heißt – ,Kinder und Jugendliche lernend mit dieser Welt auseinandersetzen können'. Gute Schulen in Freier Trägerschaft und gute Regelschulen in öffentlicher Verantwortung zeichnen folgende Charakteristika aus: Sie sind vorwiegend Orte, wo gelernt wird. Was die Ansprüche an einen gestalteten Raum angeht, sind sie ebenso Lebensorte. Sie legen Wert auf Gemeinschaft, im Wissen um die Balance zwischen Individualität, Sozietät und Schulklima. Sie favorisieren Lernen in übergreifenden Zusammenhängen, wenn sie gleichgewichtig formale und materiale Bildung anstreben. Unterschiedliches Vorwissen der Kinder nützend und Lernprozesse individuell differenzierend, wissen sie um die Kluft zwischen Leben und Lernen, Fest und Kurs, Feier und Plan, Arbeit und Genuss. Sie regen Heranwachsende zu Lernerfahrungen in ihren Kontexten an. Sie sind produktorientiert, ohne sich den Aporien unzulänglicher Modelle praktischen Lernens oder einseitigen Lerndrills auszuliefern. Sie verweisen sowohl auf die Spannung zwischen lernendem Subjekt, Lehrperson und Inhalten wie auf das reflexive Einholen des abgelaufenen Unterrichts, also letztlich auf den Zusammenhang von Bildung, Lernen und Erziehung in öffentlicher Verantwortung.

Scheuen sich die Schulen in Freier Trägerschaft vor Evaluation – denn damit müsste ja die Neuakzentuierung einer pädagogischen Profilierung beginnen? „Der Preis für die geistige Autonomie ist die Forderung nach Evaluation.“[12] hieß es kürzlich. Was tun die Schulen in Freier Trägerschaft?

3. Schulprofil: staatliche Schulen in der Enge?

Schule ist in einer permanenten Reform begriffen. Der Reformprozess verläuft diskontinuierlich und unstet: er stockt, springt, kurvt, setzt aus und neu ein. Der Grund dafür ist keineswegs die radikale Infragestellung der verstaatlichten Schule. Gegenwärtig stehen weder grundlegender Einspruch noch weitgreifende pädagogische Szenarien zur Debatte – Schule ist im Rückblick auf die vergangenen zweihundert Jahre eine der wenigen 'Erfolgsgeschichten' überhaupt.

Falls der gemeinsame Nenner von Schulreforminitiativen, ob staatlich oder privat motiviert, das entschlossene Engagement für eine 'kindgerechtere Schule' ist, stehen auf

[12] *Pehnke,* a.a.O., S. 419.

der didaktischen Ebene zur Diskussion: integrierte Stufen, das Konzept der Inneren Differenzierung, die Arbeits- und Unterrichtsformen des Werkstattunterrichts, der Freiarbeit, des offenen Unterrichts insgesamt, sowie wochenplanähnliche Unterrichtspraxis, das heißt: ungewohnte Lern-, Zusammenarbeits-, Beurteilungs-, ja Schul-Lebensformen. Wie nie zuvor macht die Waldorfpädagogik einen vergleichbaren quantitativen Entwicklungsschub durch: Die Folge der neugegründeten Steiner-Schulen reißt ebenso wenig ab wie jene der Montessori-Initiativen.

Im deutschsprachigen Raum haben schulkritische Debatten und die Renaissance reformpädagogischer Praxis den aktuellen Reformimpetus auch in Bezug auf die staatlichen Schulen hervorgerufen. Daran sind die Schulen in Freier Trägerschaft nicht unbeteiligt. Oft genug waren sie die Anregerinnen. Doch nun hat die träge, staatliche Schule aufgeholt – die Liste der offiziellen Schulversuche ist lang. Die Dunkelziffer von pädagogisch interessanten Schulentwicklungen gleichsam 'unter der Hand' ist vermutlich hoch. Wir sehen – zugegeben – allerdings oft kosmetische, gelegentlich didaktisch-methodische, kaum institutionelle und beinahe keine verfassungsrechtlichen Reformen im Schulbereich[13]. Reformpädagogische Modelle heranziehend, koordinieren die Protagonisten einer neuen öffentlicheren Schule indessen gegenwärtig deren attraktive und heterogene Bruchstücke.

Vielleicht ist das die Chance der Schulen in Freier Trägerschaft: Im Alltag staatlicher Schulen sehe ich immer wieder, wie zwar frei gearbeitet wird, wie Wochenpläne vorgestellt werden, wie man offene Unterrichtsformen versucht, aber ebenso wie wenig diese Reformpartikel in einen neuen Unterricht integriert werden. So erfolgt Freie Arbeit an der Realschule X zweistündig, freitags 11–13 Uhr, am Schulschluss – und der Verdacht liegt nahe, dass die Lehrkräfte damit dem öffentlichen Druck auf die Schule ein wenig nachgeben, ohne die ungeliebten Konzepte professionell didaktisch integrieren zu müssen. Umso beruhigter können sie ihren gewohnten Frontalunterricht zwischen Montag 8 und Freitag 11 Uhr abspulen lassen.

Da sollten die Schulen in freier Trägerschaft auf ihre didaktisch-methodisch integrierten Modelle verweisen, die kurzbeinig-schnellschüssige Reformintention staatlicher Schulen kritisieren und ihre eigenen Lösungsvorschläge entschlossen und öffentlichkeitswirksam hervorheben. Denn man kann nicht von geistiger Mündigkeit des Kindes, Menschenbildung, Förderung von Interesse, Selbsttätigkeit und Selbstbestimmung sprechen, von Lernen durch praktisches Tun, vom Versuch, Schule und Leben zu balancie-

---

[13] *Jenkner*, S., Schulqualität und Schulvielfalt – Konsequenzen für die Schulverfassung, in: Jenkner, S. et al., Schulvielfalt in Hannover, FB EW der Universität, Hannover 1991. ders., Europäische Perspektiven der Freiheit der Erziehung, in: Pädagogik und Schule in Ost und West, 41. Jg., Heft 1/1993, S. 55–62.

ren, wenn man nicht auch über die didaktisch-methodische Umsetzung im Alltag der staatlichen Schule spricht.

Der gegenwärtig realisierte, flüchtige Rekurs vieler staatlicher Schulreformer auf reformpädagogische Konzepte zu Beginn des letzten Jahrhunderts erscheint fragwürdig. Dann etwa, wenn Lehrkräfte der staatlichen Schule Célestin Freinets Druckerei als Lernmittel einsetzen, ohne Freinets kommunistische und libertäre Wurzeln zu kennen. Innere Differenzierung, ein umfassendes Programm, das Robert Dottrens in der halbstaatlichen Ecole du Mail in Genf praxisreif ausgearbeitet hat, gerät ob dem prosaisch-dilettantischen Einsatz von Gruppenarbeit in Vergessenheit. Die Beispiele lassen sich vermehren: Die Vorläufer des modernen *Wochenplans* sind in Dalton- oder Winnetka-Schulexperimenten erprobt worden. Einen heute oft um Zielreflexionen amputierten Projektunterricht realisierte die Laboratory-Schule in Chicago – damals Muster für staatliche Schulen. Den *'Werkstattunterricht'*, auch von staatlichen Schulen derzeit geschätzt, finden wir, theoretisch hinreichend fundiert, an Decrolys 'Ecole pour la vie par la vie' in der Rue de l' Hermitage in Brüssel.

Bruchstücke reformpädagogischer Konzepte herausgetrennt implantieren zu wollen und dann zu glauben, Schule sei damit verbessert worden, ist kurzsichtig genug. Auch in dieser Beziehung sind die Schulen in freier Trägerschaft den staatlichen einen Schritt voraus – vielleicht schon deshalb, weil die Vertreter der staatlichen Schulen und die Schulpolitiker einfach nicht genau genug hinsehen. Diesen Vorsprung sollten die 'Freien' – 1. These – nicht freiwillig abgeben, sondern offensiv und öffentlichkeitswirksam verteidigen. Das aber bedeutet, dass sie auch ihr pädagogisches Profil zur Disposition stellen müssen – 2. These –, um es kritisch zu revidieren, zu ergänzen, zu reformieren.

Schulen in freier Trägerschaft haben immer den Kampf um die Schulreform fermentiert. Sie strebten erfolglos danach, die staatlichen in öffentliche, sich als Modellschulen in Regelschulen zu verwandeln. Alternative Modelle transportieren bis heute überdies eine lebendige, oft versteckte und daher wenig beachtete pädagogische und didaktische Tradition. Die 'andere Schule' stellt außerdem das Verhältnis von Staat und Schule immer neu zur Disposition. Sie definiert sich zwar als private Initiative, doch ich stufe sie hier als öffentliches Reformmodell in nicht-staatlicher Trägerschaft ein. Alternativen zur staatlichen Schule verlangen seit jeher größere Schulvielfalt. Was beinhaltet der Satz, Modellschulen würden zu Regelschulen werden, sobald staatliche Schulen öffentlichen Status erhielten?

4. Die staatliche Schule und die Schule in Freier Trägerschaft als öffentliche Schulen

Jene Spielarten der Reformdiskussion liefern die antwortversprechenden Ansätze, welche Bildung und Lernen, Leben und Schule, Erziehung und Unterricht zu balancieren versuchen. Die einseitigen Blickwinkel sind immer pädagogisch totalitär, während aufreibende Balanceakte zwischen Polen produktive, aber anstrengende Lösungen verbürgen.

Da individuelle und organisationale Lernprozesse zu Differenzen führen, und unterstellt, Schulen, ob in staatlicher, in öffentlicher oder in Freier Trägerschaft seien lernfähig, werden lernende Schulen, lässt man dies zu, sich voneinander unterscheiden. Künftig werden wir weniger Differenzen zwischen staatlichen und Schulen in Freier Trägerschaft feststellen als pädagogische, didaktische und methodische Differenzen zwischen einzelnen Institutionen unterschiedlichster Provenienz. In ihrer pädagogischen Verfasstheit wird sich die Regelschule der Schule in Freier Trägerschaft annähern. Daraus folgere ich, dass es in der Perspektive einer pädagogischen Schulentwicklung keinen Grund mehr gibt, die Schulen in freier Trägerschaft nicht staatlich zu unterstützen, vorausgesetzt, sie präsentieren ein stichfestes, reformfähiges, konsequent realisiertes pädagogisches Profil. Andererseits wäre es durchaus möglich, Regelschulen, die sich pädagogisch nicht profilieren, nicht mehr zu unterstützen. Es ist jedenfalls schwer nachvollziehbar, weshalb eine öffentliche Schule, die sich binnen dreier Jahre aufgrund eigener schulentwicklerischer Prozesse das Profil einer Montessorischule gibt, nach wie vor subventioniert werden sollte, während eine private Montessori-Initiative vor Gerichten dafür kämpfen muss, überhaupt ernstgenommen zu werden.

Vier Prinzipien leiten jede innere, pädagogische Schulreform – ob in staatlichen oder in freien Schulen: veröffentlichte Verantwortung, begrenzte bis völlige Selbständigkeit jeder Schule, Verantwortlichkeit von Eltern, Kindern, Lehrkräften und Kommunen, Grundfinanzierung durch den Staat. Das heißt bildungspolitisch gewendet – und wiederum bezogen auf profilierte staatliche Schulen und profilierte Schulen in Freier Trägerschaft:

a) dezentralisierte Schulverwaltung;
b) hohe pädagogische, didaktische und administrative Entscheidungskompetenz der einzelnen Schulen;
c) distributive Finanzierung seitens des Staates.

Damit zeichnen eine Schullandschaft gleichwertige statt gleiche Schulen aus. Der Begriff der Ersatzschule entfällt. Dies impliziert indessen Entstaatlichung der Regelschule, die sich pädagogisch profilieren muss und damit stärker öffentlich wird, ebenso wie die Öffnung der Schulen in Freier Trägerschaft, die ihr pädagogisches Profil offensiver gegen außen vertreten und sich als bereits profilierte Schulen darstellen müssen.

Geschieht dies nicht, werden die staatlichen Schulen entweder in routinierter Alltäglichkeit verharren oder dann schulreformerisch hyperaktiv, und die Schulen in Freier Trägerschaft werden auf ihren starren Profilen sitzen bleiben und gefestigte Positionen verteidigen. Schulen in Freier Trägerschaft wie staatliche Schulen müssen bei sich selbst beginnen.

Schulen auf dem Weg nach Europa

Renate Jürgens-Pieper

Die Begeisterung für Europa hält sich in Deutschland noch in Grenzen. Es mag daran liegen, dass der Zwang zur europäischen Abstimmung eher als Problem denn als Chance verstanden wird.

Begeisterung für ein zusammenwachsendes Europa ist – jedenfalls in unserer Jugend – noch nicht stark zu verspüren. Sie nimmt die neue Freizügigkeit gern an – aber die Wahl zum Europaparlament ist ihr nicht so wichtig. Europa ist als hochkomplexes Gebilde für sie offensichtlich nicht ohne weiteres zu durchschauen.

Andererseits erleben wir Schülerinnen und Schüler, die sich in europäischen Projekten engagieren. Sie sind bereit, mit Kindern und Jugendlichen jenseits ihrer Grenzen zu kommunizieren und von ihnen zu lernen, wenn dieses Europa für sie konkret wird und sie sich als Person gemeint wissen: in unmittelbaren Begegnungen, in der gemeinsamen Arbeit an Themen, die sie interessieren und berühren.

- In der direkten Begegnung erschließen sich Schülerinnen und Schüler kulturelle Unterschiede. Dazu gehört natürlich, dass sie in der Lage sind, sich fremdsprachlich zu verständigen. Deshalb wurde das Fremdsprachenangebot über die traditionellen Schulfremdsprachen hinaus ausgeweitet und umfasst heute die meisten Sprachen der Europäischen Union.

Besonders das Interesse an Spanisch, Italienisch sowie Niederländisch als Nachbarschaftssprache im grenznahen Bereich ist deutlich gestiegen. An einer wachsenden Zahl von Gymnasien und Gesamtschulen wird Spanisch als zweite Fremdsprache eingerichtet.

In der Verlässlichen Grundschule ist das Fremdsprachenlernen in Klasse 3 und 4 Teil des Pflichtunterrichts.

Für die gymnasiale Oberstufe werden neue Rahmenrichtlinien für die Fächer Englisch und Französisch erarbeitet, die verstärkt den Anwendungs- und Praxisbezug sowie die Vermittlung interkultureller Kompetenz in den Blick nehmen.

Bilingualer Unterricht dient in besonderer Weise der Intensivierung und stärkeren Anwendungsorientierung des Fremdsprachenunterrichts, der Erhöhung der Sprachkompetenz und des Kennenlernens anderer Kulturen. Er befähigt Schülerinnen und Schüler, fachliche Sachverhalte in Lernbereichen wie Wirtschaft, Kultur, Politik und Naturwissenschaften auch aus der Perspektive des Partnerlandes zu sehen und als studien- und berufsvorbereitende Qualifikation in der Fremdsprache zu verstehen, zu verarbeiten und darzustellen.

Für den schulischen Fremdsprachenunterricht wird derzeit ein Gesamtkonzept auf Basis einer bundesweiten Diskussion entwickelt.

Als Eckpunkte zeichnen sich ab:

- Förderung der Mehrsprachigkeit durch Diversifizierung des Fremdsprachenangebots;
- bessere Nutzung der vorhandenen Lerndispositionen durch ein neues Zeitmodell;
- Bildung individueller Lernschwerpunkte im fremdsprachlichen Bereich und Entwickeln schulform- und schulstufenspezifischer Didaktiken und Methodiken;
- Entwicklung einer praktisch verwertbaren kommunikativen Kompetenz durch verstärkten Anwendungsbezug;
- Vermittlung interkultureller Handlungsfähigkeit und Befähigung zu lebenslangem Fremdsprachenlernen.

Durch Kontakte niedersächsischer Schulen zu Schulen oder Partnereinrichtungen in anderen Staaten wird schon frühzeitig das angebahnt, was Schülerinnen und Schülern im weiteren Verlauf ihrer Ausbildung und in ihrer späteren beruflichen Tätigkeit abverlangt wird: Bereitschaft und Fähigkeit zu grenzüberschreitender Kooperation und Mobilität. Die Rahmenbedingungen für den Schüleraustausch wurden erheblich flexibler gestaltet.

Für Schulpartnerschaften spielt das EU-Bildungsprogramm SOKRATES in der besonderen Form von COMENIUS eine wichtige Rolle. COMENIUS fördert multilaterale Schulpartnerschaften für europäische Bildungsprojekte. Es ermöglicht niedersächsischen Schulen internationale Erfahrung zu sammeln, indem sie gemeinsam mit Schulen aus mindestens zwei anderen Ländern Europas drei Jahre lang zu einem selbstgewählten Thema zusammenarbeiten.

So wurde in einer Grundschule ein Projekt mit dem Thema „Taschengeld" durchgeführt. Im Sekundarbereich I beschäftigten sich Schülerinnen und Schüler mit dem Thema: Kinder schreiben ein „Händelbuch"; hierbei waren Schulen aus den Ländern beteiligt, die Händel damals bereist hatte. Im Sekundarbereich II ging es im Projekt „Bio-Net-Terra-Data" um die Entwicklung innovativer fächer- und länderübergreifender Unterrichtsprojekte mit dem Schwerpunkt Biologie. Die Ergebnisse wurden über das Internet verbreitet.

- Natürlich ist Rauchen, aber offensichtlich auch Nicht-Rauchen, ein Thema für Jugendliche. An dem von der Europäischen Kommission im Rahmen des EU-Aktionsplanes „Europa gegen den Krebs" geförderten Wettbewerb „Be smart – don't start" beteiligten sich 418 niedersächsische Klassen im Schuljahr 2000/2001. Ziel der Aktion ist die Verzögerung bzw. Verhinderung des Einstiegs in das Rauchen bei Schülerinnen und Schülern, die noch nicht rauchen. Außerdem sollen

Schülerinnen und Schüler, die schon mit dem Rauchen experimentieren, motiviert werden wieder aufzuhören, damit sie nicht zu regelmäßigen Rauchern werden.

- Und auch wenn es auf den ersten Blick so scheint, als sei diese Jugend für die Umwelt nicht mehr zu interessieren – das jährlich neu ausgeschriebene Kooperationsprojekt „Umweltschule in Europa“ beweist das Gegenteil. Hier übernehmen Kinder und Jugendliche Verantwortung für ihre schulische Umwelt. Gleichzeitig tragen sie im Austausch mit Partnerschulen dazu bei, dass das „Umweltschule“-Netzwerk immer tragfähiger wird.
- Nicht zuletzt sind Schulen zu nennen, die mit einer besonderen Gestaltung des Unterrichtsprogramms die Berechtigung erworben haben, den Zusatz „Europaschule“ oder „UNESCO-Schule“ zu führen, und deren Schülerinnen und Schüler diesen Titel ihrer Schule mit vielfältigen Aktivitäten immer wieder neu bestätigen.

Rechnet man die berufsbildenden Schulen hinzu, die an einem Projekt des EU-Bildungsprogramms LEONARDO teilgenommen haben, so haben in den letzten fünf Jahren mehr als 360 niedersächsische Schulen ein EU-Projekt durchgeführt, ein Ergebnis für das den beteiligten Lehrerinnen und Lehrern Anerkennung gebührt: Hier wird der Blick auf die lokalen und regionalen Bedürfnisse um europäische Aspekte erweitert.

Hätte ich Sie davon zu überzeugen, dass niedersächsische Schulen an Europa interessiert sind, könnte ich die Aufzählung von Aktivitäten noch eine Weile fortsetzen. Ich könnte Ihnen von all den Richtlinien berichten, die den europäischen Gedanken mit ihren übrigen Inhalten verknüpfen. Ich könnte auch mit weiteren Zahlen aufwarten, die unsere Initiativen eindrucksvoll belegen würden.

Es geht mir aber um etwas Anderes. Wenn ich davon spreche, unter welchen Bedingungen Schülerinnen und Schüler zu motivieren sind, Phantasie und Anstrengung zu investieren, um über die Grenzen hinweg zu lernen, dann ist das auch die Frage nach dem Lernklima einer Schule.

Neues Lernen kann mit einem Projekt beginnen. Nachhaltigkeit aber können Leitziele wie „Internationalität“ und „Öffnung nach Europa“ in einer Schule nur gewinnen, wenn dies Konsens des Kollegiums und seiner Schulleitung, der Eltern- und Schülervertretung ist.

Schulqualität hat eine inhaltliche Dimension. Die Unterrichts- und Erziehungsarbeit muss sich an übergreifenden Leitzielen orientieren, die vor allem eine gesamtgesellschaftliche Verantwortung widerspiegeln. Ein solches Leitziel ist entsprechend der Formulierung des Bildungsauftrags im § 2 NSchG auch „die Idee einer gemeinsamen Zukunft der europäischen Völker“. Sie stellt eine der Möglichkeiten dar, die Vielfalt der pädagogischen Einzelmaßnahmen in der Schule in einen sinnvollen Zusammenhang zu stellen, der zugleich zu einer identitätsstiftenden Profilbildung in der Schule führt. Ein solches Profil zu entwickeln bedeutet, die in einer Schule und in ihrem Umfeld vorhandenen Kompetenzen auf ein Ziel zu orientieren, das sie von anderen Schulen unterscheidbar macht.

Dazu gehört auch die Entwicklung von Profiloberstufen. Ziel ist es, den Oberstufenschülerinnen und -schülern eine curriculare Vernetzung von Kursen in Form thematischer Profile anzubieten. Die Komplexität unserer Welt fächerverbindend neu zu erschließen ist der konzeptionelle Grundgedanke. So kann z.B. auch der Fremdsprachenunterricht im Rahmen eines Profils mit sprachlich-literarischem Schwerpunkt verstärkt werden. Profile werden künftig für gymnasiale Oberstufen, Fachgymnasien, Abendgymnasien und Kollegs in Niedersachsen verpflichtend. Die Profilzuschnitte im Kursangebot sollen stark von der Einzelschule bestimmt werden.

Der konsensuale Prozess, den jede Art der Profilbildung verlangt, ist dann auch ein erster Schritt zum Schulprogramm.

Schulen werden sich künftig daran gewöhnen müssen, ihre Schulentwicklung auf der Grundlage vereinbarter Schulprogramme zu gestalten. Denn ohne Schulprogramme werden wir kaum Qualität sichern und entwickeln können. Wir brauchen die Schulprogramme als Vertragsgrundlage für systematische Evaluation und für Zielvereinbarungen.

Wenn Qualitätsentwicklung Ergebnis oder Ausdruck eigenverantwortlichen und selbstkritischen Handelns ist, dann heißt das auch: die staatliche Aufgabe liegt nicht so sehr in der Regulierung von Verfahren, sondern in der Gestaltung von Rahmenbedingungen, die so beschaffen sein müssen, dass alle Kinder und Jugendlichen die Chance haben, mit Vernunft und Zuversicht aufzuwachsen und natürlich auch qualifizierte Schulabschlüssen zu erwerben.

Wir wollen also einerseits größere Selbständigkeit und Gestaltungsfreiheit der Einzelschule zulassen, müssen aber bei stärkerer Eigenverantwortung zugleich eine Pflicht zur Evaluation und Rechenschaftslegung verlangen. Ich denke, diese Dinge bilden eine Einheit.

Die großen europäischen Vergleichsuntersuchungen haben unseren Blick für die Daten geschärft, die uns über Schule heute schon vorliegen. Seit langem erheben wir Daten über die Wiederholung von Klassen und den Abbruch von Schullaufbahnen. Aber wir nutzen sie zu wenig für die Verbesserung der schulischen Qualität, zu der ja auch die Entwicklung von Förderkonzepten im Rahmen eines Erziehungsleitbildes gehört. Wir wollen den Schulen ihre Daten so zurückmelden, dass sie ihnen dazu nützlich sind.

Als Grundlage einer neuen Initiative für eine bessere schulische Qualität wollen wir in Niedersachsen Qualitätsbereiche definieren. Damit bewegen wir uns auf europäischen Pfaden.

So haben die Bildungsminister der EU-Staaten und der Beitrittsländer 1998 einen Arbeitsausschuss aus nationalen Sachverständigen ins Leben gerufen und ihn mit der Aufstellung einer begrenzten Zahl von Schlüsselindikatoren für die nationale Evaluierung der Systeme im Bereich schulischer Bildung beauftragt. In einem zweiten Fortschrittsbericht schlägt der Arbeitsausschuss vier Indikatorenbereiche mit insgesamt 16 Indikatoren vor:

Kenntnisstand (Mathematik, Lesen, Naturwissenschaften, Fremdsprachen, das Lernen lernen, IKT und Staatsbürgerkunde)

Erfolg und Übergang (Abbrecherquoten, Abschluss der weiterführenden Sekundarausbildung, Teilnahme am tertiären Bildungsweg)

Überwachung der schulischen Bildung (Mitwirkung der Eltern, Evaluierung und Steuerung der schulischen Bildung)

Ressourcen und Strukturen (Bildungsausgaben pro Schüler, Aus- und Weiterbildung der Lehrer, Teilnahmequoten an der Vorschulerziehung, Zahl der Schüler pro Computer)

Der Allgemeinheitsgrad dieses Vorschlags genügt jedoch nicht für die Erfassung dessen, was wir uns unter „Guter Schule" vorstellen. So haben wir Beispiele aus Schottland, den Niederlanden und der Schweiz geprüft. In Schottland vertritt man die Auffassung, angesichts des Geflechts widersprüchlicher Ansprüche an die schulische Qualität solle die ministerielle Steuerung ihre Qualitätsvorstellungen so positionieren, dass sich die Einzelschule mit Hilfe eines „Selbsteinschätzungsprofils" den Anforderungen stellen kann und ihr die Gestaltung der Qualitätsentwicklung in diesem vorgegebenen Rahmen überlassen bleibt[1].

Einig sind wir uns mit den internationalen Experten, dass Qualitätsdimensionen „Guter Schule" über Qualitätsbereiche und Qualitätsmerkmale beschrieben werden müssen.

Vorstellbar sind für Niedersachen:

- Lernergebnisse und Erfolge der Schule
- Lernkultur und Unterricht (Unterrichtsqualität)
- Schulethos und Schulleben
- Schulmanagement und Führung
- Lehrerprofessionalität und Personalentwicklung
- Qualitätssicherung/-entwicklung und Schule im Gesamtsystem

Wenn die Diskussion darüber abgeschlossen sein wird, werden wir in Niedersachsen bundesweit mit an der Spitze der Entwicklung stehen.

Um einen Klärungsprozess darüber herbeizuführen, wie Schulen die Prozesse zur Verbesserung ihrer Qualität selbst steuern können, ohne zugleich einem Wettbewerb veröffentlichter Ranglisten ausgesetzt zu sein, sollen außerdem Qualitätsnetzwerke ein-

[1] Vgl. John Mc Beath, Schools must speak for themselves. The Case for School Self-Evaluation, London, Routlegde 1999.

gerichtet werden. Entsprechend den nationalen und internationalen Erfahrungen erwarte ich, dass in den beteiligten Schulen eine Vielfalt an Gedanken, Ideen und Lösungen für ihre Schulentwicklung freigesetzt wird.

In der internationalen Debatte um die Qualität von Bildung gehören *„Netzwerke"* und *„Netzwerkarbeit"* zu den am häufigsten verwendeten Begriffen. Dabei geht es nicht um regionale Selbsthilfe-Netzwerke, traditionellen Schulpartnerschaften oder Kooperationsverbünde, sondern um eine Verknüpfung gleicher Interessen unter Schulpartnern, die eine *neue Organisationsform von Gleichgesinnten* mit klaren Zielvereinbarungen und regelmäßiger Reflexion anstreben.

Beispiele sind die bekannten nationalen und internationalen Netzwerke der Bertelsmann Stiftung, in denen sich auch niedersächsische Schulen engagieren. Auf europäischer Ebene möchte ich das ENSI-Projekt herausgreifen:

Das OECD-Projekt „Environment and School Initiatives" (ENSI) ist eine Verbindung nationaler Schulnetzwerke, die Umweltinitiativen durchführen. Zur Zeit wird in den Bereichen Qualitätsentwicklung an Schulen durch Umweltinitiativen sowie am Einsatz neuer Telekommunikationstechnologien gearbeitet. In einer Bewertung des Projekts wird festgestellt, dass zwischen dem dynamischen Netzwerk und der ministeriellen Verwaltung, eine konstruktive Beziehung entwickelt wurde, aus der alle Beteiligten Nutzen ziehen konnten[2].

Im Modell der niedersächsischen Qualitätsnetzwerke sollen Antworten gefunden werden auf folgende Fragen:

1. Können vorgegebene Qualitätsbereiche und -merkmale zur Orientierung der Schulentwicklung beitragen?
2. Welche Evaluationsverfahren sind aus der Vielfalt des Angebots für die Schulen besonders geeignet?
3. Wie soll ein landesweites Modell für die externe und systematisch-interne Evaluation organisiert werden?
4. Welche Beratungsangebote müssen für den sich anschließenden Entwicklungsprozess vorgeschlagen werden?
5. Wie können Fortbildungsangebote schulnah so realisiert werden, dass sie dem Bedarf im Schulentwicklungsprozess entsprechen?
6. Welche weiteren Schritte sind zur Stärkung der organisationalen Selbstständigkeit der Schulen notwendig?

---

[2] Vgl. Franz Rauch, Was verleiht einem Netzwerk Dauer?, in: journal für schulentwicklung, 3/2000, a.a.O., S. 29.

Sie sehen, wir haben in Niedersachsen Wege gefunden, im europäischen Konzert der Qualitätsentwicklung mitzuspielen. Und Sie wissen, im Orchester kommt es nicht immer darauf an, die erste Geige zu spielen, aber es ist Wichtig, mit ihr in Einklang zu sein.

Persönlichkeitsbildung durch Werte- und Leistungserziehung in der Schule – Pädagogische Grundlinien angesichts des Zeitgeistes in internationaler Sicht

Manfred Bönsch

1. Das Problem

Es gibt in Europa viele interessante Ansätze (reform-)pädagogischen Denkens und Handelns. Der Zeitgeist befördert sie gegenwärtig aber nicht unbedingt, so dass die Gefahr rückläufiger Tendenzen besteht. Die Frage drängt sich auf, ob gesellschaftliche Trends – z.B. das neoliberale Denken – zum Schluss doch immer mächtiger sind als ein genuin pädagogischer Ansatz. Von der Illusion, dass man auf Dauer aber über die Persönlichkeitsbildung in der Schule die Gesellschaft verändern könnte im Sinne von mehr Humanität und Demokratie, haben die meisten wohl schon länger Abschied genommen.

2. Die gesellschaftliche Antinomie – Neoliberalismus in Gesellschaft und Ökonomie

Spätestens seit den 80er Jahren gibt es die Phänomene der Deregulierung, der Entgrenzung der Märkte und damit das Phänomen der Globalisierung, bei genauerem Zusehen in den 3 Regionen Westeuropa, Amerika und Asien. Diese Tendenzen sind wesentlich bestimmt durch neoliberale Gedanken, die man kurz in drei Axiomen fassen kann:

- Freie Märkte sind leistungsfähiger. Individuelle Freiheit garantieren ihre Wirksamkeit.
- Ökonomischer Individualismus ist Voraussetzung für Demokratie.
- Individualismus ist auch in anderen Bereichen wünschenswert. Sofern noch ein Verständnis von Solidarität gegeben ist, meint es das Zusammenwirken individualistischer Faktoren auf der Basis des Vertrauens, vor allem in die Kräfte des Marktes.

Der Staat soll aus diesen Entwicklungen möglichst draußen bleiben, er soll nur die Voraussetzungen schaffen, vor allem Geldwertstabilität. Der Marktwert des sozialen Friedens sinkt. Steuern werden dort abgeführt, wo sie am niedrigsten sind. Damit bekommt das Motto große Bedeutung: die Industrie geht – die Armen kommen! Die Spaltung der Gesellschaft schreitet fort. Die Deklassierung von zu vielen wird zum Schluss bedenklicher sein als faktische Armut. Aus dem Sozialstaat wird ein Wettbewerbsstaat. Waren Bildungsinstitutionen bis jetzt im wesentlichen vom Markt abgeschottet, so müssen sie sich zunehmend auch dem Wettbewerb auf dem Markt stellen. Die Gesellschaft ist längst im Würgegriff des Neoliberalismus. Seine Ideen sind längst in unsere Köpfe eingesickert. Der Würgegriff besteht in der Maxime: Gut ist, was ökonomisch nützlich ist!

Unter der Überschrift „Das Soziale löst sich auf“ beklagen wir Pluralisierungs- und Individualisierungsprozesse, die immer weniger Gemeinsamkeiten zulassen. Habermas hat zuspitzend gesagt, dass das einzige Gemeinsame darin bestünde, sich zwei konträre Antworten zu geben. Luhmann führt in seinem neuesten Werk aus, dass die Gesellschaft nicht länger Lebenszusammenhang sei. Die Moderne führe den Menschen aus bisherigen Ordnungen heraus, mache ihn zum eigensinnigen Menschen, der keinen festen Platz mehr habe. Es gäbe nur noch Funktionsbereiche, die aber keine Funktion mehr hätten: "Anything goes", auch in Lebensweise, Wert- und Moralvorstellungen. Die Egoismen und Narzissmen haben hohe Zeit. Es gibt keine Kultur mehr, sondern nur noch Subkulturen. Die Vielfalt der Jugendszene ist unerhört. Erziehungsvorstellungen neutralisieren sich wechselseitig, wenn es sie denn überhaupt noch gibt. Haben ist wichtiger als Sein, und wenn man nichts hat, also auch kein Ansehen, holt man es sich auf kompensatorischen Wegen, ggf. in Gewaltausübung, mindestens in nonkonventionellen Verhaltensweisen. Eine volle Identität ist kaum noch erreichbar, es gibt nur noch Teil-Identitäten in Subkulturen.

Die Veränderung der kulturellen Selbstverständlichkeiten ist weit fortgeschritten. Wissensbereiche sind nicht mehr altersabhängig. Die Teilhabe an allen Wissensbereichen ist heute jedem möglich. Das Leben hat eine Entritualisierung erfahren, das zu Eigendeutung zwingt. Dies führt zu hohen Innenaufmerksamkeiten und geringerer Wahrnehmung von anderen. Enttraditionalisierungen sind fortgeschritten, Orientierungen über den Nahbereich hinaus kaum noch vorhanden.

In der Summe bedeutet dies, dass auch unser kultureller und individueller Habitus längst ein neoliberaler ist, der Konkurrenz und Wettbewerb massiv Einlass gewährt. "Haste was, biste was!" kann am ehesten Maxime sein. Und wer das Ganze für sich nicht bewältigt, ist ein Schwacher, der in diese Gesellschaft ohnehin nicht so recht passt. Klar ist aber auch, dass eine Reihe von Phänomenen ambivalent ist: sie sind positiv und negativ besetzt. Die Frage ist, zu welcher Seite die Entwicklung stärker neigen wird.

3. Pädagogik hat mit der Unverfügbarkeit des Menschen zu tun

Zu diesen Zeittendenzen steht in einer Antinomie ein Pädagogikbegriff, der von der Unverfügbarkeit des Menschen ausgeht. Der Mensch soll zum Menschen werden, er soll seine individuelle und soziale Identität finden – dies ist ein eminent individueller Prozess in sozialen Verhältnissen –, gleichzeitig wird er in seiner Leistungsfähigkeit ständig taxiert, ausgelesen, sortiert. Großwerden braucht Zeit, wir haben aber keine Zeit! Die Paradoxie der Pädagogik besteht immanent in der Dialektik, nachwachsende Generationen durch effektive Arrangements, Führung und Manipulation zur Mündigkeit führen zu wollen. Das Unverfügbare muss bejaht werden, wir wollen aber über den jungen Menschen möglichst schnell verfügen. Individualität ist eine wichtige Größe, wir reduzieren sie aber schnell auf einige wenige Leistungsparameter. Sozialität zu gewinnen, humane und lebenswerte Verhältnisse, ist wichtiger denn je.

Wenn nun aber der Zeitgeist eine weitere Komplikation schafft, wird die Antinomie quasi verdoppelt. Fünf Ambivalenzen machen dies deutlich:

4. Werte- und Normenverlust bzw. -vielfalt

Wenn ökonomisches Denken Priorität hat, liberales Denken zu Vielfalt, Offenheit, Individualität führt, gehen Werte- und Normengerüste, die Anerkennung in einiger Breite haben könnten, verloren, sind schließlich gar nicht mehr gewollt. Erziehung befindet sich vielerorts bereits in einem Niemandsland, soweit noch Orientierungen da sind, neutralisieren sie sich wechselseitig über das Pluralismuspostulat. Die Ersatzideologien (neue Heilsversprechen oder Ökonomismus pur) haben freies Feld. Solidarität wird zu einer wundersamen Kategorie. Sie stört auch den Wettbewerb!

5. Autonomisierungstendenzen

Die autonome Schule ist zum Zauberwort geworden, ohne dass immer bedacht wird, dass dies auch Vereinzelung bedeutet und in der Folge zu Wettbewerb und Konkurrenz führen wird. Der Beste wird am ehesten gesponsert und hat am meisten Zulauf. Die Gemeinsamkeiten sind nicht mehr wichtig, die Unterschiede sind es. Der Individualismus des Einzelnen findet sein Pendant im Individualismus der Schulen. Das hohe Gut von Chancengerechtigkeit im Bildungswesen passt kaum noch zur Profilierungsnotwendigkeit, die ja Profilierung gegen andere ist.

6. Evaluationsanliegen

Qualitätsprüfung intern und extern ist angesagt. Eigen- und Fremdkontrolle sind notwendig, um die eigene Existenz durch einen entsprechenden Output zu rechtfertigen. Qualitätskontrolle, Controlling, Wettbewerbsfähigkeit, Wirtschaftlichkeitsprüfungen – das Vokabular kommt aus der Betriebswirtschaft. Man wird prüfen müssen, ob Pädagogik und Ökonomie so aufeinander zu beziehen sind oder ob das genuin Pädagogische und seine Unverfügbarkeit dabei nicht verloren gehen werden. Management ist eines, Pädagogik etwas ganz anderes. Und wenn der Output erhöht wird – wie immer er dann operationalisiert sein wird –, könnte Pädagogik schon aus der Schule verschwunden sein, wenn sie denn dort je war!

7. Privatisierungsfortschritte

Noch ist die Schule in Deutschland Staatsschule. Institutionell gesehen hat sich von 1960 bis heute der Anteil von Privatschulen verdoppelt. Privatschulen kosten in der Regel Geld. Geld muss man für sie aber erst einmal haben. Eine andere Privatisierungstendenz ist auf dem Schleichwege weiter fortgeschritten. Der Markt der Nachhilfeangebote kassiert pro Woche in Deutschland 30 Mio. DM. Mehr als 20 % der Grundschulkinder bekommen schon Nachhilfeunterricht. Die Verlagerung von notwendigen Bildungsangeboten auf den Markt ist konsequent neoliberales Denken. Entstaatlichung, weg mit dem Schulmonopol, der Markt wird es schon richten! Und der Staat folgt der Maxime und schränkt seine Ressourcen Zug um Zug ein.

8. Globalisierungstendenzen

Längst gibt es die Meinung, dass die Schule angesichts unbeschränkter Informationsmöglichkeiten obsolet ist, vollkommen veraltet, ein Monstrum von gestern. Die neuen Kommunikations- und Informationstechnologien erlauben den Weg in eine Washingtoner Bibliothek, die Kommunikation zwischen Aurich und Montreal, das wilde Surfen im Internet. Ich kommuniziere mit der Welt und sehe meinen Nachbarn nicht mehr. Vielfalt wird aber auch zur Beliebigkeit, Kommunikation zur Belanglosigkeit, Weltläufigkeit zur einsamen Tour. Die Entgrenzungen sind da und entsprechen dem Trend der ökonomischen Globalisierung.

Meine These ist, dass es beängstigende Anzeichen dafür gibt – in der Breite gesehen –, dass ein verkürzter Leistungsbegriff Persönlichkeitsentwicklung in ihrer Ganzheitlichkeit eher verdrängt, als dass eine Balance Platz griffe. An ausgewählten Beispielen sei sie verdeutlicht.

8.1 Das Beispiel Niedersachsen

Als erstes Beispiel nehme ich das Bundesland Niedersachsen.

Statt eine Qualitätsdiskussion zu führen, hat der Ministerpräsident eine Strukturdiskussion angezettelt, deren zentrale Elemente sind:

1. Aufhebung der schulformunabhängigen Orientierungsstufe (Kl. 5/6) und Selektion der Kinder nach dem 4. Schuljahr
2. Gymnasium + Sekundarschule in der Sek I
3. Die Erreichung des Abiturs mit 12 Jahren

Gleichzeitig werden Vorschulklassen abgeschafft, geht die Zahl der Schüler/innen in integrativen Systemen zurück, geht die Zahl der Integrationsklassen zurück, werden wichtige Schulversuche zur qualitativen Verbesserung der Schule (veränderte Schuleingangsstufe) abgeschafft/beendet.

Der niedersächsische Justizminister spricht von einer Winner-Looser-Kultur in der Orientierungsstufe (OS), der zweijährigen integrierten Schulstufe. Die Botschaft ist: das gemeinsame Lernen von Kindern aller Schichten und Begabungen ist unproduktiv. Gemeinsamkeit bei Unterschiedlichkeit ist unproduktiv. Lasst uns die Kinder schneller sortieren, unbeschadet evtl. schwieriger Lebensverhältnisse und noch offener Begabungs- und Intelligenzentwicklungen.

Das Problem, das darin steckt: Ist eine auf Egalität und Chancengerechtigkeit zielende Schulstruktur obsolet und soll eine asymmetrische Schularchitektur die gesellschaftlichen Ungleichheiten verstärken. Nehmen wir Abschied von einer demokratischen und gerechten Schule?

8.2 Das Beispiel Großbritannien

Wenn man den Blick auf Entwicklungen in Europa lenkt, findet man folgende Tendenzen. In Bezug auf Großbritannien ist zunächst die geringe Sympathie von New Labour zu Gesamtschulen auffällig.

Zu beobachten ist, z.B. in Schottland, wie Schulen zunächst mehr Autonomie gegeben wird, um sie gleich darauf durch ein ausgeklügeltes System der Schulinspektion in einen Prozess der Observation und des Qualitätsdrucks zurückzubinden.

Das Ranking spielt in Großbritanniens Schulen eine große Rolle. Die performance tables ordnen die Schulen nach ihren Leistungen. Die Tabellenplätze ergeben sich aus dem Abschneiden bei den A-Levels (Abitur), bei den GCSE-Prüfungen (mittlere Reife), in den Grundschulen mit landesweit genormten Tests (5,5 Stunden Tests in Englisch, Mathematik und Naturwissenschaften). Schwache Schulen in diesen rankings (Ranglisten) werden öffentlich gemacht, unabhängig davon, ob sie vielleicht aufgrund schwieriger Verhältnisse hervorragende Erziehungsarbeit geleistet haben.

New Labour setzt mit Ehrgeiz auf diese marktwirtschaftlich orientierte Konkurrenz. Die Hauptzielgruppe sind dann auch prompt ambitionierte middle-class-Eltern.

Soziale Brennpunkte mit ihren erzieherischen Problemen, aber auch z.B. musische Bildung (Musik, Sport Theatergruppen u.a.m.) rutschen durch das Netz.

Der Druck schon auf die Kleinen nimmt gewaltig zu (Selektion). Diejenigen, die nicht zu einer Schule passen, werden gar nicht erst aufgenommen. Es findet quasi eine Selektion vor der Schultür statt.

Marktwirtschaftliche Managementmethoden „greifen" in den Schulen: durch Beförderungen, Entlassungen, Verwarnungen von Lehrer/innen findet eine zweite Art von Selektion statt. Man kann sich die Anpassungszwänge gut vorstellen.

Es gibt sogar Eingriffe in den Privatbereich der Familien. Vorschriften für Umfang und Art des Fernsehkonsums und der Gameboy-Nutzung sollen die Freizeit beeinflussen. Sollte dies wirklich die Vision der Zukunft sein?

8.3 Das Beispiel Frankreich

Erschrecken müssen auch Entwicklungen in Frankreich.

Seit langem bekannt sind Ranglisten für Gymnasien, die nach den Prozentanteilen der Schülerinnen mit Abitur und den Noten aufgestellt werden.

Besonders in den Trabantenstädten um Paris, Lyon, Dijon, Strassburg, Bordeaux, Nantes, Marseille findet eine ethnische Homogenisierung, eine Geographie der Ausgrenzung statt. Längst gibt es rassistisch orientierte Zusammensetzungen von Grundschulklassen (Araberklassen, Türkenklassen). Die Negativspirale für schwierige Schulen dreht sich. Wer erst einmal als schwierig gilt, wird möglichst gemieden. Wer gemieden wird, muss die negative Auslese verschärfen. So werden die Verhältnisse immer problembeladener. Es gibt das Wort: „Sag mir, wo du lernst, und ich sage dir, wer du bist!“

Subtiler ist die Auslese in den Gymnasien. Bestimmte Fächerkombinationen, Eltern mit akademischer Bildung sorgen für entsprechende Gruppierungen. Einen Verwandten mit der Adresse in der Nähe des Wunschgymnasiums findet man immer. So findet eine schichtspezifische Auslese statt. Es gibt eine Art von Schul-Zapping. Die Entwicklung der Privatschulen ist positiv. „Que le meilleur gagne“ (der Beste soll gewinnen)!

An der Spitze dieser Entwicklung (Schule als Transportmittel schichtspezifischer Selektion) stehen bedrückenderweise die Lehrer/innen, besonders die der Gymnasien. Sie sagen: beim Lycée light machen wir nicht mit, ohne dass die Frage aufkommt, wie es denn mit einem Lycée pédagogique wäre!

8.4 Das Beispiel Schweden

Schweden war für viele lange Jahre das Mekka sozialintegrativer und demokratischer Schulentwicklung. Aber auch hier stellt sich inzwischen die Frage, ob die europäische Integration möglicherweise einhergeht mit bildungspolitischer Segregation.

Marktwirtschaftliche Kategorien (Wettbewerb, Konkurrenz) bedrängen traditionelle Forderungen nach Chancengleichheit und die Aufhebung sozialer Benachteiligung.

Die schwedische neunjährige grundskola galt lange Zeit als vorbildhaft für Europa. Sie ist eine Schule für alle mit einem differenzierten Fördersystem und der Integration behinderter Kinder.

Schon in den Jahren 1991–1993 hat es eine Schulreform gegeben, mit der Dezentralisierung, Privatisierung und Konkurrenz verstärkt wurden. Nach dem Motto „Konkurrenz erhöht die Qualität“ wurden mit der freien Schulwahl, der Einführung von Schulgeld, der Begünstigung von Privatschulen Veränderungen eingeleitet.

Nach einer Studie von 1996 hat eine Reduzierung von Stunden für Sonderpädagogen um 30 % stattgefunden. Einsparungen betreffen vor allem die Unter- und Mittelstufe.

Die Wahlfreiheit der Eltern fördert die Segregation. 80 % der Eltern geben Präferenzen für bestimmte Schulen zu. Sie ziehen zum Teil extra um, um ihren Kindern bestimmte Schulen zu sichern. Die Absonderung von ethnischen Minderheitengruppen nimmt zu.

9. Resümee

- In Europa finden wir eine große Zahl von Reformschulen, eine farbige Reformlandschaft!
- Beispiele für gute Schulen, für autonome Schulen gibt es zuhauf.
- Der Blick ist heute zu lenken auf – wie ich es nenne – „gesellschaftliche Überholmanöver“ unter Gesichtspunkten marktwirtschaftlichen Denkens – dies ist eine grundsätzliche Perspektive!
- Wie werden wir die Ambivalenzen der Qualitätssteigerung unter dem Gesichtspunkt einer Pädagogik für alle, einer integrativen und sozialen Pädagogik und einer Pädagogik, die auf Persönlichkeitsentwicklung zielt – den ganzen Menschen und jeden Menschen wichtig nehmen – mit den marktwirtschaftlichen Erfordernissen produktiv ausbalancieren können?
- Derzeit muss man besorgt sein: Die Brauchbarkeit des Menschen scheint wichtiger zu sein als die Persönlichkeit mit ihren sozialen Kompetenzen. Verwertbarkeit wichtiger als Gleichheit, Gerechtigkeit und Sozialität, als demokratische Pädagogik.
- Die Pädagogik steht in ihrem umfassenden Anspruch und gleichzeitig in ihrer Paradoxie, die Unverfügbarkeit des Menschen zu sichern, auf dem Prüfstand!
- Es gibt eine Müdigkeit gegenüber Integration, Förderung, Gemeinsamkeit auch unter Lehrer/innen.
- Zunächst gilt es, Teilhabechancen zu sichern, damit Wettbewerbschancen überhaupt gegeben sind.

Der Schutz von ethnischen Minderheiten im britischen Schulsystem

Robert Bell*)

Ich würde gern mit einer Entschuldigung beginnen. Als ich zustimmte, auf diesem Symposium über den Schutz ethnischer Minderheiten im britischen Schulsystem zu sprechen, hätte ich vorsichtiger sein sollen, denn es gibt eigentlich gar kein britisches Schulsystem und es gab auch nie eins. Ich stelle diesen Punkt nicht aus Pedanterie heraus, sondern weil er andere Unterscheidungen unterstreicht, die wir treffen müssen, wenn wir uns daran begeben, die echten Bildungsprobleme zu untersuchen, die durch die Gegenwart so vieler ethnischer Minderheiten im Vereinigten Königreich gestellt werden. Denn nicht nur aus ihrer Geschichte heraus sind die vier Bildungssysteme in England, Schottland, Nordirland und Wales ziemlich unterschiedlich, sondern sie stehen den ethnischen Problemen in einem sehr unterschiedlichen Ausmaß gegenüber. In den letzten fünfzig Jahren wurden die Probleme in England in dieser Hinsicht viel komplexer und herausfordernder, als die in den andern Teilen des United Kingdom.

Erstens die Anzahl der Beteiligten. Nach der letzten vollständigen Volkszählung 1991 bildeten ethnische Minderheiten – damit meine ich Afrikaner, Afro-Caribianer und Menschen aus Gruppen aus dem indischen Subkontinent – nur 1,25% der schottischen Bevölkerung. In Wales war die Verteilung nur 1,46%, während sie in Nordirland noch mehr zu vernachlässigen war. In England hingegen war die ethnische Minderheitsbevölkerung um 1991 auf 5,91% gestiegen und, um das Problem noch etwas zu verschärfen, diese Gruppen waren nicht gleichmäßig über das Land verteilt. Im Nordosten in der Gegend von Newcastle unterschied sich die Situation wenig von der in Schottland, während in Teilen Südenglands einschließlich großer Bereiche von London die Gegenwart ethnischer Mitbürger sogar auf bis zu 47% stieg. Und tatsächlich deuten die jüngsten Vorhersagen an, dass in den englischen Midlands die weiße Bevölkerung in den Großstädten wie Leicester und Birmingham bis Mitte dieses Jahrhunderts zur Minderheit geworden sind.

---

*) Übersetzung von: Gabriele Dolke-Ukat, Diplompsychologin und Dolmetscherin

Die Probleme betreffen daher weniger ganz Großbritannien, sondern vorwiegend England und werden sich dort wahrscheinlich noch weiter ausbreiten. Besonders das Gleichgewicht der Generationen wird sich wahrscheinlich beträchtlich verändern. Weiße leben zunehmend länger als nicht weiße Bürger, während die Geburtsrate unter den nicht weißen höher ist. Daher scheint es zunehmend wahrscheinlicher, dass sich eine immer älter werdende weiße Population in einer Gesellschaft wiederfindet, in der mehr und mehr Nachbarn nicht weiß sind, und in der die meiste Arbeit von den gleichen nicht weißen Menschen getan wird. Wenn das so ist, gibt es offensichtlich ein beachtenswertes Bedürfnis, dieser Tatsache durch die Struktur der Schul- und Ausbildung Rechnung zu tragen und sicher zu stellen, dass die Pessimisten, die ein Desaster voraussagen, sich täuschen werden. Persönlich habe ich in der Tat das Gefühl, dass unsere Erfahrung der letzten Jahrzehnte einen soliden Grund für Optimismus gibt.

Dies scheint vielleicht zu überraschen. In den letzten Wochen flackerte an vorderster Stelle das Aufeinanderprallen der Rassen größtenteils in der Stadt Oldham in Lancashire über den europäischen Fernseher, und vielleicht haben Sie das Gefühl, dass die Pessimisten nur zu Recht Angst vor dem Schlimmsten haben, aber ich würde vorschlagen, dass wir die Bedeutung dieser letzten Ereignisse nicht überbewerten. Mit der gegebenen Größe der ethnischen Minderheiten in England und dem Konfliktpotential ist nicht ein gelegentlicher Gewaltausbruch bemerkenswert, sondern dass es in den letzten Jahren verglichen mit gemischten Gesellschaften in anderen europäischen Ländern so wenig offene Konfrontationen gab. Ich möchte gern näher darauf eingehen, welche Gründe ich dafür sehe.

Erstens glaube ich, dass es eine wichtige politische Überlegung ist, die damit zu tun hat, wie das britische Empire endete. Wie Sie sicherlich wissen, haben wir in den 1930er Jahren und direkt in der Nachkriegszeit allmählich unser Empire aufgelöst und uns zum später so genannten Commonwealth entwickelt. Viele Journalisten, einschließlich britischer, verschmähen oft das Commonwealth und fragen, welchen Nutzen eine solche Organisation haben soll, die keine Macht inne hat, die nicht in der Lage ist, solche Mitglieder wie Indien und Pakistan davon abzuhalten, sich gegenseitig zu bekämpfen, oder die afrikanischen Mitglieder nicht davon abhalten kann, sich in regelmäßigen Abständen von der Demokratie abzuwenden und einer Militärdiktatur anzuhängen. Aber die Vorzüge des Commonwealth werden oft weniger diskutiert, z.B. die Hilfe, die die reicheren den ärmeren Mitgliedern geben, wie in der Art und Weise, in der das Commenwealth half, die Apartheit in Südafrika zu beenden. Aber der vielleicht herausragendste Vorzug war die nützliche Wirkung seiner Existenz nicht nur auf das politische Leben in Britannien selbst, sondern auch auf die Stabilität des britischen Schulsystems. Denn mitten in den Verfassungsänderungen der 40er und 50er Jahre des 20. Jahrhunderts und ohne großes Drumherum wurde eine zentrale Entscheidung getroffen – die Entscheidung, dass die Bürger eines jeden Landes im Commonwealth, die für welch kurze Zeit auch immer im Vereinigten Königreich lebten, während ihres Aufenthaltes das volle Wahlrecht und alle politischen Rechte hätten, selbst wenn sie nicht dauerhafte Einwohner wären und selbst wenn sie nie die britische Staatsbürgerschaft angenommen hätten.

Das Ergebnis war, dass nicht nur alle Bürger des Commonwealth (und zufälligerweise auch alle Bürger der Irischen Republik) an jeder Wahl teilnehmen konnten, sondern sie konnten sich auch selbst zur Kandidatur stellen, unter anderem auch für die örtlichen Kommittees, die über die Schulen ihrer Kinder bestimmten. Als Folge davon hatten sie das unvermeidbare Gefühl, dass sie genauso viel Kontrolle ausüben und Anteil an der Schulausbildung ihrer Kinder nehmen konnten, wie alle anderen britischen Staatsbürgern. Schulbildung war ihr bürgerlicher Anspruch, nicht nur ein Privileg, das ihnen als Gäste gewährt wurde. Da fast alle Einwanderer zur damaligen Zeit Bürger des Commonwealth *waren*, wurde jeglicher Gedanke, dass sie nur einfache *Gastarbeiter* wären, im Keim erstickt. Es gab vielleicht noch bestimmte Einwanderungsbeschränkungen, aber wenn jemand als Einwanderer zugelassen wurde, hatte er das volle Bürgerrecht. Desweiteren hatten unter britischem Recht alle Kinder, die von Einwanderern in der Folge geboren wurden, automatisch und unbegrenzt die britische Staatsbürgerschaft.

Unter solchen Umständen fühlten sich die Schulen natürlich verpflichtet, Strategien und Strukturen zu entwickeln, die gleichermaßen für die ansässigen Kinder, als auch die Einwandererkinder passend waren, und die Lehrer strengten sich oft enorm an, den zugewanderten Kindern ein „Zuhause“-Gefühl zu vermitteln. Hinduistische und islamische Feiertage wurden neben den christlichen gefeiert, und die Lehrer wurden ermutigt, den britischen Schülern die Kultur ihrer neu angekommenen Mitschüler zu erklären. Ich erinnere mich an einen Besuch in einer Grundschule in Gloucester, wo das ganze Kollegium gerade ein indisches Dorf besucht hatte, aus dem viele ihrer neuen Schüler gekommen waren, um ihre Hintergrundkultur viel besser zu verstehen. An allen Schulen wurden mehr Hinweise für den Wunsch deutlich, eine multikulturelle Gesellschaft zu schaffen, indem sie ihre Klassenräume dementsprechend dekorierten und ihre tägliche religiöse Pflichtandacht neu strukturierten, so dass sie nicht mehr nur in christlichem Stil gehalten wurde.

Keine dieser Veränderungen wurde durch den Staat angeordnet. Die weitverbreiteten Modifizierungen der Lehrpläne waren zum großen Teil das Ergebnis von gutem Willen auf Seiten der Lehrer zu einer Zeit, als es noch keine nationale Schulaufsicht und Kontrolle des Kurrikulums gab. Es ist zweifelhaft, ob solch konstruktive Aktionen und Lehrerinitiativen sich so einfach hätten umsetzen lassen, wenn es erst einmal ein festes nationales Kurrikulum gegeben hätte. Zu der Zeit aber hatten die Lehrer, besonders in Grundschulen, die Freiheit, ihre eigenen Entscheidungen über den Unterrichtsstoff und die Art und Weise der Vermittlung zu treffen.

Heutzutage dominiert die Regierungspolitik das Grundschulkurrikulum durch eine Pflichtstunde Lesen und eine Stunde Rechnen. Es gibt heute auch eine geregelte Überprüfung der Schulkompetenz in Grundfertigkeiten, und die dafür gegebenen Noten bestimmen im Stil einer Fußball-Liga den Rangplatz der Schule. Es gibt desweiteren eine rigorosere und regelmäßige Überprüfung von allem, was eine Schule tut, in der die Inspektoren sogar darüber bestimmen können, ob eine Schule geöffnet bleibt oder nicht. Bei all diesen Veränderungen hätten wenige Schulen, wenn überhaupt, die anfänglichen Experimente übertreffen können, die nötig waren, um konstruktiv mit den multikulturellen Veränderungen umzugehen, die sich durch die nicht weißen Einwanderer stellten. Glücklicherweise fanden diesen Experimente tatsächlich statt, und die neuen Einstellungen und Gewohnheiten waren an ihrem festen Platz, bevor die neuen Formen von Regierungsinterventionen begannen.

Als das ganze stattfand, gab es kaum Anzeichen von Widerstand gegen die toleranten Einstellungen, die die Lehrer zeigten, und obwohl einige Eltern gegen die Gefährdung akadamischer Standards protestierten, die sie durch die Anwesenheit der nicht englisch sprechenden Kinder in der Klasse befürchteten und andere sogar versuchten, auf eigene Faust unabhängige weiße Schulen zu eröffnen, waren solche Bewegungen sehr begrenzt und dauerten normalerweise nicht lange. Darüber hinaus war neben der Tatsache, dass Schuluniformen ein allgemeines Merkmal englischer Schulen waren (und bis heute häufig noch sind), die spezielle Kleidung von moslemischen Mädchen und der Turban von Sikh Jungen fast überall vollkommen akzeptiert und führte nur in seltenen Fällen zu öffentlichen Debatten wie z.B. in Frankreich.

Nein, natürlich war der Versuch, alle Schulen des Landes multikulturell und multirassisch zu gestalten, nicht leicht. Besonders die Sprache stellt bis heute ein Hauptproblem dar. Aus einer weiterführenden Schule in der Nähe meines Zuhause im Zentrum Londons wurde kürzlich berichtet, dass die Schüler 69 verschiedene Heimatsprachen sprechen, und während die meisten Schüler daneben auch sehr gut Englisch sprechen, kommen andere ohne ein Wort Englisch in die Schule. Die Aufgabe, die nicht Englisch sprechenden Schüler mit Sprachunterricht zu versorgen, beansprucht die Schulressourcen, denn ein Großteil des Förderunterrichts muss normalerweise in der Schule selbst stattfinden.

Sicherlich gab es in England wenig reale Versuche, Kinder in ihrer Muttersprache zu unterrichten, obwohl einige indische Sprachen mittlerweile in England schon häufiger gesprochen werden, als z.B. Walisisch in Wales, wo diejenigen sehr stark gefördert werden, die die Sprache sprechen und ebenfalls Versuche gemacht werden, dass auch die Nachbarn ihre Sprache lernen. Solche Anstrengungen zur Erhaltung der Heimatkultur mussten von den Eltern selbst unternommen werden, z.B. durch Wochenendschulen, obwohl natürlich die meisten Eltern nur zu froh sind, wenn ihre Kinder am Ende ihrer Schullaufbahn in der Lage sind, die Weltsprache angemessen zu sprechen und (hoffentlich auch) zu schreiben.

Dann gibt es auch noch die religiöse Situation. Ein Merkmal des englischen Schulsystems, das „Nicht-Eingeweihte“ schwer verstehen können, ist die Position der kirchlichen Schulen. Weit entfernt davon, einen privaten Sektor zu bilden, sind kirchliche Schulen wie in Irland und den Niederlanden ein integraler Bestandteil des staatlichen Schulsystems. Ungefähr ein Drittel der staatlichen Schulen gehört tatsächlich entweder der staatlichen „Church of England“ oder der römisch-katholischen Kirche und wird zum Großteil auch von ihr betrieben. In einigen Regionen, besonders im Zentrum von London sind die meisten Schulen noch immer kirchliche Schulen.

Man könnte erwarte, dass dies vielleicht hinsichtlich der asiatischen Minderheiten problematisch wäre, besonders, da solche Schulen in der Tat in ihren Aufnahmeverfahren weiße und afro-caribische christliche Familien bevorzugen. Nichtsdestotrotz nehmen sie jedoch auch nicht-christliche Kinder aus der Umgebung der Schule auf, manchmal sogar sehr viele, besonders in Stadtteilen, in denen die Mehrheit im überwältigender Zahl Asiaten sind. Viele Leute waren überrascht, dass auch moslemische Eltern ein besonderes Interesse zeigten, ihre Kinder auf diese kirchlichen Schulen zu schicken, da die Lehrer Religion ernst nehmen und andere Religionen respektieren, während in den weltlichen Staatsschulen Religion oft mit Skepsis betrachtet oder sogar offen angegriffen wird. Islamische Eltern sind oft ganz glücklich, wenn ihre Kinder an christlichen Gottesdiensten teilnehmen. Manchmal nehmen sie sogar selbst aus gesellschaftlicher Solidarität teil, während sie zugleich Besuche von nicht-islamischen Kindern in ihren moslemischen Gottesdienst arrangieren.

Andere moslemische Eltern zogen es hingegen vor, für islamische Privatschulen zu bezahlen, auch wenn dies für die betroffenen Familien oftmals eine enorme finanzielle Bürde war. In Großbritannien gibt es keine staatlichen Förderungen für freie Schulen – nicht einmal für Waldorfschulen, reform-pädagogische oder experimentelle Schulen, die in anderen Teilen Europas gute staatliche Förderungen erhalten. Mit dem Argument, es könne zu einer gesellschaftlichen Trennung kommen, war es sogar bis in die 90er Jahre hinein Politik der Labour Party, auf die Abschaffung aller Privatschulen zu drängen, ganz gleich, ob es sich dabei um gesellschaftliche Eliten handelte oder nicht. Daher sahen sie moslemische Schulen häufig als rassisch und sozial trennend an. Trotzdem bestanden einige dieser islamischen Schulen massiv auf ihrem Recht, genauso wie die anglikanischen und römisch-katholischen Schulen als Staatsschulen anerkannt zu werden, und ihre Forderung wurde mittlerweile von der Labour Regierung aufgenommen. Zwei moslemische Schulen wurden bis jetzt zusammen mit einer weiterführenden Adventistenschule (Seventh Day Adventist) im staatlichen Sektor aufgenommen, die erfolgreich den Weg für eine akademische Ausbildung von schwarzen Kindern (das sind Afrikaner und Afro-Caribianer) gebahnt hat.

Trotz solcher Entwicklungen wäre es natürlich dumm zu behaupten, dass die Integration aller ethnischer Minderheiten ins Bildungssystem leicht oder überall erfolgreich gewesen wäre.

Sicherlich war es in einigen Fällen einfacher, als in anderen. Kinder aus indischen und pakistanischen Familien haben sich zum Beispiel miteinander getroffen und weit weniger Schulprobleme verursacht, als die meisten anderen Einwanderergruppen. Parallel zu den Chinesen kamen sie meist aus wohlhabenderen Familien, sprachen gut Englisch und waren sehr ehrgeizig. Die Tatsache, dass 90% der ethnischen Minderheit in Schottland dieser Gruppe angehört, macht es einfacher zu verstehen, warum es dort viel weniger Krisen gab. In London übertrafen die durchschnittlichen Leistungen der chinesischen, indischen und pakistanischen Schüler die ihrer Klassenkameraden – einschließlich der englischen – meist bei weitem. Andererseits hatten Kinder aus Bangladesch, die aus weit ärmeren Familien stammten, meistens nicht so gute Schulleistungen. Bei viel wenigeren wird zu Hause englisch gesprochen, und es dauerte viel länger, bis sich ein höheres Niveau einstellte, als z.B. bei Kindern aus indischen und pakistanischen Familien, die als Flüchtlinge aus dem von Idi Amin regierten Uganda in den 70er Jahren in England eintrafen. Die Familien dieser ungandischen Flüchtlinge haben jetzt die Mehrzahl der londoner Zeitungskioske sowie viele andere kleinere und auch größere Unternehmen in ihrem Besitz, und ihre Kinder streben zunehmend eine Universitätskarriere und ein Leben als Akademiker an. Allerdings floriert in jüngster Zeit auch die Restaurantkultur aus Bangladesch, d.h. der soziale Status auch dieser Familien verbessert sich und der akademische Ehrgeiz steigt.

Andererseits hatten es afro-caribische Familien trotz der Tatsache, dass Englisch ihre Muttersprache ist, wirtschaftlich schwerer. Ursprünglich wurden Menschen aus Westindien von einer konservativen Regierung bewusst ermuntert, in den 50er Jahren nach Großbritannien zu kommen, aber nur, um solche Arbeiten wie Putzen in Krankenhäusern oder Busfahren zu leisten, was die Engländer nicht mehr unbedingt machen wollten. Obwohl die meisten Schulen ihr Bestes gaben, diese Kinder willkommen zu heißen, taten sie es oft in der Weise, dass sie ihre sowieso schon offensichtlichen sportlichen oder musischen Fähigkeiten förderten und dadurch nur zu deutlich zu verstehen gaben, dass man aufgrund ihres 'niedrigen Sozialstatus' nicht erwartete, dass sie gute akademische Leistungen brächten. Dies führte natürlich häufig zu einer Sich-selbst-erfüllenden-Prophezeiung, so dass sie im Gegensatz zur Erfahrung der indischen Schüler hinter ihre englischen Mitschüler zurückfielen. Natürlich gab es auch nennenswerte Ausnahmen, aber erst in den letzten Jahren haben sich die Schulnoten dieser Schüler verbessert. Darüber hinaus haben sie auch allgemein begonnen, nicht nur vom Auswahlsystem der Universitäten und der wichtigsten akademischen Berufe, sondern auch für alle Arbeiter und Angestellten eine bessere Behandlung zu fordern.

All diese Beispiele sollen uns daran erinnern, wie begrenzt der Einfluss des Schulsystems auf die Entwicklung der Gesellschaft sein kann. Die Schulen bieten vielleicht nichtsdestotrotz einen sicheren Hafen in einer Gesellschaft, in der rassische Vorurteile offensichtlich vorhanden sind. Alles, was man meiner Ansicht nach wahrhaftig behaupten kann, ist dass die Politik, die in den englischen Schulen verfolgt wurde, dazu beigetragen hat, dass sich Vorurteile von weißen und nicht weißen Schülern in der jüngeren Generation abgebaut haben und sich viele Freundschaften zwischen Schülern verschiedenster Herkunft und Rasse gebildet haben, die über die Schulzeit hinaus halten. Die zunehmende Anstellung von nicht weißen Lehrern und die Wahl von schwarzen und indischen Elternvertretern in den Schulbeirat, führte insgesamt zu besseren Beziehungen. Das Traurige ist jedoch, dass die meisten Rassenprobleme nicht durch Streitereien zwischen Weißen und Schwarzen zustande kommen, sondern innerhalb verschiedener rassischer Gruppen selbst. Vor zwei Jahren wurde der weiße Rektor einer weiterführenden katholischen Schule in der Nähe meines Zuhause von einer Gruppe nicht weißer Jugendlicher ermordet. Aber keiner der Jugendlichen kam von seiner Schule, sondern sie waren einfach nur wütend auf ihn, weil er eine Autoritätsfigur war und sie davon abhalten wollte, asiatische Schüler seiner Schule anzugreifen. Signifikanter Weise kam niemand ernsthaft auf die Idee, dass es sich bei diesem Mord um rassische Motive gehandelt habe, und ich glaube, das allein war ein Zeichen der Hoffnung.

Viele große Problem bleiben bestehen. Der plötzliche Zustrom von Asylsuchenden aus Ex-Jugoslawien, sowie so vieler Kurden und Iraner hat nicht nur zu neuen Sprachproblemen geführt, sondern hat England eine große Gruppe von Eltern vorgestellt, die sich nicht an den politischen Rechten wie die Commenwealth oder EU-Bürger erfreuen. Ihre Kinder kommen häufig aus unvermeidbar getrennten Familien, und die Menschen haben nicht vor, langfristig in Großbritannien zu leben. Die Auswirkungen bleiben noch unerkannt, aber man kann nur in Hoffnung leben und sich daran erinnern, dass besonders in London solche Probleme nicht neu sind und dass die Erfahrung des letzten halben Jahrhunderts eine ganze Palette von möglichen Lösungen anbietet. Trotz des Aufruhrs in Oldham bleibe ich weiterhin optimistisch.

Schule in Europa – Voraussetzungen für ein innovatives Bildungswesen der Zukunft am Beispiel Tschechiens

Karel Rýdl

1. Bisherige Haupttendenzen der schulpolitischen Entwicklung in den 90er Jahre:

Die tschechische Bildungspolitik war seit Anfang der 90er Jahre auf die Beseitigung des Zusammenhänge, die eine folgerichtige politische und ideologische Indoktrination der Erziehungs- und Bildungssphäre und besonders des Schulsystems ermöglichte. Weitere Schritte werden zu der Verminderung des zentralen bürokratischen Apparates und zu den Abbau der staatlich paternalistischen Entscheidungen gerichtet, mit dem Ziel, die eigene Verantwortung für die Schulen in Gemeinden zu tragen. Wir können in der bisherigen Entwicklung der Transformierung des tschechischen Schulsystems vier relativ selbst sich schlängelnde Etappen unterscheiden:

1) *Die Etappe der Deideologisierung (1990–1993)* wurde die erstarrte unzureichende Struktur und Organisation des uniformen Schulwesens durchbrochen. Es wurden folgende Maßnahmen durchgesetzt:

   a) Abseitigung des staatlichen Bildungsmonopol,

   b) Deideologisierung des Unterrichtes,

   c) öffentliche Diskussion über die Formen der Pluralisierung und Demokratisierung,

   d) Auftakt für das Öffnen des Schulsystems.

2) *Die Etappe der Liberalisierung „von oben“ (1992–1994)* sollte der Anzahl der Bildungsplätze erhöht und die Möglichkeiten einer freien Wahl der Bildungsarten erweitert werden. Folgende Maßnahmen wurden getroffen:

   a. Erweiterung des Bildungssystems mit neuen Bildungsarten und Schultypen (mehrjährige Gymnasien, integrierte Berufsschulen, höhere Fachoberschulen),

b. Entwicklung der kirchlichen und privaten Schulen,

c. Änderung der Finanzierungsregel der Schulen nach eigener Leistung und Anzahl der Schüller,

d. fortschreitende Delegierung einer größeren Verantwortung und Entscheidungsfreiheit in den einzelnen Schulen,

e. partielle Möglichkeit des Unterrichts nach alternativen Unterrichtsplänen und Reformen des pädagogischen Ausgangspunktes (primär nicht mehr Vorschrift, sondern Kind),

f. Druck auf eine Modernisierung der Lehrervorbereitung an den Universitäten und des Systems der Lehrerweiterbildung.

3) *Die Etappe der Stabilisierung (1995–1998)* hat unter Einfluss der wirtschaftlichen Verschlechterung die Entfaltung der Liberalisierung bedeutsam gebremst und begrenzt. Es wurden folgende Maßnahme realiziert:

a) versteckte Zentralisierung der Administration,

b) Erniedrigung des Bildungsbudget um 25 %,

c) neue Experimentalschulen werden nicht mehr realisiert,

d) neue Ideen und Programme sind nur auf dem Papier geblieben,

e) für die Bildungsqualität wurden rein ökonomische Kriterien durchgesetzt.

4) *Die Etappe der Europäisierung (1996 bis jetzt)* soll neue Anforderungen der Legislative der EU für den Bildungsbereich durchsetzen, damit die Eingliederung der Tschechischen Republik in die europäischen Strukturen in dem betroffenen Bereich ohne Probleme verlaufen konnte. Für diese Etappe werden voraussichtlich folgende Schritte und Maßnahme als Wichtige erwartet:

a) eine tiefe historische Analyse der bisherigen Entwicklung und den Indikatoren, die solche Entwicklung beeinflusst hatten,

b) Formulierung der neuen bildungspolitischen Vision,

c) Anpassung der heimischen Legislative im Bereich der freien Mobilität der Fachleute und Arbeitskräfte, sowie der Vorschriften für die Zertifikaten,

d) Umgestaltung der Hochschulprogramme zugunsten der ECTS (Creditssystem) und Öffnung der Programme dem System der Erwachsenenbildung,

e) Umformulierung der Standardszielen für einzelne Bildungsniveaus zugunsten der sozialen und persönlichen Kompetenzen (die sog. Eurocurriculum),

f) Erhöhung des Prozenteinsatz von GDP für den ganzen Bildungsbereich von bisherigen 4,5 % auf minimal 6 %.

2. Wird es der reformpädagogische Ideenschild für das Schulwesen auf dem Weg „nach Europa“ reichen?

Der Reformprozess im Schulwesen (oder allgemeiner der Prozess der Veränderungen im Schulwesen)[1] hat in der Tschechischen Republik selbstverständlich in vielerlei Hinsicht einen ähnlichen Verlauf und trifft auf fast dieselben Probleme wie in anderen postkommunistischen Ländern.

Im Vergleich mit dem Kontext, in dem sich die Mehrzahl der Schulreformen abspielt, hat der Reformprozess in der heutigen Tschechischen Republik und in Mittel- und Osteuropa allgemein gesehen zwei sehr ungewohnte Aspekte.

Erstens geht es darum, dass die Breite, der Umfang und die Tiefe der vorgeschlagenen und schon gebilligten Bildungsreformen außerordentlich umfangreich sind; sie betreffen fast alle Bildungsstufen und Sachgebiete, die Struktur des gesamten Schulsystems, die Lehrpläne, die Schulvorschriften, die Leitung, Verwaltung und Finanzierung dieses Systems und der in ihm inbegriffenen Schulen, die Schaffung von Institutionen (von Schulen, von Universitäten eines ganz neuen Typus, die keiner vergangenen Tradition entsprechen, usw.[2] Das ist zweifellos hoch willkommen und positiv, es bedeutet a-

---

[1] In dieser Arbeit werden wir das Wort Reform und Veränderung als praktische Äquivalente benutzen, obwohl sie konzeptiell nicht ganz identisch sind. Die Bedeutung des Wortes Reform fassen wir als eine Veränderung auf, die absichtlich auf ein bestimmtes Ziel gerichtet ist, im gegebenen Fall auf die Verbesserung eines bestimmten Aspektes der Bildung und die Beseitigung der bestehenden Mangel. Die Änderung ist ein breiterer Begriff, sie kann spontan und unvorbereitet sein. Mit anderen Worten, nicht jede Änderung ist eine Reform, aber jede Reform beabsichtigt oder verwirklicht eine Änderung, wenn positiv zugunsten den gesellschaftlichen Zielen, dann sprechen wir über Innovationen. In dieser Arbeit geht es uns vor allem um beabsichtigte Veränderungen, also um Reformen, wobei aber klar ist, dass es im Zusammenhang der Transformierung sehr oft (und manchmal überwiegend) zu spontanen Änderungen kommt, die man aber nicht leicht von absichtlichen und vorbereiteten Änderungen unterscheiden kann. Von da stammen also unsere vertauschbar benutzten Begriffe der Reform und der Änderung, obwohl wir mehr die Änderungen im Auge haben, die gleichzeitig eine Reform sind.

[2] Zwei vorangegangene Fälle eines solchen Prozesses von Schulreformen aus der Geschichte, besonders nach der Russischen Revolution aus dem Jahre 1917 und nach der Machtergreifung durch kommunistische

ber auch, dass der Reformprozess in den mittel- und osteuropäischen Ländern so wie in jedem anderen demokratischen Land viel komplexer und viel schwieriger zu lenken ist.[3]

Zweitens ist auch die Geschwindigkeit des Reformprozesses etwas ganz Außergewöhnliches. Zum Unterschied von der allgemeinen Erfahrung, dernach eine Änderung und Reform der Bildung, auch in der Etappe ihrer Formulierung fast immer eine relativ lange Zeit in Anspruch nimmt – oftmals viele Jahre – wurden die Schulreformen in den mittel- und osteuropäischen Staaten binnen einiger Monate oder höchstens eines Jahres entworfen, gebilligt und eingeführt, was hauptsächlich binnen der ersten zwei Jahre der Übergangsperiode geschah. Hier kann man über das Prinzip verschiedener Geschwindigkeiten sprechen, denn die Reformen brauchen den Schritt mit übrigeren demokratischen Ländern Europas gleichen und gleich in derselben Zeit müssen noch neue aktuelle Probleme lösen.

Dieser Prozess steht begreiflicherweise nicht isoliert von dem gesamten Transformierungsprozess da. Der Umfang und die Schnelligkeit der Schulreformen haben ihre Wurzeln in großem Maße in den schnellen und radikalen Veränderungen, die in den Gesellschaften in Mittel- und Osteuropa vor sich gehen; in ihrem Übergang zur Marktwirtschaft, zur pluralistischen Demokratie, zur Dezentralisierung und Liberalisierung usw. Die Bildungsreform geht so nicht nur Hand in Hand mit den Reformen in anderen Sektoren und mit der allgemeinen Öffnung (Liberalisierung) des Systems, sondern wird von ihnen in breitem Maße motiviert und angeregt. Die Hauptziele der Bildungsreform in der Tschechischen Republik – und dies gilt wahrscheinlich auch für die anderen Länder in Mittel- und Osteuropa – sind eng mit den Zielen der politischen und ökonomischen Liberalisierung und mit der fast revolutionären Veränderung des Systems verbunden und stammen von ihnen.[4]

Regime in verschiedenen Ländern von Mittel- und Osteuropa nach dem Jahre 1945 kann man damit entschieden nicht vergleichen. In diesen Fällen konnten die Reformen von oben durchgesetzt und erzwungen werden, und sie wurden es auch. Sie standen unter einem einzigen zentralen und mehr oder minder totalitären Regime. Der heutige Kontext in Mittel- und Osteuropa besteht darin oder zielt wenigstens darauf, dass der Prozess demokratisch also pluralistisch vor sich geht und Raum für viele autonome Kräfte bietet.

[3] Soweit wir die entwickelten demokratischen Länder im Sinne haben, kam es vor kurzer Zeit zu sehr umfangreichen Reformen in Australien und besonders in Neuseeland. Sie betrafen aber bei Weitem keine so große Anzahl von Aspekten und Bestandteilen des Bildungssystems wie in der Tschechischen Republik und hauptsächlich wurden sie nicht von einer so radikalen Transformierung des gesamten politischen Systems begleitet und mit ihr verbunden, wie dies in den Ländern Mittel- und Osteuropas der Fall ist. Die Marktwirtschaft und die parlamentarische Demokratie bestehen in den demokratischen Ländern schon Jahrzehnte, während sie in den Ländern Mittel- und Osteuropas neu entstehen, beziehungsweise sie erneuern sich nach einer vierzig- bis fünfzigjährigen Unterbrechung.

[4] Dadurch läßt sich erklären, daß von außen gesehen, kopieren wir gleiche Fehler und Irrtumswege als westliche Länder vor 20 oder 30 Jahren getan hatten, und nur selten gibt es das allgemeine Begreifen für das

Auf der anderen Seite schafft aber die ganze Transformierungssituation, das heißt der plötzliche Übergang von einem totalitären und geschlossenen System zu einem offenen und demokratischen Systém, Faktoren, die die Schulreform schwierig gestalten und ihren Verlauf blockieren und deformieren können. Der rumänische Soziologe Cesar Birzea beruft sich auf Durkheim und benutzt zur Bescheibung dieser Situation den Begriff „Anomie“. Birzea definiert auch die Zahl von Anomie-Fällen bei postkommunistischen Transformierungen:[5]

1) Die Ausschaltung des Gesamtregulators (des Parteistaates und seines Apparats), ohne dass er durch einen selbstregulierenden Mechanismus ersetzt würde;
2) Der Zusammenbruch des Sozialvertrags mit dem Wohlstandsstaat, der für eine politische und bürgerliche Ergebenheit jedem Einzelnen das Lebensminimum sicherte. Ohne diese nicht deklarierte Bürgschaft, ... ohne den schützenden Paternalismus des allmächtigen Staates fühlt sich der Einzelne dem Risiko ausgesetzt, fühlt er sich verlassen und ist sich seiner Zukunft nicht sicher;
3) Die Nichtexistenz verlässlicher Alternativen, und was noch schlimmert ist, oftmals auch das Übergewicht von Misstrauen gegenüber der neuen Ordnung und ihren Institutionen. Proportional zu dem, wie sich die Lücke zwischen der Erwartung und der Realität und zwischen der offiziellen Rhetorik und den unmittelbaren Erfahrungen erweitern, erhöht sich die Stufe der anomischen Desorganisation der „postkommunistischen“ (besser sich heilenden) Gesellschaft...
4) Die paradoxe Koexistenz alter und neuer Strukturen ohne der Wiederanpassung an die Regeln des selbstregulierenden Wettbewerbs. Der Einzelne hat sich der neuen Rhetorik des Liberalismus angepasst, er gibt aber dem Verbleib in den alten Arten der gesellschaftlichen Beziehungen den Vorrang; er will Freiheit (oft ohne Verantwortung), weiß aber nichts von den neuen demokratischen Institutionen; beansprucht die kapitalistische Fülle, will aber den oberflächlichen Arbeitsstil, der für den Sozialismus typisch ist nicht aufgeben...“

Alle diese oben angeführten Beispiele einer Anomie zeigen deutlich die Hindernisse einer erfolgreichen Einführung der Reform. Aber, und wir wollen hier wieder Birzea anführen, *„der Übergang bedeutet noch etwas mehr. Es ist dies das, was die alten Griechen als „Krisensituation“ beschrieben haben, der Zustand einer grundsätzlichen Neueinschätzung, der Augenblick der Überlegung, der Zweifel und der Beurteilung der*

Durchdenken der Probleme mit der Optik der reifen demokratischen und liberalisierten Gesellschaft, wie z.B. in Skandinavien der Fall ist.

[5] Cesar Birzea: Educational Policies of the Countries in Transition. Strasbourg, Council of Europa Press 1994.

Vergangenheit...während die Anomie...eine Beziehung der Ennttäuschung und der auftretenden Unsicherheit ist, ist „die Krise" eine Mobilisierung des individuellen und kollektiven Bewusstseins zur Überwindung der Schwäche des moralischen Lebens..., eine Form der gesellschaftlichen Mobilisierung zur Unterstützung eines neuen kollektiven Projekts."[6]

Außerdem ist die Frage berechtigt, ob Birzeas Anomien in den tschechischen Zusammenhängen wirklich so stark in Erscheinung traten, wie seine Analyse andeutet. Es scheint im Gegenteil, dass manche dieser Anomien in der Tschechischen Republik nicht so stark wie anderswo wirkten. Das beweist z. B. die bis in das Jahr 1997 verhältnismäßig große Stabilität der regierenden Koalitionen oder der wesentlich größere Anteil der öffentlichen Meinung, die sich zugunsten des neuen gegenüber dem alten Regime ausspricht, als dies in manchen benachbarten postkommunistischen Ländern der Fall ist. Das bedeutet aber nicht, dass Birzeas Anomie sich in der Tschechischen Republik nicht gezeigt hat, es ist aber möglich, dass die „Krisenumwertung" hier stärker war und dass die verhältnismäßig lange demokratische Tradition des Landes vor dem Antritt des kommunistischen Regimes als auch die berühmte Adaptibilität der tschechischen Gesellschaft eine wichtige Rolle spielten.

Das neue, aber auch von der Geschichte untermauerte individuelle und kollektive Bewusstsein (das den Wert, die Rolle und die wünschenswerten Aspekte der Bildung betrifft) befindet sich anscheinend an den Wurzeln dessen, was als die dritte und wichtigste Charakeristik des Reformprozesses der Bildung in der Tschechischen Republik angesehen werden könnte, und zwar seine spontane von unten sich entfaltende Entwicklung. Die meisten Änderungen in der Bildung, soweit sie stattfinden, beruhen auf individuellen und örtlichen Initiativen und sie hängen weit weniger und manchmal sehr wenig von der Leitung durch die Staatsorgane ab (mit Ausnahme der neuen Methodik der Finanzierung des Bildungswesens). Die Regierung hat selbstverständlich die neue Gesetzesordnung geschaffen (darin werden die Privatschulen autorisiert, es wird eine freie Wahl von Schulen im Prinzip bewilligt usw.), die wesentlichen Bedingungen dafür, dass diese Vorgangsweise vertieft wird, sie hatte jedoch keine Kontrolle über diesen Prozess, oder nur in einem sehr beschränkten Umfang und setzte ihm auch keine konkreten Ziele.

Dieser spontane Prozess „von unten her" schafft aber Probleme: Widerstand gegen Änderungen und Reformen in Folge des Überdauerns alter Gewohnheiten und ungenügender Erfahrungen wie mit der neuen Situation umzugehen ist (z. B. die Selbständigkeit der Schulen) oder ungenügender Anreiz (z.B. fiskalischer Art), die schwer zu überwinden sind. Außerdem kann die spontane Entwicklung, wie wünschenswert sie auch in vielerlei Hinsicht ist, bei manchen Anlässen zu chaotischen und fast anarchistischen Situationen mit minder wünschenswerten Folgen führen.

---

[6] A.a.O.

3. Entschiedene Faktoren der Bildungsreform in der Tschechischen Republik

Bei der Analyse von Stimulierungen und Hindernissen der Reformänderungen wollen wir folgende 11 Faktoren beurteilen:

1) Das Erbe des kommunistischen Regimes
2) Die Rolle der Vorkriegsmodelle und Traditionen
3) Anhänger und Gegner (die Akteure)
4) Entwicklung des gesetzgeberischen Rahmens
5) Anforderungen des Arbeitsmarktes
6) Einfluss politischer Überzeugungen und politischer Doktrinen
7) Die Bedeutung, die die Regierung der Bildung im Vergleich mit anderen Zielen der Transformierung beimisst
8) Gehälter des schulischen Personals im Vergleich mit den Gehältern in anderen Sektoren
9) Die Aufgabe und Rolle von Privatschulen
10) Die Rolle von ausländischen Modellen und „Beratern"
11) Die Rolle der öffentlichen Meinung und der Massenmedien

Diese Liste ist nicht unbedingt vollzählig[7], sie scheint aber so inhaltsreich zu sein, dass es möglich ist die Schlüsselfaktoren zu analysieren, die den Charakter der Änderungen (fast Innovationen) und den Widerstand gegen eine innovativ orientierten Reformen des tschechischen Bildungssystems beeinflussen. Die folgende Analyse versucht auch die Antworte auf die Frage, ob die reformpädagogischen Modellen und Erfahrungen für die Lösung der jetzigen Reformproblemen genügend sein könnten.

4. Das Erbe des kommunistischen Regimes

In einem gewissen Sinne können wir diesen Faktor als den wichtigsten für die Erklärung der Schwierigkeiten der Reformen in der Tschechischen Republik ebenso wie in anderen Ländern Mittel- und Osteuropas ansehen. Man kann eine ganze Reihe von Aspekten dieses Erbes feststellen, die meisten davon haben einen soziologischen Charakter und sie fallen in das Kapitel der erworbenen Haltungen und Verhaltungsweisen. Genauer kann man von Arbeitsgewohnheiten sprechen, die im alten Regime üblich waren, von

[7] Es wäre z. B. möglich organisatorische Schranken und Resistenzen von existierenden Strukturen oder den existierenden kognitiven Rahmen, die mit der Entwicklung der Bildung in Zusammenhang stehen hinzuzufügen. Beide diese Faktoren hängen aber eng mit dem Erbe vergangenen Jahre zusammen (Faktor No. 1).

der tief verwurzelten Praxis nur entsprechend den ausführlichen Weisungen „von oben“ zu handeln (z.B. nach zentral vorgeschriebenen Lehrplänen), veralterte uneffektive Unterrichtsmethoden zu benutzen und Lehrinhalte zu vermitteln usw.

Dieser Faktor erklärt, warum viele Schulen noch nicht voll ihre Autonomie nutzen, warum der Lehrstoff und die Methoden oftmals enzyklopädisch und autoritär bleiben, warum sich das innere Klima der Schulen noch nicht genügend und manchmal überhaupt nicht verändert hat, warum viele Eltern noch nicht am Leben der Schule so teilnehmen, wie sie sollten und könnten, dies alles und vieles Andere, was von den Reformzielen noch nicht erfüllt wurde (oder nur zu einem kleinen Teil), wobei es schwierig ist zu unterscheiden, was davon auf die Kosten der Beharrlichkeit der gewonnenen Gewohnheiten und Haltungen geht und was einfach auf einem Mangel an Erfahrungen, Kenntnissen und Fertigkeiten beruht, wie man die neue Situation meistern könnte.

Die Reformen mit dem Faktor eines Erbes zu erklären kann eine zu große Vereinfachung bedeuten und oftmals bedeutet sie sie auch, manchmal ist es eine Ausrede für den Mangel an Reformanstrengungen. Außerdem ist es extrem schwierig den Einfluss dieses Faktors zu messen. Es existieren keine Angaben und Übersichten, die es erlauben würden, den Prozentsatz der Schulen, Lehrer, Eltern usw. zu bestimmen, die ihre Haltungen und ihr Verhalten geändert haben und derer, die sie nicht geändert haben. Allgemein wird geschätzt, dass die Erstgenannten – der Innovationsteil, nur eine kleine Minderheit ausmacht, vielleicht 10 bis 15 %, was bedeuten könnte, dass in rund um 85 % der Fälle, die mit manchen wesentlichen Aspekten der neuen Entwicklung in der Bildung verbunden sind, wie im Falle von Lehrplänen und Lehrmethoden, sich das System in Wirklichkeit nicht geändert hat. (Was diese Zahl betrifft, so haben wir kein wirkliches Beweismaterial.)

Auf der anderen Seite muss zugegeben werden, dass die soziologischen Kräfte und die Widerstand leistenden Elemente, die wir dem Faktor Erbe zuordnen können, schon der Definition gemäß eine lange Zeitspanne zu ihrer Minderung brauchen und ihren Einfluss nur sehr langsam verlieren. Selbst wenn die Zahlen 10 bis 15 % richtig wären (oder vielleicht noch niedriger sind), in einer längeren historischen Perspektive müsste man dies nicht für ein schlechtes Resultat halten, besonders wenn wir in Erwägung ziehen, dass seit der Zerschlagung des totalitären Regimes, das fast zwei Generationen dauerte, erst elf Jahre vergangen sind.

Es ist klar, dass der Faktor „Erbe des kommunistischen Regimes“ spezifisch für die Tschechische Republik und die sonstigen Länder von Mittel- und Osteuropa ist und dass er also keine direkte Analogie in Westeuropa hat. Überall spielt aber „das Erbe der Vergangenheit“ und die Beharrlichkeit alter Gewohnheiten, Haltungen und Methoden eine mehr oder minder wichtige Rolle, was in hohem Maße erklärt, warum die Umgestaltungen der Bildung und des Bildungssystems fast immer ein sehr langer Prozess sind (sozusagen „ein Schritt nach dem anderen“). Das was die Situation in der Tschechischen Republik (und anderswo in Mittel- und Osteuropa) von den westlichen Ländern unterscheidet, ist die Plötzlichkeit des Zusammenpralls zwischen dem politisch verworfenen kommunistischen Regime und den soziologisch überdauernden Haltungen, die dieses Regime hervorgerufen hat.

5. Die Rolle der Vorkriegsmodelle und Traditionen

Das Schulwesen ist vielleicht mehr als irgendein Gesellschaftssektor oder Subsystem in der Tschechischen Republik tief in der nationalen Geschichte und den Traditionen verankert. Diese Traditionen wurden mit der Machtergreifung durch die Kommunisten und durch die Einführung eines neuen, fremden Models radikal aufgegeben. Eine gewisse Rückkehr zu der vorkommunistischen und besonders zu der Vorkriegssituation war in gewissem Maße eine unausweichbare und normale Folge der Entwicklung. In diesem Sinne könnten wir sogar von einer Restauration, die das Ende des kommunistischen Regimes begleitet eher als von einer Revolution sprechen.

Im Falle des tschechischen Schulwesens bringt diese Restauration ein doppelsinniges Problem mit sich. Auf einer Seite führt sie zur Ablehnung selbst von wünschenswerten und berechtigten Veränderungen unter dem Vorwand, dass sie nicht der tschechischen Tradition entsprechen und dass sie vom Ausland inspiriert sind. Auf der anderen Seite bedeutet eine starke Betonung der nationalen Traditionen oft eine Unterschätzung oder sogar Ablehnung von Tendenzen und Entwicklungswegen, die die Bildungssysteme von fortgeschrittenen demokratischen Ländern durchgemacht und die sie notwendigerweise seit dem Krieg beschritten haben. Es handelte sich dabei um die Gleichheit der Chancen, um verschiedene Formen der Diversifizierung, um eine engere funktionsfähige Verbindung zwischen der Bildung und der Gesellschaft, um die Verschiebung der Differenzierung zwischen der allgemeinen und fachlichen Bildung usw.

Wir können einige Beispiele eines dauerhaften Einflusses der traditionellen Modelle anführen. So wurden einige Berichte ausländischer Experten einfach ad acta gelegt oder wurden die darin enthaltenen Empfehlungen einfach ignoriert. Zum Beispiel die Einwände gegen die Entwicklung des Sektors der Hochschulbildung, der keinen Universitätscharakter haben würde fußten auf dem Argument, dass die traditionellen Ingenieurschulen in der Tschechischen Republik eine hohe Qualität haben und sich großer Prestige erfreuen (was wahr ist) und dass deshalb keine neuen Hochschulinstitutionen notwendig sind, die auf die Praxis gerichtet wären und keinen Universitätscharakter hätten.

In gewissem Sinne ist die „Restaurierungstendenz“ auch Folge einer der schon erwähnten Übergangsanomien: das alte System, und dessen Regulierungsmechanismem wurden vernichtet: die einfachste Art und Weise dieses Vakuum zu füllen, das durch die neuen selbstregulierenden Mechanismen noch nicht gefüllt wurde ist in der Vergangenheit zu suchen, nach den alten Sicherheiten Ausschau zu halten in Anbetracht einer ungewissen Zukunft.

Interessant ist, dass dieser Faktor besonders im Hochschulwesen zum Ausdruck kam und dessen implizitem, wenigstens teilweisem Beharren auf dem Humbold´schen Modell oder in seinem Widerstand gegen den Sektor des Hochschulwesens, der keinen Universitätscharakter hat. Auf den niedrigeren Bildungsebenen kam es im Gegenteil zu vielen insgesamt radikalen Innovierungen ohne irgendwelche Wurzeln oder mit nur sehr insgesamt radikalen Innovierungen ohne irgendwelche Wurzeln oder mit nur sehr beschränkten. Wir denken z.B. an die Entstehung eines breiten Netzes von Privatschulen (ohne der kirchlichen Schulen) oder an die Entstehung von integrierten Oberschulen, die keiner Vorkriegstradition entsprechen.

Das Beharren auf alten Modellen und Traditionen ist eine übliche Erscheinung überall auf der Welt. Im Grunde handelt es sich dabei um einen Bestandteil des erwähnten langsamen Prozesses der Veränderungen der Bildung und nicht, so wie in der Tschechischen Republik, um eine plötzliche Rückkehr zu alten Modellen, also wie angedeutet, um eine Restauration.

6. Anhänger und Gegner (die Akteure) der Reform

Es würde trivial zu behaupten, dass die Reformen erfolgreich oder nicht erfolgreich sein werden, je nach dem, wie sie unterstützt werden oder wie groß der Widerstand gegen sie sein wird auf den sie in den verschiedensten entscheidenden Gesellschafts- und Professionsgruppen stoßen werden, und zwar sowohl in dem Bildungssystem selbst als auch außerhalb. Diese allgemeine Feststellung hat aber bedeutende Folgen was die Verwirklichungen von Reformen betrifft.

Eine nützliche Typologie der Akteure, die wenigstens potentiell und auf verschiedenen Stufen in der Tschechischen Republik und anderswo die Bildungspolitik beeinflussen (und damit auch die Bildungsreform) bietet die vor kurzem entstandenes Buch des tschechischen Schulexperts Jaroslav Kalous, der folgende Gruppen unterscheidet: [8]

- Gewählte Politiker
- Schulverwaltung
- Die Lehrer und ihre Assoziation (Gewerkschaften)
- Die Eltern und ihre Vereine
- Die Studenten
- Die Kirchen
- Die Arbeitgeber
- Die Experten

Wir wollen kurz die Haltung dieser verschiedenen Akteure der Reform gegenüber behandeln.

---

[8] *Kalous*: „Die Bildungspolitik und ihre Akteure in einer demokratischen Gesellschaft“. Prag, UK 1994.

6.1 Gewählte Politiker (die politischen Parteien und das Parlament mit inbegriffen):

Insgesamt muss wahrscheinlich gesagt werden, dass die Bildungsfragen vorläufig kein erstrangiger Punkt der Agenda der tschechischen politischen Parteien waren. Das bedeutet nicht, dass sie sich gegen die Reformen stellen würden, aber sie waren einfach nicht ihre Initiatoren. Zudem nahmen die Bildungsfragen in den Wahlprogrammen sowohl der Koalitions- als auch der Oppositionsparteien einen verhältnismäßig geringen Platz ein und sie wurden nur in sehr allgemeinen Begriffen behandelt. Nur selten, wenn überhaupt, enthielten diese Programme konkrete Reformvorschläge. Natürlich werden bestimmte Innovierungen, wie die geplante Einführung von Gebühren im Hochschulwesen im Lichte der politischen oder ideologischen Zielsetzungen verschiedener Parteien abgelehnt oder gebilligt.

Was das Parlament betrifft so war und bleibt seine Aufgabe entscheidend, wenn wir die außerordentlichen Bedeutung der schulischen Gesetzgebung in Betracht ziehen. In einem gewissen Sinne musste jede größere Reform vom Parlament gebilligt werden, selbst wenn das Parlament nicht die Initiative dazu gab.

Mit anderen Worten gesagt, in das Jahr 1999 waren die politischen Parteien und das Parlament der Tschechischen Republik kein bedeutender Faktor weder bei der Unterstützung von Reformen noch als Bremse bei ihrer Verwirklichung. In den letzten zwei Jahren hat sich die Situation gründlich geändert. Die neue sozialdemokratische Regierung hat der Konzept (Vision) der perspektivvollen, auf den Ideen der Autonomiesierung, Liberalisierung, Individualisierung und Freiheit gestellten Bildungspolitik durch gesetzt und während der Jahre 1999–2001 sind drei Schlüsseldokumente: das Weiße Buch (als strategische Vision), Rahmenbildungsprogramm (als curriculare Mantinels) und das neue Bildungsgesetz (als rechtliche Rahmenbedingungen) entstanden, die sehr viele Ideen, die als Träume der Innovatoren aus Anfang der 90er Jahren damals formuliert wurden, beinhalten.

Man kann wirklich nicht verallgemeinern, was die Haltungen und das Handeln dieser Gruppe betrifft, auch wenn diese Haltungen und Handlungen selbstverständlich einen Schlüsselfaktor bei dem Reformfreundlichen (oder Reformfeindlichen) Prozess bedeuten. Viele leitende Mitarbeiter im Ministerium und auf sonstigen Posten der Schulverwaltung waren sicherlich in den Prozess der Gestaltung wesentlicher Reformen mit einbezogen. Andere haben sie wahrscheinlich gebremst oder bestanden auf alten Lösungen. In dieser Hinsicht ist es notwendig daran zu erinnern, dass das tschechische System, sowohl während der kommunistischen Periode als auch vor dem Krieg zentralistisch war. Das oben behandelte „Prinzip des Erbes" geht in einem gewissen Sinne weit hinter den Rahmen der kommunistischen Periode und es überrascht also nicht, dass bestimmte Zentralisierungstendenzen in der Leitung und Verwaltung des Systems in den letzten 10 Jahren hervortraten, im Widerspruch mit dem deklarierten gemeingeltenden Prinzip einer Dezentralisation. Die wurde erst durch die allgemeine Verwaltungsreform durchgesetzt, was auch das Schulwesen beeinflusste: der Staat soll 95 % ihrer bisherigen Entscheidungskompetenzen im Schulwesen an die Gemeinde und neu entstandene Regionen nach dem Subsidiaritätsprinzip übergeben. Bis ein paar Spezialschulen gibt es schon keine Staatsschulen mehr.

Die Schulämter sind autonome Organe, die formell auch mit Ausübung der Staatsmacht im Schulwesen (Finanzierung, Legalität) betreut werden, und in vielen Fällen haben positiven Einfluss auf die Innovierungsveränderungen auf regionaler Ebene, vor allem aber in den Grundschulen.

Soweit es um die Gemeinden oder Stadtämter geht und um ihre Mitarbeiter, die für das Schulwesen verantwortlich sind, so kann man auch hier nicht generalisieren. In manchen Fällen trugen sie in einem bedeutenden Maße zu einer Beschleunigung von Veränderungen in ihren zuständigen Schulen bei, in anderen Fällen blieb aber ihre Aufgabe auf die Instandhaltung von Schulgebäuden, von Schulspeisestätten usw. beschränkt, ohne eine Einwirkung auf den Gang der Schule. Im Juni 1995 wurde die Novelle des neuen Schulgesetzes gebilligt, die unter anderem sogenannte „Schulräte" schafft, in denen die Städte und Gemeinden wichtige Vertretungen haben sollen. Dies könnte theoretisch zu einem bedeutenden Schritt zu engeren Beziehungen zwischen der Schule und ihrer Stadt oder Ortschaft werden. Ein Problem besteht aber darin, dass die Errichtung von Schulräten nicht obligatorisch ist und dass sie nur dort bestehen, wo sich für sie die Schulen selbst freiwillig entschlossen haben. Dies schwächt natürlich im Großen Maße die Position der neuen Institution vom System her. Das neue Gesetz begrüßt „Schulräte" als Pflichtorgane jeder Schule.

6.2 Die Lehrer und ihre Assoziation (Gewerkschaften)

Auch hier kann man nicht verallgemeinern. Auf der einen Seite waren in der Regel einzelne Lehrer und Schuldirektoren die Hauptinitiatoren und Akteure von Veränderungen an den Schulen. Die Einführung neuer Lehrpläne und neuer Unterrichtsmethoden, die durch die schulische Autonomie ermöglicht wurden, spielte sich in einem großen Maße dank ihnen ab. Im Gegenteil, wenn es nicht dazu kam oder wenn es dazu nur in einem bescheidenen Ausmaße kam, waren Lehrer wahrscheinlich unter den Hauptträgern des oben behandelten „Faktors Erbe". Und wie schon gesagt ist es nicht möglich die Proportionen zwischen den Innovierern und denen abzuschätzen, die im alten Verhalten verharrten und weiterhin die alten Methoden benutzten, oftmals nicht aus einem bösen Willen, sondern weil ihnen die Kenntnisse und die Fertigkeiten fehlten es anders zu tun. Allgemeiner gesagt, viele Lehrer verstehen einfach nicht die Ziele und den Sinn der eingeführten oder zur Einführung vorbereiteten Reformen. Das zeigt klar die Notwendigkeit einer weiteren Bildung der Lehrer, was ständig ein verhältnismäßig schwacher Punkt des tschechischen Systems ist.

Was die Situation der tschechischen Lehrer betrifft, so unterscheidet sie sich nicht von der Situation in irgendeinem anderen Land. Die Lehrer sind überall die Hauptakteure der Veränderungen der Bildung, sowohl wenn es um die Initiatoren und Realisatoren oder um die Gegner dieser Veränderungen geht, und wahrscheinlich sind überall die Novatoren in der Minderheit. Allgemein ist man der Meinung, dass die Innovatoren in nichtstaatlichen Schulen in der Mehrheit sind, was aber nicht bedeutet, dass es an den staatlichen Schulen keine dynamischen und innovativen Lehrer gibt.

Die kreativen Lehrer haben während der 90 er Jahren mehrere Initiativgruppen und verschiedene professionelle Assoziationen zugunsten der Reformschritten gegründet (NEMES, IDEA, PAU, ČS EFFE, APZŠ, usw.)[9]

Was die Gewerkschaftsverbände der Lehrer betrifft, ihr Verhältnis zu den Bildungsreformen war keinesfalls negativ. Natürlich sind sie bestrebt eine Gehaltserhöhung zu erzielen und eine Verbesserung der Arbeitsbedingungen, aber sie sprachen sich auch klar für verschiedene selbst radikale Reformen im Schulwesen aus. Auf einem Seminar, das sie im Juni 1993 in Čelákovice veranstalteten, unterstützten sie zum Beispiel das neue System der Finanzierung, die Erweiterung der Vorbereitung und der weiteren Bildung von Lehrern und ihren Zusammenhang mit dem Entlohnungsniveau und anderes. Gleichzeitig sprachen sie sich aber auf diesem Seminar gegen die Einführung eines allzu großen Liberalismus an den Schulen, für eine größere Kontrolle von Privatschulen, die nicht laut Schulgesetz, sondern laut Handelsgesetz gegründet sind, und auf ihre Art und Weise also für die Erhaltung, wenn nicht Stärkung der leitenden Rolle des Staates oder mindestens für eine klarere Definition des Raumes und der Grenzen der Rechtbefugnisse sowohl des Ministeriums, als auch der Gemeinden und der Schulautonomie aus.

Die Rolle der Lehrer-Gewerkschaften gewann an Wichtigkeit und wurde im Frühjahr 1995 und Januar 1997 sichtbarer, zwar nicht in Fragen der Schulreform, sondern dadurch, dass sie die Forderungen der Lehrer nach einem schnelleren Lohnanstieg unterstützten, und zwar im Jahre 1995 durch eine Streikdrohung und im Jahre 1997 durch einen tatsächlichen Streik. Bis jetzt gibt es nur tiefe Erwartungen, dass die Regierung ihre Vorwahlzusagen erfüllt.

6.3 Die Eltern und ihre Vereine

Wir haben keinen tatsächlichen Überblick darüber, welche Rolle die Eltern bei den Änderungen der Bildung und allgemeiner im Leben der Schule spielen. Diese Rolle wird in vielen offiziellen Dokumenten und Erklärungen stark befürwortet, und sie hat sich seit dem Jahr 1989 in bedeutendem Maße erhöht. Es muss aber ein traditionelles Misstrauen der Eltern der Schule gegenüber, das von dem vorangegangenen Regime geerbt wurde, überwunden werden und hauptsächlich ist es notwendig das Bewusstsein der Eltern zu entwickeln, dass sie die Schule beeinflussen können. Zur Zeit sind sicherlich keine exis-

[9] NEMES (Nezávislá mezioborová skupina, Unabhängige Fachübergreifende Gruppe), IDEA (Independent Development Education Assotiation), PAU (Přátelé angažovaného učení, Freunde des angagierten Unterrichts), ČS EFFE (Česká skupina Evropského fóra pro svobodu ve výchově, Tschechische Gruppe des Europäischen Forums für Freiheit in Erziehung), APZŠ (Asociace pedagogů základního školství, Assoziation der Pädagogen der Pflichtschulen).

tierenden Vereinigungen von Eltern in der Tschechischen Republik bei weitem so stark und einflussreich, wie zum Beispiel in Frankreich. Es scheint aber, dass sich der elterliche Einfluss an manchen Schulen, besonders an den reformorientierten, z. B. Montessori-, Waldorf-, Dalton- oder Projektschulen, und nichtstaatlichen beginnt geltend zu machen.

6.4 Die Schüler und Studenten

Was die Schüler der Grund- und Oberschulen betrifft so haben wir wieder keine wirkliche Evidenz, welche Rolle sie bei der Änderung der Bildung spielen. Wie sie an den Schulen die eingeführten Innovationen aufnehmen oder sogar stimulieren und allgemein gesagt, wie sie den Hauptgrundsatz, der so oft in offiziellen Dokumenten proklamiert wird, aufnehmen, dass das neue Bildungssystem „auf dem Schüler (oder Studenten)“ beruhen sollte. Die Antwort darauf wird sicherlich gemischt sein: manche sagen ja, manche nein. Allgemein herrscht der Eindruck, dass der Prozentsatz derjenigen, die die Änderungen positiv aufnehmen, größer ist als bei den Lehrern, was wenn es wahr wäre als normal erscheinen könnte, denn das Erbe alter Gewohnheiten beeinflusst die jungen Menschen unbedingt viel weniger als die ältere Generation. Es gibt aber ein gewisser Anzahl der Schulen, in denen sehr gut die Schülerparlamente als Ausdruck der Demokratisierung der menschlichen Beziehungen in den Schulen wirken.

Was die Hochschulstudenten betrifft, so machte die Tschechische Republik eine ähnliche Entwicklung durch wie die westlichen Länder nach dem Jahre 1968. Es ist bekannt, dass die Studenten eine Schlüsselrolle in der samtenen Revolution im November 1989 spielten, wie auch in den folgenden Monaten, in denen sie aktiv an der Ausarbeitung des Hochschulgesetzes vom Mai 1990 teilnahmen. Ihre Teilnahme an der weiteren Entwicklung sank schrittweise und man kann mit Sicherheit sagen, dass zur Zeit an der Innovation der Hochschulbildung oder an ihrer Durchsetzung nur eine Minderheit von Studenten teilnehmen. Die Studenten sind allgemein gegen der Bemühungen der politischen Opposition, das Hochschulgeld einzuführen. Mehrzahl der Studenten sind eher indifferent und sie konzentrieren sich auf einen baldigen und effektvollen Studiumabschluss.

6.5 Die Kirche

In der Tschechischen Republik bedeutet das vor allem die katholische Kirche. Es gibt im Vergleich mit anderen nichtstaatlichen Schulen nicht viele von den Kirchen gegründete und geförderte Schulen: (ohne vorschulische Einrichtungen insgesamt 67 Einrichtungen mit ungefähr 9.000 Schülern gegenüber 570 Schulen mit mehr als 90.000 Schülern in nichtstaatlichen, anders als von der Kirche geförderten Schulen. Nur im Falle der allgemeinen Oberschulbildung (Gymnasien) ist ein starkes Engagement der Kirche festzustellen. Von den 79 nichtstaatlichen Gymnasien, die in den Jahren 1995-96 existierten (mit fast 15.000 Schülern), waren 14 von der Kirche errichtet (mit mehr als 4.700 Schülern). Dieses Interesse, (zum Unterschied von dem überwiegenden Interesse des sonstigen nichtstaatlichen Sektors an einer fachlichen Oberschulbildung) entspricht wahrscheinlich dieser zum Großteil natürlichen und historischen Orientierung der durch die Kirche geförderten Bildung in der Tschechischen Republik. Größere Rolle spiel die Kirche in dem Sonder- und Spezialschulwesen. Die Kirchenschulen sind hundertprozentig von der Staatskasse dotiert, was nicht der fall anderer nichtstaatlichen (also privaten) Schulen ist.

In jedem Falle scheint die gesamte Rolle der Kirche bei der Bildung in der Tschechischen Republik weit begrenzter zu sein als in manchen Nachbarländern, wie zum Beispiel in Polen und in Ungarn.

6.6 Die Arbeitgeber

Die von der Gesellschaft empfundenen Bedürfnisse der Industrie und des Handels und des besonders schnell wachsenden Privatsektors beeinflussten selbstverständlich die Bildung und das Schulwesen. Eine radikale Erweiterung des Unterrichts von Fremdsprachen, eine Schulung auf den Gebieten, die die neuen Informations- und Leitungstechnologien betrafen, dies alles war eine klare Antwort auf die neuen Gegebenheiten. Die Betriebe schätzen wahrscheinlich auch heute noch besonders ein Zeugnis aus einer traditionellen fachlich orientierten Oberschule, was den schnellen Wachstum dieser relativ spezialisierten Schulen zum Unterschied von einer bestimmten Stagnation des Sektors der allgemeinbildenden Oberschulen erklären könnte.

Es ist allgemein bekannt, dass mindestens in den ersten 3 bis 5 Jahren der Transformierung die Industrie- und Handelsbetriebe die Bildung (oder sagen wir allgemeiner, die Entwicklung von menschlichen Ressourcen) nicht als ihre erstrangige Aufgabe ansahen. Eine massive Übergabe von Lehrstätten für Auszubildende von Betrieben an ein durch den Staat gefördertes und finanziertes System waren ein beredtes Beispiel dieser Erscheinung, die man sich aber leicht erklären kann und die in einem großen Maße natürlich war. Die Unsicherheit der Resultate der industriellen Restrukturalisierung, die Privatisierung und der Mangel an Finanzmitteln führten dazu, dass andere Entwicklungsaspekte vom Gesichtspunkt der Betriebe aus gesehen den Vorrang hatten.

Es treten aber neue Tendenzen auf. Eine gute Erscheinung könnte in dieser Hinsicht die Erweiterung der das ganze Leben dauernden Bildung sein (lebenslange Bildung), auch wenn sie ziemlich chaotisch vor sich geht. Zweitens existieren bestimmte Merkmale dessen, dass neue Institutionen auf einem postsekundären Niveau, deren Einführung oftmals schwierig war, jetzt Unterstützung von den Betrieben bekommen.

Wenn also bisher die Arbeitgeber wenig zu der Änderung der Bildung und zu ihrer Expansion beigetragen haben – und fast überhaupt nicht finanziell (dies ist teilweise durch die heutige Steuerpolitik begründet, die sie in dieser Hinsicht nicht stimuliert hat) könnte in nächster Zukunft eine neue Situation eintreten, in der die Betriebe eine weit größere Aufgabe übernehmen, als sie ab 1989 gewillt waren zu übernehmen, also eine Aufgabe, die sie in einem gewissen und nicht immer positiven Sinne in der kommunistischen Vergangenheit hatten und die sie besonders in den meisten westlichen Ländern haben.

6.7 Die Experten

Fast alle Reformen der Bildung in der Tschechischen Republik waren mit Unterlagen und Beiträgen verschiedener Experten und Fachleute verbunden und oftmals beruhten sie auf ihnen. Diese Fachleute waren gewöhnlich Mitarbeiter der vom Ministerium geförderten Universitäten und Forschungsinstitute, freiwilliger unformeller Assoziationen oder neuer privater Nonprofitorganisationen. Im Allgemeinen war ihre Aufgabe im Reformprozess entscheidend, wenn auch sehr zerstreut. Viele „Expertenberichte" wurden als zu liberal ad acta gelegt und nicht beachtet, in anderen Fällen wurden nur einige Ideen in konkrete Reformvorschläge mit eingearbeitet und bis auf einige wenige Ausnahmen ist es fast unmöglich die einzelnen Reformen mit einzelnen Experten zu identifizieren.

Insgesamt herrscht auf dem Schulministerium die Meinung, dass die Experten von der politischen Realität weit entfernt sind (besonders wenn sie aus einem akademischen Milieu kommen). Oftmals herrscht auch die Meinung, dass schon allzuviele Expertenberichte ausgearbeitet worden sind, und das was fehlt eine gute Synthese der existierenden Materialien ist, die an die Gestaltung einer Politik anknüpfen würden. Dies wäre notwendiger als neue Expertenberichte. Die schulischen Experten und Forschungsmitarbeiter sind auf der anderen Seite der Meinung, dass diejenigen, die die Politik gestalten (und besonders das Schulministerium) keinen oder einen nur ungenügenden Sinn für die Anforderungen einer wissenschaftlich begründeten Analyse haben, dass ihre Termine nicht real sind usw.

Ähnliche Debatten gehen begreiflicherweise auch in anderen Ländern vor sich, es scheint aber, dass diese Meinungen in der Tschechischen Republik besonders betont und polarisiert werden.

Trotz dazu haben die Universitätsexperten mit Ihrer Publikationsaktivitäten dazu mitgebracht, dass neue Informationen, Ideen, Tendenzen durchgedacht in manchen Publikationen wurden. Das Verlagshaus „Portál" produziert jedes Jahr mehr als 25 neue pädagogische Titel, die inhaltlich auf neue pädagogische Ideen und Tendenzen die Leser orientieren lassen.

7. Entwicklung des gesetzgeberischen Rahmens

Die Tschechische Republik, ähnlich wie in Österreich und manchen anderen mitteleuropäischen Staaten und ganz im Gegensatz zu der angelsächsischen Tradition ist sehr legalistisch. In einem gewissen Sinne existiert oder kann überhaupt nur das existieren, was durch das Recht existiert oder davon unterstützt wird. Daher stammt die entscheidende Bedeutung des gesetzgeberischen Rahmens für fast alle bedeutenden Bildungsreformen. Verzögerungen oder Lücken in der Gesetzgebung machen gleichzeitig Reformen und Änderungen oft unmöglich.

Auf der anderen Seite ist die schulische Gesetzgebung in der Tschechischen Republik oftmals unglaublich ausführlich, sie geht im Detail bis zu den Prozeduralpunkten (welche Formulare ausgefüllt werden sollen und welche Daten zu verfolgen sind), was eine negative Einwirkung auf die Elastizität des Realisierungsprozesses hat und es kann sogar bis zu Zusammenstößen mit einem der Hauptziele der Bildungsreform führen – zur Entwicklung der Schulautonomie.

Ein bedeutender Punkt, den man betonen muss, betrifft die schrittweise Verlangsamung der Vorbereitung und Billigung der Gesetze. Wie angeführt war der Prozess nach 1989 sehr rasch, aber diese Situation hat sich geändert. Die neuen Schulgesetze wurden immer mehr zu einem Streitgegenstand und ihre Billigung wurde immer schwieriger. Ein Beispiel ist die Ablehnung der Gesetzesvorlage über die Hochschulbildung durch das Parlament im Jahre 1995 und das Zögern mit ihrer Vorlage auch nach den Parlamentswahlen im Jahre 1996.

Wenn sich Lücken in der existierenden Gesetzgebung als zu schwerwiegend zeigen und dadurch die gewünschten Reformen blockieren, und falls es nicht möglich sein würde ein neues Gesetz in einer angemessen kurzen Periode vorzubereiten, wird die Regierung und das Parlament den üblichen Weg einer Gesetzesnovelle gehen. Das hat den Vorteil, dass sich ein Raum für die wichtigsten Innovationen öffnen wird, auch wenn sich dadurch eine gewisse Unzusammengehörigkeit schafft oder betont.

Falls sich die Gesetzgebung durch Novellen der bestehenden Gesetze als zu kompliziert oder politisch und technisch unrealisierbar zeigt, geht das Schulministerium manchmal mit Hilfe von sogenannten Pilotexperimenten vor. Ihre Wirkung kann sehr positiv sein und kann auch in gesetzgeberische Änderungen münden. Ein gutes Beispiel in dieser Hinsicht war die Schaffung eines neuen Typs höherer Fachschulen, die man nicht nach der vorwiegenden Gesetzgebung anerkennen konnte, die aber unter der Bezeichnung Pilotprojekt entstanden. Insgesamt entstanden 25 solche Schulen und die Gesetzesnovelle, die vom Parlament im Juni 1995 gebilligt wurde, machte aus diesen Schulen einen ordentlichen Bestandteil des Systems. Gleichzeitig kam es zur Errichtung weiterer Schulen, so dass ihre Gesamtzahl 165 erreichte, ohne dass es aber klar wäre, wie ihre Stellung im Schulsystem sein wird.

Das Problem mit den Pilotprojekten besteht begreiflicherweise darin, dass sie nicht immer zu einer Gesetzgebung und einer Verallgemeinerung führen müssen. Das Ministerium benutzt übrigens diese Methode nur in Einzelfällen.

Ein weiteres großes gesetzgeberisches Problem, das die Entwicklung der Bildung in der Tschechischen Republik berührt ist die Nichtexistenz einer Gesetzgebung in bestimmten Bereichen, die zwar nicht direkt die Bildung betreffen, jedoch dafür sehr wichtig sind. Das betrifft vor allem Mängel der Gesetzgebung über Nonprofitorganisationen und die endgültige Lösung der Fragen in Zusammenhang mit der Gebiets- und Verwaltungsgliederung des Landes. Die Diskussion und Kontraversion zu dieser Frage wird seit dem Jahr 1989 geführt, es ist jedoch noch immer unklar, welche Einheiten zuletzt gebildet werden, wie ihre Befugnisse und wie ihre Selbständigkeit im Bezug zu den Gemeindeämtern und Zentralorganen aussehen werden usw., was alles Angelegenheiten sind, die eine große Bedeutung für die Entwicklung von Bildung und ihrer Dezentralisierung haben.

Sehr wichtig ist für die Bildung aber auch der Charakter der bestehenden Gesetzgebung, die das Fiskalsystem betrifft. Dieses System hat vorläufig noch keine Bestimmungen zu Gunsten der Entwicklung von menschlichen Ressourcen. Das bedeutet nicht, dass dies die Reform ausschließen oder blockieren würde – sicherlich sichert es aber auch nicht ihre Beschleunigung und Unterstützung. In dieser Hinsicht verbleibt die Tschechische Republik zweifellos hinter den meisten westlichen Ländern im Rückstand.

In Hinblick auf die Gesamtentwicklung des gesetzgeberischen Systems – und somit auch der gesetzgeberischen Regelung des Bildungswesens – kam es in der Tschechischen Republik bisher noch zu keiner bemerkenswerteren Entwicklung, wie sie ganz Westeuropa durchmacht, das heißt zu einer gewissen Beseitigung der Unterschiede zwischen dem schriftlichen Recht und dem Recht, das auf den von Gerichten definierten Präzedenzfällen beruht („common law"). Das tschechische Recht beruht auch weiterhin auf dem geschriebenen („römischen") Recht, und damit ist auch die überwiegende Rolle der Gesetze gegeben, die die Entwicklung, das Funktionieren und die Reformen der Bildung in der Tschechischen Republik definieren, während das europäische Recht sich immer mehr von den Prinzipien des „common law" leiten lässt. Die neue Gesetzvorlage versucht alle solche Probleme zu lösen.

8. Anforderungen des Arbeitsmarktes

Insgesamt hatte der Arbeitsmarkt zweifellos einen großen Einfluss, er war aber im Grunde indirekt und hauptsächlich dadurch vermittelt, wie die Bevölkerung seine heutigen und künftigen Bedürfnisse auffasste, was mehr aussagte, als irgendwelche strukturierten und systematischen Methoden von Befragungen oder Prognosen. In den tschechischen Zusammenhängen werden Methoden abgelehnt, die an die Planung von Arbeitskräften erinnern würden und die Reaktionen auf die Bedürfnisse des Arbeitsmarktes sind fast ganz elementarisch und unkoordiniert. Das kann selbstverständlich zu Überhängen führen und zu ungleichmäßigen Wachstum verschiedener Bildungsgebiete (zum Beispiel die zu starke Betonung der Entwicklung von spezialisierten Fachschulen).

Insgesamt kann man wahrscheinlich sagen, dass das System der Bildung und der Schulung auf die wesentlichen Veränderungen der Forderungen des Arbeitsmarktes reagiert haben. Die Anpassungsfähigkeit der tschechischen Arbeitskräfte und die Elastizität des Arbeitsmarktes selbst sind anscheinend die wesentlichsten günstigen Faktoren in dieser Hinsicht, auch wenn der Widerstand gegen alle Prognosen der künftigen Bedürfnisse (die Qualifikationsforderungen) des Arbeitsmarktes in der Tschechischen Republik im Vergleich mit den westlichen Ländern ungewöhnlich sind und oft extrem.

9. Einfluss politischer Überzeugungen und politischen Doktrinen

Alle wesentlichen Merkmale der Transformierung des Schulwesens in der Tschechischen Republik entsprachen den allgemeinen Grundsätzen der Liberalisierung des Landes: Rückkehr zur Demokratie und zur Marktwirtschaft, Entwicklung eines Pluralitätssystems, Deregulierung, Dezentralisierung usw. Unter diesen Grundsätzen spielt sicherlich die Konzeption der Marktwirtschaft eine Hauptrolle und als solche beeinflusst sie auch auf entscheidende Art und Weise die Entwicklung der Bildung. Manche Reformen kann man überhaupt nicht beginnen und man kann sie nur sehr schwierig realisieren, wenn man sie, richtig oder falsch, als Gegensatz zu dieser Konzeption auffasst – zum Beispiel die Reformen, die eine neue Koordinierungsaufgabe des Staates vorschlagen. Der Umfang, in dem man diese Haltung mit dem Begriff Liberalismus verbinden kann oder in dem sie sein Bestandteil ist, ist eine andere Sache. Die Auslegung dieses Begriffes kann in der Tschechischen Republik sehr weit reichen, wenn man die Bildung vor allem, wenn nicht ausschließlich, als Konsum und als „Privatgut" auffasst, der in keinerlei Art und Weise durch die Gesellschaft als Ganzes bestimmt wird.

In der Realität existieren jedoch solche radikale, liberale Auffassungen zusammen mit den historischen Traditionen und eine davon, sogar aus der vorkommunistischen Periode, ist eine starke Dosis an Zentralisierung des Bildungssystems. Die Bildungsreformen in der Tschechischen Republik müssen sich also einer Mischung von fast widersprüchlichen „ideologischen" und historischen Kräften anpassen, was zweifellos ihre Projektierung und Realisierung erschwert.

Ähnliche Widersprüche existieren jedoch auch in anderen Ländern. Es ist aber wahrscheinlich, dass sie in der Tschechischen Republik besonders ausgeprägt sind. Ein fast extremer Liberalismus vermischt sich hier mir einem kommunistischen Erbe und mit Vorkriegstraditionen und Diskussionen darüber, was möglich und gut wäre zu verwirklichen mit dem alleinigen Sich-Verlassen auf die Marktmechanismen und was im Gegenteil einen staatlichen Eingriff erfordert, sind eine permanente Erscheinungen der tschechischen Szene.

Insgesamt kann man aber voraussetzen, dass der Widerspruch zwischen dem Wachstum des Wertes der Bildung, wie sie die Einwohnerschaft versteht und dem weit weniger betonten und in gewisser Hinsicht unzulänglichem Gewicht, das auf die Entwicklung von menschlichen Ressourcen in der gesamten Regierungspolitik gelegt wird wenigstens teilweise die Konsequenz der dominierenden Aufgabe einer gewissen, manchmal sehr radikalen Konzeption des Liberalismus ist, die nur selten in den westlichen Ländern existiert, wo man insgesamt allgemein der Meinung ist, dass die Bildung nicht allein den Marktkräften ausgesetzt werden kann.

Das erklärt auch, warum die Konzeption der „Equity" (Gleichheit, soziale Gerechtigkeit), die in den Debatten über die Bildungsreform in den OECD-Ländern die Hauptrolle spielte seit Ende der 60er Jahre bis in die 80er Jahre hinein (wenn nicht bis heute) in der Tschechischen Republik keinen Widerhall fand.

10. Die Bedeutung, die die Regierung der Bildung im Vergleich mit anderen Zielen der Transformierung beimisst

Statistische Angaben zeigen, dass auf der einen Seite die Mittel, die dem Schulwesen zur Verfügung gestellt wurden (Prozentsatz der Mittel die vom Bruttosozialprodukt der Bildung gewidmet werden) während der vergangenen 10 Jahre ständig gewachsen sind, aber andererseits die Bildung nicht die höchste Priorität in der gesamten Regierungspolitik war. Diese Tatsache spiegelt sich hauptsächlich in einem bestimmten Mangel der Unterstützung der Bildung auf anderen Gebieten als in denen wider, die direkt auf die Bildungspolitik konzentriert sind (zum Beispiel in der fiskalen oder Lohnpolitik). In manchen Fällen macht das den erwünschten Reformprozess der Bildung ziemlich schwierig.

Was den Mangel an Finanzressourcen betrifft, so kann man nicht sagen, dass er den Reformprozess blockieren würde, auch wenn dieser Mangel außerordentlich empfindlich sein konnte. In dieser Hinsicht unterscheiden sich die tschechischen Erfahrungen nicht sehr von den Erfahrungen der westlichen Länder: allgemein genommen wird durch den Mangel an Geld nicht ein Mangel an Innovierungen erklärt. Manchmal ist sogar das Gegenteil wahr.

11. Gehälter des schulischen Personals im Vergleich mit den Gehältern in anderen Sektoren

Es handelt sich um einen der sehr empfindlichen Faktoren der Transformierung des Schulwesens, die aber auch durch das starke Sinken der Lehrereinkommen zur Zeit der Totalität beeinflusst waren. Die Streitigkeiten um ihre Höhe beeinflussten die Atmosphäre in den Schulen und sind eher ein schadender als ein stimulierender Faktor. Besonders niedrig sind die Gehälter an den Hochschulen, bei den beginnenden Lehrern und falls man sie mit Gehältern vergleicht, die Menschen mit den gleichen Qualifizierungsvoraussetzungen bekommen, die in anderen Zweigen arbeiten.

Die Tschechische Republik verzeichnete aber keine Flucht aus dem Schulwesen, wenigstens was die Quantität betrifft, Die Zahl der Lehrer stieg im Gegenteil leicht an.

Es bleibt aber die Frage, ob der Schulsektor in Anbetracht der niedrigen Gehälter wirklich qualifizierte, dynamische Menschen anzieht, die der Reform positiv gegenüberstehen. Auf diese Frage haben wir keine Antwort, es ist aber notwendig zu sagen, dass viele Lehrer ihre Finanzsituation durch die Aufnahme von Teilzeitbeschäftigungen verbessern können, besonders an nichtstaatlichen Schulen. Das betrifft hauptsächlich Lehrer in großen Städten, wo solche Schulen existieren.

Was die internationale Perspektive in dieser Frage betrifft, so ist jede Generalisierung sehr schwierig. In den Ländern Mittel- und Osteuropas ist die Situation sehr ähnlich wie in der Tschechischen Republik. In den westlichen Ländern treffen wir im Gegenteil auf eine sehr unterschiedliche Finanzwertung des Lehrerberufs, insgesamt liegt sie aber eher klar über dem nationalen Durchschnitt und entschieden gilt hier nicht das, was in der Tschechischen Republik existiert, dass nämlich die Lehrer die Mindestbezahlten unter den Angestellten mit Hochschulbildung sind.

12. Die Aufgabe von Privatschulen

Die Öffnung des Bildungssystems nichtstaatlichen Schulen wurde zweifellos mit der Erwartung verbunden, dass sie auch einen innovativen Sektor darstellen werden, und zwar durch Einführung neuer Lehrpläne, neuer Gegenstände, neuer Unterrichtsmethoden und ähnliches, und dass sie auch durch die Breite dieser Innovierung im Ganzen System helfen werden. Zu diesem Punkt existieren keine systematischen Feststellungen, es überwiegt aber die allgemeine Meinung, dass die privaten Schulen diese Erwartungen wenigstens teilweise erfüllen (was in gewissem Maße auch ihre Anziehungskraft erklärt). Nicht alle aber arbeiten so und manche könnten wahrscheinlich kritisiert werden, besonders manche private fachliche Oberschulen (die in der Zahl am stärksten sind), dass sie nur eine bestimmte Mode verfolgen (sie konzentrieren sich zum Beispiel auf den Unterricht von leitender und unternehmerischer Tätigkeit), und übernehmen keine wirkliche Innovierungstätigkeit.

Insgesamt können wir aber in Erwartung der Resultate weiterer Untersuchungen zu dieser Frage die privaten Schulen als einen bedeutenden Faktor von Veränderungen der Bildung in der Tschechischen Republik ansehen. Das bewies zum Beispiel die Untersuchung von staatlichen und privaten Gymnasien. Auch wenn aus dieser Untersuchung nicht hervorging, dass die Schüler an den privaten Gymnasien im Durchschnitt bessere Ergebnisse als die Schüler von staatlichen Gymnasien erzielen würden, die gesamte Atmosphäre und der Stil der schulischen Bildung (Freundlichkeit, Stressmomente, Schaffungslust, Zusammenarbeit, das Maß an Regulierung des Verhaltens) ist wesentlich günstiger in den nichtstaatlichen als in den staatlichen Gymnasien.

Leider verfügen wir über keine empirische Daten, die eine Antwort auf die Frage erlauben würden, ob die Privatschulen in den westlichen Ländern insgesamt innovativer sind als die öffentlichen oder im Gegenteil nicht so innovativ und ob sich also in dieser Richtung die Situation in der Tschechischen Republik grundsätzlich von der Situation in andren Ländern unterscheidet. Überall existieren innovative Schulen und oftmals gerade im Privatsektor, aber es ist bei weitem nicht klar, ob dies für den Sektor von Privatschulen als Ganzes gilt, wo oftmals auch traditionelle Formen der Bildung oder auch reine kommerzielle Interessen überwiegen.

13. Die Rolle von ausländischen Modellen und Beratern

Unmittelbar nach dem Jahre 1989 wurde die Tschechische Republik wie alle ehemaligen sozialistischen Länder wortwörtlich von ausländischen Beratern überschwemmt, von Expertenteams verschiedener internationaler Organisationen, von Vertretern von Stiftungen, zahlreichen westlichen Universitäten usw. Viele davon kamen auf Einladung tschechischer Ämter und Institutionen, viele kamen spontan und auf Grund von Initiativen verschiedener westlicher Organisationen. Es besteht kein Zweifel, dass allgemein diese Berater und hauptsächlich fremde Modelle direkt oder indirekt eine bedeutende Rolle bei dem Start der schulischen Reformen in der Tschechischen Republik spielten. Die deutsche Fachschulschule, die holländische HBO oder die Konzeption der OECD eines kurzen Zyklus und eines nichtuniversellen Sektor des Hochschulwesens, die heutigen australischen Methoden der Bildung, die amerikanische Struktur der akademischen Titel und viele andere westliche Lösungen verschiedener Probleme im Bildungswesen inspirierten zweifellos Reformen im tschechischen Schulwesen. Das bedeutet nicht, dass viele ausländische Empfehlungen nicht „ad acta" gelegt worden sind und dass in manchen Fällen, besonders in der späteren Zeit es nicht zu einem gewissen Widerstand oder sogar einer Ablehnung ausländischer Modelle und Berater gekommen wäre. Insgesamt hat aber das Motto „Rückkehr nach Europa" oder „Einholen" wirklich die entscheidende Kraft charakterisiert, die den Reformprozess beeinflusst hat, der in bedeutendem Maße durch einige große Hilfsprogramme und besonders durch PHARE, TEMPUS und SOCRATES unterstützt wurde.

Es ist eine interessante Frage, ob bestimmte internationale Organisationen und welche von ihnen besonders erfolgreich waren und erfolgreich sind bei der Übertragung und bei der Einführung von neuen Konzeptionen, Visionen und Strategien. Es scheint uns, dass es in der Tschechischen Republik fast sicher die OECD war. Der Großteil der sechs Empfehlungen des OECD-Berichts wurde wenigstens zum Teil realisiert und manche davon wurden wenigstens in den noch nicht gebilligten Entwurf eines neuen Hochschulgesetzes aufgenommen. Manche dieser Empfehlungen (die zum Beispiel die Reform der Abiturs betrafen, oder die Schaffung eines breiteren Kunkular-Rates) wurden Gegenstand neuer fachlicher Maßnahmen, die vom Ministerium geplant sind.

Die Tschechische Republik nimmt übrigens aktiv an einer ganzen Reihe von Tätigkeiten der OECD auf dem Bildungssektor teil, wie zum Beispiel an dem INES-Programm, an einer Studie über den Übergang von der Schule in den Beruf, an einem Seminar über die Entwicklung der terziellen Bildung und anderem. Fast alle Studien und Berichte der OECD werden aufmerksam verfolgt und manche von ihnen werden sogar übersetzt und in tschechischer Sprache veröffentlicht. Diese Popularität und dieser Widerhall der Arbeit und der Tätigkeit der OECD entstand schon in den ersten Jahren nach dem November und erstarkte in bedeutendem Maße seit dem Augenblick, da die Tschechische Republik als erstes postkommunistisches Land Ende 1995 Mitglied der OECD wurde.

Die Aufgabe von ausländischen Modellen und Beratern unterliegt begreiflicherweise einer mehr oder minder schnellen Entwicklung. Der Bericht der Konferenz europäischer Rektoren aus dem Jahre 1994 spricht vom Übergang „von der Hilfe zur Partnerschaft", was wahrscheinlich eine kurze Charakteristik dieser Entwicklung ist. Die tschechischen Institutionen warten nicht auf ein Hilfsangebot aus dem Ausland, sondern suchen sich sorgfältig jene Gebiete aus, wo ihrer Meinung nach ausländische Einwirkungen für sie am nützlichsten sein könnten, wobei die Rolle (und die Zahl) ausländischer Experten zu Gunsten inländischer Fachleute sinkt.

14. Die Rolle der öffentlichen Meinung und der Massenmedien

Im Allgemeinen gilt, dass das Interesse für Angelegenheiten, die die Entwicklung der Bildung und des Schulwesens betreffen, das durch die öffentliche Meinung ausgedrückt wird an sich nur selten ein entscheidender Faktor des Reformprozesses ist. Man kann aber mit Sicherheit voraussetzen, dass ein niedriges Interesse fast automatisch einen geringeren Druck auf die Regierung und die Gesetzgeber bedeutet, um aus der Bildung einen erstrangigen Posten in den Programmen ihrer Tätigkeit zu machen. Es scheint, dass dies wenigstens in einem gewissen Maße auch für die Tschechische Republik Gültigkeit hat.

Nach der alljährlichen Umfrage des Instituts für Meinungsforschung wird die Bildung bestimmt noch immer nicht allzu hoch in der Reihenfolge von Problemen eingestuft, deren Lösung die Einwohner als sehr dringend empfinden. In der Liste von 16 Gebieten eines möglichen Interesses nahm die Bildung im Jahre 1994 den 11. Platz und im Jahre 1995 den 12. Platz ein. Auf höhere Stufen gelangten solche Probleme, wie die Kriminalität, die Korruption, die soziale Sicherstellung, die Gesundheitsfürsorge, die Umwelt und die Wirtschaftsreform. (Frühere Resultate von Umfragen sind nicht ganz vergleichbar, denn sie betrafen die ganze ehemalige Tschechoslowakei. Was die Bildung betrifft so waren sie aber nicht günstiger als die heutigen.)

Das führt uns zu der Meinung, dass ein Zusammenhang zwischen dem verhältnismäßig niedrigen Niveau des Interesses der Gesellschaft für das Schulwesen und dem gleichfalls verhältnismäßig niedrigen Niveau des Interesses für das Schulwesen bei den politischen Parteien besteht. Natürlich kann man eine solche einfache kausale Beziehung aber nicht nachweisen.

Aus dem relativ beschränkten Interesse der Bevölkerung für das Schulwesen geht aber nicht hervor, dass die Bürger die Regierungspolitik auf dem Schulsektor günstig einschätzen. Nach derselben Meinungsforschung im Jahre 1995 waren 35 % der Befragten der Meinung, dass die Regierung diese Probleme sehr gut oder zufriedenstellend löste, während 57 % der entgegengesetzten Meinung waren. Im Jahre 1994 waren die Ergebnisse etwas kritischer (32 gegenüber 57). Die Meinungen der Gesellschaft über die Lösung von Bildungsproblemen und die Bildungspolitik der Regierung sich in den letzten zwei Jahren günstig entwickelt haben, selbst wenn die negativen Meinungen immer noch klar die Oberhand haben (66 % gegen 25 %, der Rest der Respondenten ist indifferent).

Es besteht selbstverständlich eine enge Beziehung zwischen dem Interesse der Öffentlichkeit für ein bestimmtes Gebiet, wie zum Beispiel das Schulwesen und die Bildung, und der Aufmerksamkeit, die ihm in der Presse und anderen Massenmedien gewidmet wird. Hier ist die Situation in der Tschechischen Republik wieder weniger günstig. Es gibt hier nichts, was man mit dem britischen Times Education Supplement oder dem französischen Le Monde d´Education vergleichen könnte. Es existieren zwar drei oder vier fachliche spezialisierte Wochen- oder Monatszeitschriften, die aber einem beschränktem Leserkreis bestimmt sind (hauptsächlich Lehrern und der akademischen

Gemeinde). Die Tageszeitungen widmen sich der Bildung nur in kurzen und gelegentlichen Artikeln, die meistens auf „hoch aktuelle Ereignisse“ (wie zum Beispiel der Lehrerstreik, die Debatte über ein neues Gesetz usw.) reagieren, nicht aber mit grundsätzlicheren analytischen Abhandlungen. Keine Tageszeitung hat eine regelmäßige (wöchentliche oder monatliche) Rubrik, die dem Problem der Bildung gewidmet wäre, während das wirtschaftliche, finanzielle und kulturelle (die bildende Kunst, Theater, Film und Literatur) Leben fast täglich Gegenstand ihrer Sonderseiten oder sogar ganzer Sektionen ist.

Wenigstens teilweise sind das öffentlich-rechtliche Tschechische Fernsehen und die Wochenzeitschrift Respekt eine Ausnahme. Sie haben ein breites Spektrum, und es finden hier öfter fundierte Diskussionen statt und es werden Interviews gesendet oder veröffentlicht (zum Beispiel mit dem Schulminister). Auch hier stehen aber die Probleme und die Reformen der Bildung nicht im Vordergrund des Interesses.

Man kann jedoch annehmen, dass diese verhältnismäßig niedrige Betonung der schulischen Problematik durch die tschechischen Massenmedien ebenso wie die niedrige Einschätzung ihrer Wichtigkeit durch die öffentliche Meinung in einem gewissen Sinne normal ist und entspricht der ersten und der heutigen Phase der Transformierungsperiode. In beiden diesen Phasen war die Gesellschaft und also auch die Massenmedien – ob zu Recht oder zu Unrecht – von anderen Themen als von der Bildung beunruhigt.

15. Übersicht über die Entwicklung der curricularen Politik

Mehr als 40jahre existierte bei uns nur ein verbindlicher organisatorisch und ausführlich inhaltlich einheitlicher Lehrplan (*einstufiges Curriculum*). Seine Ziele wurden von der ZK KPTsch ideologisch bestimmt und Lehrer wurden zum Lakaien der Regime ohne der Möglichkeit, etwas zu ändern. Nach der sogenannten Revolution wurden von der Schulministerium die sozialistische einheitliche Lehrpläne leicht überbearbeitet und unter der Bezeichnung „Bildungsprogramm Grundschule“ den Schulen vorgelegt.

In der ersten Hälfte der 90er Jahren haben unter der Einfluss der allgemeinen Liberalisierung mehrere Bürger-, Lehrer- und Fachleutegruppen ihre curriculare Vorschläge bearbeitet und vorgelegt. Die höher erwähnte „Bildungsprogramme“ wurden von der Bildungsministerium erlaubt und der Staat hat formuliert sog. Standard der Grundausbildung als den rahmenplan für die frei formulierte Bildungsprogramme (*zweistufiges Curriculum*) Leider es wurden keine allgemein geltende gesamtgesellschaftlich akzeptierte Bildungs- und Erziehungsziele (was vorher die kommunistische Partei getan hatte) formuliert. Die Schulen sind frei in der Wahl des Bildungsprogramme und die Lehrer haben in der Klasse die didaktische und methodische Freiheit. Die legislativen Möglichkeiten der pädagogischen Autonomie sind sehr breit, trotzdem sind die Lehrer weniger motiviert, sie auszunützen und zu erfüllen. Dieselbe Situation gilt auch an dem Lehrbücher- und Unterrichtsmittelmarkt.

Nach dem Vorbild der anglosächsischen und spanischen bildungspolitischen Entwicklung wird jetzt für die neue Legislative das „Nationale Kurrikulum“ (das Staatliche

Bildungsprogramm) vorbereitet, die in der Rahmenform die Erziehungs- und Bildungsziele, sowie Rahmenthemen in der Form des Minimalstandards bestimmen solle, sowie auch die Evaluationskriterien. Es wird vermuten, dass auf Grund dieses staatlichen Bildungsprogramme werden für jede Bildungsniveau (-stufe, d.h. Primarstufe, Sekundarstufe I. und Sekundarstufe II.) die Rahmenprogramme formuliert und jede Schule kann dann ihr eigenes Schulprogramm (Schulcurriculum) bilden (*dreistufiges Curriculum*). Damit wurde die Pluralität verschiedener Bildungswege gesichert. Dieses Modell soll seit dem Jahre 2001 mit dem neuen Bildungsgesetz in Gültigkeit kommen.

Anfangs des Jahres 2001 wurde der Rahmenbildungsprogramm für die Primar- und Sekundarstufe I. der tschechischen neunjährigen Pflichtschule formuliert und beinhaltet schon keine traditionelle Gliederung des Lehrstoffes in Gegenständen, sondern in Themenkreisen (Themenbereiche). Es handelt sich um folgende Bereiche:

1) Sprach- und Literaturkommunikation (Muttersprache, Fremdsprachen)
2) Mathematik und ihre Applikation
3) Informations- und Kommunikationstechnologien
4) Mensch und seine Welt
5) Mensch und die Gesellschaft
6) Mensch und die Natur
7) Mensch und gesunde Lebensstil
8) Kunst und Kultur
9) Mensch und die Welt der Arbeit

Allen diesen Bereichen steht im Hintergrund die neu formulierte Bildungsziele, wo die Summe der Kenntnissen schon kein Ziel mehr ist, sondern nur ein Mittel für die Beherrschung der Fähigkeiten (die in Europa als Schlüsselqualifikationen bekannt werden), wie: Kommunikations-, Lerntechnologie-, Kooperations-, Hilfsbereitschaftsfähigkeit, usw.

16. Zum Schluss

Oft konnte man lesen und hören, dass die Tschechische Republik unter allen postkommunistischen Ländern (ohne der ehemaligen DDR) die besten Voraussetzungen für eine schnelle Umstrukturierung und einen Umbau der Gesellschaft zugunsten der demokratischen und pluralistischen Gesellschaft hatte und vielleicht noch hat. Die Gründe im Bereich der Bildung und Erziehung für solche Behauptungen sieht man in folgenden positiven Maßnahmen:

a) grundsätzliche legislative Beseitigung ideologischer Säulen des „sozialistischen Schulwesens“

b) Einrichtung der nichtstaatlichen Schulwesens als Ausdruck der Kulturvielfalt,

c) Unterstützung der Initiative „von unten“ (erst in den letzten zwei Jahren), damit die Freiheitsräume sinnvoll einzufüllen.

d) Staatliche Initiative ein offizielles Dokument über das Programm und die Strategie der innovativen Bildungspolitik (das sog. Weiße Buch) mithilfe der Experten und Lehrerinitiativen herauszuarbeiten.

Abschließend zu dieser Arbeit ersehen wir es als notwendig eine These, die sich auf die Reformprozesse im Schulwesen und auf die Realisierung der Bildungspolitik im allgemeinen und fast in allen Ländern und somit auch auf die Entwicklung in der Tschechischen Republik beziehen zu formulieren. Kein Faktor, der in unserer Erörterung analysiert wurde, und auch kein weiterer, der angeführt werden könnte, kann allein den Erfolg oder den Misserfolg einzelner Reformen erklären. Ein Faktor kann wichtiger als ein anderer sein, manche haben einen indirekten oder sogar marginalen Einfluss, während andere eine entscheidende Rolle spielen können. Aber unter allen Umständen ist der Reformprozess, seine Abwesenheit oder Deformation ein Resultat einer vielseitigen und umfassenden gegenseitigen Beeinflussung zwischen verschiedenen Faktoren. Real wirkt aber die Multiplizität von Faktoren und Akteuren und nur ihr gegenseitiges Zusammenwirken (Interdepence) kann eine feste Grundlage für die Erklärung des Reformprozesses und für die Formulierung einer adäquaten Politik sein.

Ich befürchte mich, dass viele Probleme wir in nächsten Monaten dafür erwarten können, dass die näheren Zukunftsperspektiven sind dennoch im Bildungsbereich nicht als tragisch einzuschätzen. Es sind neue konzeptionelle Bildungsgesetze in den nächsten zwei Jahren zu erwarten, die jetzt starke und kontroverse Diskussionen hervorgerufen hatten. Es geht darum, die Erziehung in breiteren Zusammenhängen zu erörtern. Es gibt dafür mehrere Ideenvisionen:

a) Konkurrenzgesellschaft unter Diktat der Industrie und des Konsums, wo aber die Freiheit sehr viel Platz hat.

b) Umweltgesellschaft, die der ersten Vision entgegengeht.

c) Egalitätsgesellschaft, die vor allem in Skandinavien versucht zu verwirklichen wird.

d) Bildungsgesellschaft, die in der Schule hauptsächlich menschliche, individuelle Kompetenzen entwickeln soll, ohne einströmiges Diktat der Großindustrie, wie es schon bei Politik zu beobachten ist.

Alle Visionen korrespondieren mit berechtigten Anforderungen verschiedener Gesellschaftsgruppen. Die Diskussion geht, Gott sei Dank, weiter.

Amerikanische Erfahrungen interkultureller Pädagogik – „Schulvielfalt und das Versagen des Bildungssystems“

Charles Glenn*)

Aufgrund der zunehmenden kulturellen Vielfalt in unseren westlichen Industrienationen wird häufig vorgeschlagen, das traditionelle Schulkurrikulum aufzugeben und 'multikulturelle Lehrpläne‘ zu entwickeln.

Nun stimmt es natürlich, dass unsere Gesellschaften durch Einwanderung weit vielfältiger geworden sind als noch vor 1 oder 2 Generationen – obgleich nicht so stark wie in den USA zu Beginn des 20. Jahrhunderts.

Deutschland war natürlich ein Hauptland, aus dem im 19. Jahrhundert viele Menschen emigrierten. Bei der „1. Welle“ 1845–1858 emigrierten 1.361.000 Deutsche, in der Periode von 1864-1873 waren es 1.040.000, und im Zeitraum von 1880-1893 kamen 1.784.000 Menschen aus Deutschland. Aber die Bewegung ging nicht nur in eine Richtung. Um die Bedürfnisse der rasch wachsenden Wirtschaft zu befriedigen, rekrutierte das neu ernannte Deutsche Reich viele polnische Arbeiter aus deren Dörfern, um sie als Landarbeiter und später im Bergbau und in der Industrie einzusetzen. Bis 1907 gab es mehr als ½ Million osteuropäische Arbeiter, 125.000 Italiener und 50.000 Holländer in Deutschland. Bis 1914 waren es allein im Ruhrgebiet 300.000 Fremdarbeiter.

Uns allen ist die Entwicklung der vergangenen Jahrzehnte bekannt. Schon vor 20 Jahren gab es in der Frankfurter Bevölkerung 23% Ausländer, in Stuttgart waren es 18%, und in München 17.3%. Leider sind wir uns aber auch der Spannungen bewusst, die sich in den meisten Ländern Westeuropas zwischen der alt eingesessenen Bevölkerung und den neu zugezogenen ausländischen Mitbürgern entwickelten – sei es, dass die Ausländer nun als „Gastarbeiter“ oder als „Flüchtlinge“ ins Land kamen. Angst vor „Überfremdung“ machte die Integration von Einwanderern und ihren Kindern hier schwieriger, als z.B. in Ländern wie Kanada, Australien und den Vereinigten Staaten,

---

*) „American experiences with intercultural education – Educational Diversity on it's Way to Europe“. Übersetzung von: Gabriele Dolke-Ukat, Diplompsychologin und Dolmetscherin.

die aus ihrer Geschichte heraus Einwanderer gern willkommen hießen ... zumindest die aus „akzeptablen“ Herkunftsländern.

Nicht, dass diese Spannungen heutzutage in den USA oder in Australien und Kanada nicht vorhanden wären. Bedenken wurden laut, als man durch die jüngste nationale Volkszählung in den Vereinigten Staaten herausfand, dass einige Millionen mehr spanisch-sprechende Einwanderer im Land waren, als vorhergesagt – man nimmt an, dass sich viele von ihnen illegal im Land aufhalten – und 13 Millionen mehr (äquivalent der Bevölkerung eines mittelgroßen Bundeslandes), als 1990 gezählt wurden. Die Zahl der mexikanischen Amerikaner ist innerhalb eines Jahrzehnts auf 53% gestiegen, und in einem Staat wie Kalifornien – wie auch in den meisten Großstädten des Landes – gibt es mittlerweile eine weiße Minderheit.

Aber es gibt keine Notwendigkeit, solche Indikatoren der gesteigerten Vielfalt überzubewerten, desgleichen nicht die beunruhigenden Hinweise auf eine „Leistungslücke“, die einige (wenn auch nicht alle) Einwanderer und Minderheiten betreffen.

Vor einigen Wochen berichtete der Bildungsminister der Vereinigten Staaten Rod Paige (selbst ein Afro-Amerikaner und früher im Schulaufsichtsrat verschiedener Großstädte), dass bei der letzten nationalen Einschätzung „73% der weißen Schüler den Normalstandard erreichten oder besser waren, vergleichen mit nur 42% der hispanischen Schüler und nur 37% der afro-amerikanischen Schüler... Es gibt tiefe, dauerhafte und unannehmbare Leistungslücken zwischen armen und Minderheitsschülern und ihren bevorteiligten Mitschülern.“

Solche Probleme sind allgemein bekannt, und uns wurde oft gesagt, dass der Fehler zu einem großen Teil bei den Schulen liegt, die sich nicht durch die Weiterentwicklung ihrer Kurrikula und eines multikulturellen Unterrichtsansatzes auf die Gegenwart von Kindern und Jugendlichen aus Minderheitsgruppen eingestellt hätten.

In gewissem Sinn ist die Forderung nach einem multikulturellen Kurrikulum für alle Kinder natürlich vollkommen angemessen. Nicht nur dass die Welt – zumindest metaphorisch gesprochen – immer kleiner wird, nein, wir haben auch erkannt, wie viel wir aus anderen Weltanschauungen und dem Wesen eines gut gelebten Lebens lernen können. In diesem Sinne sollten wir zur Vielfalt im Bildungssystem „JA“ sagen, aber wir sollten „NEIN“ sagen zu einer multikulturellen Erziehung, die die Unterschiede zwischen den Schülern mehr betont als die Gemeinsamkeiten, die die Opferhaltung zu sehr betont, statt die Möglichkeiten und wie man sie zum Vorteil nutzen kann; „Ja“ zu einer Pädagogik, die sich darauf konzentriert, Schülern aus Minderheiten ein gutes Selbstwertgefühl zu vermitteln, statt sie sie auf gute Leistungen hin zu drillen. Wir sollten solche Lehrpläne unterstützen, die ehrlich auf die Fehler und Ungerechtigkeiten unserer Gesellschaften hinweisen, aber wir sollten Kurrikula ablehnen, die – im Namen des „Multikulturellen“ – dazu einladen, die zentralen Werte westlicher Gesellschaften – wie sie z.B. in der *Universalen Menschenrechtserklärung* ausgedrückt sind – mit Zynismus anzugreifen.

1. Ein geschichtlicher Umweg

Wir sollten nicht annehmen, dass Respekt für andersartige Menschen einfach eine Leistung der Moderne ist, eine der vielen Weisen, in der der kritische Verstand die Nebel religiöser Vorurteile verscheucht hat. In der Tat, wie jeder Geschichtsstudent weiß, war auch das 15. Jahrhundert christlicher Hegemonie erstaunlich offen für rassische und kulturelle Unterschiede, und zugleich oft intolerant gegenüber religiösen Unterschieden. Es war die Aufklärung und ihre Erben, der Rationalismus und Scientismus des 19. Jahrhunderts, die das, was wir Rassismus nennen, erfanden.

Um ein amerikanische Beispiel zu nehmen: Ein progressiver Sozialwissenschafter, der von Darwin sehr beeinflusst war, warnte 1907 vor den Konsequenzen, die es hätte, ließe man „minderwertige" Rassen – Süd- und Osteuropäer, einschließlich Juden – in die Vereinigten Staaten einwandern. „Wenn wir in Amerika", so schrieb er, „in Zukunft keinen Anspruch auf unsere gerühmte Freiheit mehr haben, uns vom Schlechten der sozialen Klassen fern zu halten, wird man die Gründe in der Einwanderung von Rassen und Klassen finden, die nicht fähig sind, sich an unseren demokratischen Möglichkeiten zu beteiligen. Schon im Fall der Neger [*sic*] hat sich diese Trennung verhärtet und scheint unausweichlich rigider zu werden." Die Überlegenheit des „American way of life" war das Ergebnis der günstigen Tatsache, dass die „koloniale Migration ... teutonisches Blut und protestantische Religion brachte." Statistiken vor sich hertragend, um die Kriminalität und sogar die Geistesschwäche von Negern und jüngsten niederen Einwanderern zu illustrieren, warnte dieser Kommentator, dass die „Frage nach einem 'Rassenselbstmord' des amerikanischen oder kolonialen Stamms als unser fundamentalstes gesellschaftliches Problem" angesehen werden sollte.

Solch eine Einstellung war keineswegs ungewöhnlich; tatsächlich reflektierte es den Fortschritt der 'wissenschaftlichen' Meinung des Tages. Eines der Gegenargumente, das von „rationalen" Kritikern gegen den biblischen Schöpfungsbericht angeführt wurde, war, dass man davon ausgehen würde, dass alle Menschen einschließlich der Schwarzen gemeinsame Ahnen und daher ein gemeinsames Menschenwesen hätten. Diejenigen, die gegen die Sklaverei und die Diskriminierung emanzipierter Sklaven waren, bezogen sich auf diese biblische Grundlage und bestanden darauf, dass „der schwarze Mann dein Bruder ist". Es war angenehmer, solch religiösen 'Sentimentalismus' zu verwerfen und nach guter Darwinistischer Manier darauf zu beharren, dass in Afrika „die Natur sich verschworen hat, eine Rasse hervorzubringen, die träge, unbedacht und selbstzufrieden ist ... Die Menschen sind instabil, Schmerz unempfindlich und 'werden schnell wild, wenn sie Blut sehen oder große Angst haben'. ... Alle Reisenden sprechen von ihrer Impulsivität, ihrer starken sexuellen Leidenschaft und ihrem Fehlen von Willenskraft. ... Wie [der afrikanische Neger] sein Haus, seinen Esel und seine Maschinen verkommen lässt, wie er eifrig sein Geld für Süßigkeiten ausgibt, sein unbekümmerter Kauf von

Wassermelonen, Hühnern und Pflanzen, obwohl er sie einfach auch auf seinem Stückchen Erde anbauen und züchten könnte – diese und viele andere Hinweise eines Leichtsinns erklären die fortwährende Abhängigkeit des Neger von seinem Arbeitgeber und seinem Gläubiger."[1]

Nein, Respekt für menschliche Unterschiede ist keineswegs eine Errungenschaft der Moderne. Das ethische Mandat für das ursprüngliche Israel, zum Beispiel, war nicht, wie man vielleicht erwartet, sich an Fremden für das zu rächen, was sie in Ägypten erlitten hatten, sondern um sich an dieses Leid zu erinnern, und in Folge freundlich und gütig zu sein. Diese Verknüpfung wird noch direkter zu einem Teil des Regelwerks, wenn Israel gesagt wird:

Wenn ein Fremdling bei euch wohnt in eurem Lande, den sollt ihr nicht bedrücken. Er soll bei euch wohnen, wie ein Einheimischer unter euch, und du sollst ihn lieben wie dich selbst; denn ihr seid auch Fremdlinge gewesen in Ägyptenland. Ich bin der Herr, euer Gott (*3. Mose* 19:33-34 Lutherbibel).

Und noch einmal wird Israel gesagt, dass Gott die Fremden liebt, „dass er ihnen Speise und Kleider gibt. Darum sollt ihr auch die Fremdlinge lieben; denn ihr seid auch Fremdlinge gewesen in Ägyptenland" (*5. Mose* 10:18-19). Der Grund für diese spezielle Fürsorge wird im 2. Buch Mose (Exodus) deutlich, wo das Verbot der Unterdrückung Fremder auf der Tatsache beruht, „denn ihr selbst seid Fremdlinge gewesen in Ägyptenland". 2. Mose 22:20).

Gastfreundschaft Fremden gegenüber war keineswegs nur dem früheren Israel eigen; sie war in der Tat im Altertum recht weit verbreitet. Aeschylus spiegelt (schon deutlich zu sehen in *The Odyssey*) wider, was offenbar die allgemeine Sicht war, nämlich dass eine schlechte Behandlung Fremder ein schweres Vergehen gegen die Götter war (*Eumenides* 267–276) und dass Gerechtigkeit gegen Fremde ein grundlegendes Zeichen einer guten Regierung sei (*The Suppliants* 698–703).

In der frühen Geschichte der Christenheit können wir eine Weiterentwicklung dieses Themas besonderer Fürsorge gegenüber Fremden und Andersgearteten sehen. In den ersten Generationen waren fast alle Konvertiten Ausländer (*xenoi*), gewonnen in nichtjüdischen „Nationen" (*ethnè*), die durch Glaube und Taufe zu Mitbürgern geworden waren. In der *Apostelgeschichte* und den Briefen des Neuen Testaments können wir den Prozess nachverfolgen, durch den die frühe christliche Kirche darüber hinaus ging, solche Bekenner als Proselyten zu betrachten, die sich einer jüdischen Gemeinschaft anschlossen, und statt dessen sich als eine Gemeinschaft betrachteten, in der alle Fremde und Einwanderer waren, die sich jetzt mit Gott und miteinander versöhnt hatten. „Darum gedenkt daran", schrieb der Apostel Paulus, „dass ihr, die ihr vormals nach dem Fleisch

---

[1] Commons, 29, 40, 49

Heiden gewesen seid ... ausgeschlossen vom Bürgerrecht in Israel und fremd [*xenoi*] den Testamenten der Verheißung ... nahe geworden durch das Blut Christi. ... So seid ihr nun nicht mehr Gäste und Fremdlinge, sondern Mitbürger der Heiligen und Gottes Hausgenossen.“ Als Ergebnis „dass die Heiden Miterben sind und mit zu seinem Leibe gehören und Mitgenossen der Verheißung in Christus Jesus sind durch das Evangelium“ (*Epheser* 2:11–13, 19, 3:6 Lutherbibel)

Nein, die Verpflichtung, Fremde willkommen zu heißen, ist tief in unserer Kultur verwurzelt, wie oft auch immer sie verletzt wurde.

2. Fremde in unserer Gesellschaft heute

Man könnte von den Gegebenheiten der Moderne erwarten, dass die Frage nach dem Umgang mit Fremden nicht so dringlich sei. Schließlich ist die Frage nach ritueller Reinheit und der Kult fremder Götter nicht, wie im antiken Israel, eine Angelegenheit der öffentlichen Politik in den USA, Frankreich oder Deutschland. Die Gesellschaft ist zumindest in vielen Beziehungen offener geworden und die Kultur pluralistischer. Vor einigen Jahren wurden z.B. die Niederlande als „multikulturelle Gesellschaft“ bezeichnet (*muliculturele samenleving*).

Dieser Prozess ist jedoch nicht unproblematisch. Mitglieder von Minderheitsgruppen haben sich zwar von ihrer untergeordneten Randposition emanzipiert, unterliegen jedoch gleichzeitig dem Druck, ihre Andersartigkeit aufzugeben. Der Druck wird in den meisten Fällen weniger absichtlich auferlegt, sondern ist eher eine der unbeabsichtigten Konsequenzen individueller Mobilität auf Kosten der Konformität gegenüber breiteren gesellschaftlichen Normen.

Der klassische Fall ist der der Juden in Frankreich und Deutschland im 19. Jahrhundert: gesellschaftliche Emanzipation brachte ihnen eine unkalkulierbare Erweiterung an Gelegenheiten und gesellschaftlichen Rechten, aber es führte auch zu der verbreiteten Säkularisation und der Schwächung oder völligen Zurückweisung gemeinschaftlicher jüdischer Bande und des eigenen Glaubens. Das Angebot der Französischen Revolution: „Alles für jeden einzelnen Juden – nichts für das jüdische Volk“, war sowohl die klassische Formulierung der Allgemeingültigkeit der Menschenrechte, als auch eine Herausforderung des Existenzrechtes einer bürgerlichen Gesellschaft, bestehend aus einer ethnischen Gemeinschaft, freiwilligen Gruppen und religiösen und kulturellen Institutionen. Es signalisierte eine grundlegende Veränderung im Denken über die Bedeutung von Bürgerschaft, was nicht mehr durch die Zugehörigkeit zu einer Gruppe vermittelbar war.

Ein vergleichbares Billigangebot wurde implizit (manchmal auch explizit) den Millionen Europäischer Einwanderer gemacht, die in die Vereinigten Staaten kamen. Sie wurden eingeladen, sich der Mehrheit anzuschließen, und (im Verlauf mehrerer Generationen) zu nicht ethnischen, normalen Mittelklasse-Amerikanern zu werden. Während die meisten Amerikaner europäischer Herkunft in der Lage sind, sich mit ethnischen – auf Anfrage zunehmend multi-ethnischen Begriffen – zu identifizieren, spielt ihre tatsächliche Zugehörigkeit zu einer Volksgruppe eine verschwindend geringe Rolle in ihrem Leben.[2]

Unter den Bedingungen der Moderne, wird „Fremdheit“ viel mehr ein Maß für kulturelle und soziale Distanz als für Nationalität. Physiker und Philosophen der Universität von Chicago sind im Grunde ihren Kollegen der Universitäten von Oxford oder Tübingen oder sogar der Universität von Lagos in keiner Weise „fremd“, aber bewegen sich möglicherweise in einem vollkommen anderen sozialen und kulturellen Universum, als ihre amerikanischen Mitbürger, die 10 Häuserblocks vom Campus entfernt wohnen. Diejenigen aus jedem Land, die an der globalen Informationsgesellschaft teilnehmen, sind sich der Unterschiede zu anderen Kulturen bewusst und schätzen wahrscheinlich die Möglichkeiten, die diese Unterschiedlichkeiten bieten, aber sie sehen in dieser Unterschiedlichkeit keinen Hinderungsgrund, mit dem Gegenüber zu kommunizieren. In dieser sozialen Schicht, bietet kulturelle Vielfalt eine attraktive Geschmacksnote zum Leben, aber die wichtigen Transaktionen im Leben basieren auf einer gemeinsamen internationalen Kultur.

Kulturelle Unterschiedlichkeit kann jedoch eine vollkommen andere Bedeutung bekommen, wenn sie von denen gezeigt wird, die sozial und wirtschaftlich – und, was das erste Warnzeichen für beides ist, bildungsmäßig – nicht erfolgreich sind. Häufig wird ihre Andersartigkeit als Grund für ihren mangelnden Erfolg angesehen, entweder (die liberale Sicht) weil die Gesellschaft keine angemessenen Anpassungsversuche für ihre Unterschiedlichkeit macht, oder (die konservative Sicht), weil sie darin versagen, sich anzupassen, indem sie ihre Unterschiedlichkeit aufgeben.

Obgleich der Glaube, dass kulturelle Unterschiede einige Minderheiten zurückhalten, sehr weit verbreitet ist – und zu einem beträchtlichen Ausmaß auf sozialen Realitäten basiert[3], – wird er selten in politischen Kreisen angesprochen, aus Angst, des ’Rassismus‘ und ’Eurozentrismus‘„angeklagt zu werden“. In der Tat haben die Eliten in den letzten Jahrzehnten Nerven über die Möglichkeit verloren, dass Einwanderer und ihre Kinder voll eingegliederte Mitglieder der Gastgesellschaft werden können oder sollten. Dies ist auf Seiten der westlichen Länder mehr das Ergebnis bestimmter intellektueller Modeströmungen als eines Verlustes ihrer Kapazität, neue Volksgruppen aufzunehmen und zu transformieren. Der Assimilations*prozess* geht jedoch weiter, vielleicht schneller als je, selbst wenn das Konzept in Frage gestellt wird.

---

[2] Richard D. *Alba*, Ethnic Identity: The Trasformation of White America. New Haven: Yale University, 1990; „Assimilation's Quiet Tide,“ The Public Interest, 119, Spring, 1995; Mary C. *Waters*, Ethnic Options: Choosing Identities in America. Berkeley, Univerity of California Press, 1990.

[3] Der afro-amerikanische Ökonom Thomas *Sowell* argumentiert mit ausführlichen Vergleichsstudien, dass „die Kultur einer Gruppe und die Fertigkeiten, Verhaltensweisen und Leistungen, die aus dieser Kultur stammen, die primären Bestimmungsfaktoren seines wirtschaftlichen und sozialen Schicksals sind“. *Race and culture: a world view.* New York: Basic Books, 1994 xi.

Tatsächlich können ethnisch begründete Gruppen eine wichtige Rolle bei der Erhaltung der bürgerlichen Gesellschaft „vermittelnder Strukturen“ spielen und dadurch Einzelnen helfen, ihren Weg in einer komplexen, entfremdeten Umgebung zu machen. Was daran zu beanstanden ist, ist nicht die Existenz und die Anziehungskraft dieser Gruppen, sondern die Annahme, dass sich jemand aufgrund seiner Großeltern mit einer bestimmten Volksgruppe oder einer Klasse von „Opfern“ identifizieren muss und daher in einer Widerstandsbeziehung zur herrschenden Gesellschaft und ihren kulturellen und schulischen Erwartungen steht. Dies war für die afro-amerikanischen Jugendlichen in den Vereinigten Staaten besonders schädlich. „Ironischerweise“, bemerkte ein schwarzer Sozialwissenschaftler, „als die legalen Grenzen fielen und die Integrationsstrategie gefördert wurde, bekamen inneren kulturellen Barrieren, die die rassische Identität verkörperten, Aufschwung“.[4] Ein zentrales Element dieser „rassischen Identität“ war die Überzeugung, dass persönliche Authentizität eine Oppositionsbeziehung gegen das erfordert, was als feindliche und unterdrückende Mehrheitsgesellschaft und -kultur wahrgenommen wird ... einschließlich des Bildungssystems.

Während die Zurückweisung akademischer Anstrengungen als „weißes Verhalten“ besonders kritisch für die afro-amerikanische Jugend geworden ist, gibt es mehr als genügend Hinweise dafür, dass auch andere Gruppen die „Opfer“-Identität anziehend finden und sich als Folge davon von gesellschaftlichen und wirtschaftlichen Leistungen ausschließen. Es gibt jene, die versuchen, Latinos (mexikanische und lateinamerikanische Schüler) in den Vereinigten Staaten davon zu überzeugen, dass „die Eingliederung in die Kultur ... die Integrität der mexikanisch-amerikanischen Identität zerstört“, was viele von ihnen dazu führt, die Mehrheits- „Kultur, -Sprache, -Schulpolitik und Umgangsformen ... als Dinge anzusehen, gegen die man sich widersetzen solle, die man in Frage stellen und verändern sollte. Einige Schüler gehen so weit, dass sie behaupten, Schularbeiten zu machen ist „weiße Sachen machen“... Es gibt [zusätzlich] ein Element von Widerstand, das nicht immer bewusst oder offen ist. Oftmals nimmt es die Form geistigen Rückzugs an“ und folglich Schulversagen.[5]

Automatische Zuschreibung von Gruppenidentitäten ist verträgt sich nicht mit dem Anspruch einer freien Gesellschaft – und resultiert höchst wahrscheinlich in der Unfähigkeit, sich effektiv und positiv mit der Gesellschaft als Ganzem identifizieren zu können.

---

[4] Signithia *Fordham*, Blacked Out: Dilemmas of Race, Identity, and Success at Capital High, University of Chicago Press, 1996, 45.

[5] John U. *Ogbu* and Maria Eugenia *Matute-Bianchi*, „Understanding Sociocultural Factors: Knowledge, Identity, and School Adjustment“, in: Beyond Language: Social and Cultural Factors in Schooling Language Minority Students. Los Angeles: California State University, 1986, 129.

Es ist ebenfalls inkonsequent für eine freie Gesellschaft, dass jeder das Recht haben sollte, für alle Menschen zu sprechen, die bestimmte Charakteristika gemeinsam haben, ohne dass es ein öffentlich erklärtes Mandat dafür gäbe. Wir wählen uns unsere Ahnen nicht aus; ein Grund mehr, dass unsere Herkunft (statt unsere freie Wahl, uns anzuschließen oder zu identifizieren) nicht die Basis für öffentliche Politik gegen uns sein sollte.

Trotz der Versuche, Elemente kultureller Verschiedenheit, die wertgeschätzt werden, aufrecht zu erhalten, wird jede Gruppe von Einwanderern mit seltenen Ausnahmen, im Kontakt mit der Gastgesellschaft zu etwas Neuem. Statt „zwischen zwei Kulturen zerrissen zu sein", wie der Stereotyp lautet, partizipieren die Einwanderer an der Entwicklung einer neuen Kultur der Anpassung an neue Umstände auf der Basis des kulturellen Gutes, das sie mitbringen. Die Verbindungen zum Heimatland werden schwächer, traditionelle Sitten werden getrennt von ihrer ursprünglichen Funktion und der Immigrant, der sich nicht an die neue Gesellschaft anpasst, bleibt dennoch nicht das, was er im alten Land war. „Nach mehreren Jahrzehnten in der industriellen Umwelt [der Vereinigten Staaten] trieben die verpflanzten südeuropäischen Bauern nicht willkürlich umher, noch lebten sie – da sie die traditionellen Werte der amerikanischen Mittelklasse angenommen hatten – im europäischen Lebensstil weiter. Sie schufen ein neues Milieu: eine Mischung ihres kulturellen Erbes und dem neu aufgetauchten Status der Arbeiterklasse."[6]

3. Versuche, die Bildung 'multikulturell' zu gestalten

Es wäre möglich, die intellektuellen Wurzeln einer multikulturellen Pädagogik bis zum 18. Jahrhundert in Deutschland zurückzuführen und dem Argument Johann Herders, dass die Sprache ein entscheidendes und unersetzbares Element einer Gruppenidentität ist. „Jede Sprache hat ihre bestimmten nationalen Merkmale, und daher verpflichtet uns die Natur", schrieb er in einem Schulvortrag von 1764, „nur unsere eigene Sprache zu lernen, die für unseren Charakter am angemessensten ist und die am besten in Einklang mit unserer Denkweise steht." Der Geist und der Charakter der Menschen war laut Herder untrennbar verbunden mit seiner eigenen Sprache.

Wenn – nach dieser Sichtweise – Sprache und Kultur untrennbar verbunden sind, sind Kulturen so grundlegend verschieden, dass sie nicht in Einklang zu bringen wären. Diese Ideologie der Kulturvielfalt wurde von Gustav Le Bon weitergeführt, der darauf bestand, dass „unterschiedliche Rassen nicht gleich fühlen, denken oder in der gleichen Weise handeln könnten und ... konsequenterweise können sie einander nicht verstehen."[7] Für viele heutige Anwälte der Maßnahmen zur Erhaltung von Minderheitssprachen gilt

---

[6] Dirk *Hoerder*, Zur Akkulturation von Arbeitsmigranten. Einwandererland USA/Gastarbeiterland BRD. Berlin: ARGUMENT-Sonderband AS 1988, 111.

[7] Tzvetan *Todorov*, On Human Diversity. Cambridge: Harvard University Press, 1993, 55.

„die Annahme, dass Sprache die nötige Unterstützung einer bestimmten kulturellen Identität ist“[8] und dass ethnische Identität ein essentieller Schatz ist, der an spätere Generationen durch die konstante Verwendung der Muttersprache weitergegeben werden muss. Ihr Verlust – selbst wenn dieser Verlust auf Seiten der Individuen, die nicht die Sprache ihrer Eltern wählen, freiwillig ist – ist tragisch und ein Zeichen für Unterdrückung:

Sollte Schule auf der Basis der Annahme organisiert werden, dass sich Schüler aus Einwandererminderheiten in einigen grundlegenden und wertvollen Weisen von den einheimischen Schülern unterscheiden und diese Unterschiedlichkeiten beibehalten werden, und sollten sie daher dafür ausgerüstet werden, innerhalb einer Minderheitsgemeinschaft effektiv zu funktionieren, statt sich in die Gastgesellschaft einzugliedern? Was wären die Implikationen eines solchen Handlungskurses für ökonomische Chancengleichheit und politische Ordnung?

Der Anpassungsprozess an eine neue Gesellschaft erfordert einen bestimmten – und häufig hohen – Preis. Die öffentliche Politik kann wenig tun, um dieses Verlustgefühl zu erleichtern, das Richard Rodriguez so bildlich darstelle in seiner Beschreibung der Stille, die die Familie am Essenstisch überfiel, als er und seine Geschwister von Spanisch zu Englisch übergingen.[9] Familien treffen Entscheidungen und Einzelpersonen treffen Entscheidungen, und jede Alternative bringt sowohl Kosten, als auch neue Möglichkeiten mit sich.

Die öffentliche Politik ist herausgefordert, eine Kultur der Partizipation zu fördern, an Stelle der Kultur der Opposition, die entstand durch die Diskriminierung der Mehrheit, das Eigeninteresse einiger ethnischer Aktivisten und durch Exzesse einer Ideologie des Multikulturismus unter denen, die glauben, für die Interessen ethnischer Minderheiten zu sprechen. Schließlich ist „die Tendenz, sich am Mehrheitsverhalten der Gastgesellschaft auszurichten ... unwiderstehlich, wenn letztere nicht von den Einwanderern fordert, dass sie ein Ideal des Unterschieds verkörpern.“[10]

Soziale Rassentrennung und die damit verbundene Marginalisierung von Einwandererminderheiten könnte von Gastgesellschaften auf zwei Weisen gefördert werden, die sich scharf durch die dahinter liegenden Motive unterscheiden, aber ironischerweise in ihren Ergebnissen ähneln. Die Ablehnung menschlicher Unterschiede bis hin zu körperlicher Gewalt ist die klassische Begründung für die Bildung von Ghettos und der Ent-

[8] Michael *Bryam*, „Teachers and pupils: the significance of cultural identity“, in Bryam, and Johann Leman, editors, Bicultural and Trilingual Education, Clevedon (United Kingdom): Multilingual Matters, 1990, 127.

[9] Richard *Rodriguez*, Hunger of Memory: The Education of Richard Rodriguez. New York: Bantam Books, 1983.

[10] Emmanuel *Todd*, Le destin des immigrés: Assimilation et ségrégation dans les démocracies occidentales, Paris: Èdutions du Seuil, 1994, 320.

wicklung eines intensiven Gruppenlebens, das der Anpassung an die umgebende Gesellschaft widersteht. Obgleich solch eine Einstellung keinesfalls ausgerottet ist, wird sie dennoch als unakzeptabel und tatsächlich rassistisch angesehen.

Wenn allerdings die enthusiastische und wohlmeinende Akzeptanz von menschlichen Unterschieden so weit geht, dass die Mitglieder der Minderheit ermutigt und sogar dafür belohnt werden, anders zu bleiben, könnte dies ebenfalls schädliche Folgen haben. Eine Politik, die ethnische Minderheiten als „Opfer" definiert – ethnische Identität mit sozialer Klasse verwechseln – kann sich so auswirken, dass die Trennung dieser Gruppen von der übrigen Gesellschaft verstärkt wird und es für die Mitglieder noch schwerer macht, ihren Weg in den Mainstream zu gehen.[11]

Diese zwei Reaktionen auf Minderheiten sind typischerweise sehr verschieden und stammen aus unterschiedlichen sozialen Positionen. Erstere findet sich in der ursprünglichen Arbeiterklasse, die zweite in der „neuen Klasse" der Pädagogen, Sozialarbeiter, Therapeuten und Journalisten. Dies hilft bei der Erklärung des sehr unterschiedlichen Tons, in dem sie normalerweise ausgedrückt werden, aber Xenophobie und ideologischem Multikulturismus ist gemein, dass sie die Möglichkeit und die Erwünschtheit leugnen, dass Einwanderer werden „wie wir". Emmanuel Todd warnte vor der Tendenz unter „progressiven" Mitgliedern der mainstream Eliten, „nicht von den Immigranten zu fordern, dass sie ein Ideal des Unterschieds verkörpern".

Vertretbarerweise ist die Form des Multikulturismus, die auf der Einzigartigkeit und Unvereinbarkeit der Erfahrungen, „Perspektiven" und Werte verschiedener rassischer und kultureller Gruppen besteht, selbst eine Form von „weichem Rassismus", die letztendlich möglicherweise zu den gleichen Ergebnissen führt wie völlige Ablehnung. Solch ein Multikulturismus bleibt unvereinbar mit einem liberalen Staat.[12] Rassistische Ideologie, hat nach Taguieff die These einer biologischen Ungleichheit durch eine Verabsolutierung kultureller Unterschiede ersetzt, wodurch sie die Rassismusgegner in eine tiefe intellektuelle Verwirrung stürzten. Durch eine verhängnisvolle Transposition wird ein Appell an universale Werte nun als „eurozentrisch" verdammt und dadurch per definitionem rassistisch.[13]

Komplexe moderne Gesellschaften lassen ausreichend Raum für Lebensweisen, die kulturell recht unterschiedlich sind; weise Sozialpolitik tut nichts, um den privaten Aus-

---

[11] Stéphanie *Béaud*, and G. *Noiriel*, „Penser l'intégration des immigrés", in: Pierre-André Taguieff, editor, Face au racisme, 2: Analyses, hypothèses, perspectives, Paris: Éditions La Découverte, 1992, 281.

[12] Paul *Piccone*, „Confronting the French New Right: Old Prejudices or a New Political Paradigm". Telos 98-99, Winter-Spring 1993/1994, 15.

[13] Pierre-André *Taguieff*, „Les métamorphoses idéologiques du racisme et la crise de l'antiracisme", in: Taguieff, editor, Face au racisme, 2: Analyses, hypothèses, perspectives. Paris: Édition La Découverte, 1992,15, 35.

druck kultureller Andersartigkeit zu unterbinden, innerhalb der Grenzen der öffentlichen Sicherheit und dem Schutz der Kinder. Andererseits vermeidet sie, ihre Herrschaft in irgendeine der andersartigen kulturellen Formen auszudehnen. Der verfassungsrechtliche Schutz der freien Ausübung von Religion – in einigen Fällen der zentrale Kern der Kultur – ist in den Vereinigten Staaten weise gekoppelt mit dem Verbot von Regierungsmitteln für jegliche Religionsform. Dieses „Disestablishment“ war eine gesunde Entscheidung sowohl für die Religion als auch für die öffentliche Politik.

Kulturelle Verschiedenheit, die auf Volkszugehörigkeit basiert, hat jegliches Recht, im öffentlichen Raum – einschließlich der Schulen – ausgedrückt zu werden, solange sie nicht die Ordnung stört, aber es hat keinen legitimierten Anspruch auf die Unterstützung öffentlicher Autoritäten durch das Kurrikulum oder die Organisation der Schule.

4. Bildung für Erfolg in einer verschiedenartigen Gesellschaft

Wir haben von den Andersartigen unter uns nichts zu fürchten, weder das Abfallen vom Glauben noch moralische Korruption; im Grunde werden sie wahrscheinlich eher von uns korrumpiert als andersherum! In einer wichtigen amerikanischen High School Studie wurde herausgefunden: Je länger die Familie eines Schüler/einer Schülerin in diesem Land lebt, desto schlechter sind die Schulleistungen und die mentale Gesundheit des Jugendlichen. ... Bei praktisch jedem bekannten Faktor für Schulerfolg übertreffen die Schüler, die nicht in diesem Land geboren werden, die hier geborenen. Und wenn wir uns nur die in Amerika geborenen Schüler ansehen, finden wir, dass Jugendliche, deren Eltern in anderen Ländern geboren wurden, diejenigen übertreffen, deren Eltern gebürtige Amerikaner sind. Die amerikanisierteren Schüler – deren Familien länger in den USA gelebt haben – haben weniger Selbstverpflichtung für gute Schulleistungen als ihre eingewanderten Mitschüler.[14]

Dies bedeutet aber nicht, dass wir in die moderne Haltung Intellektueller einstimmen und uns für die Assimilation entschuldigen sollten. Die Alternative für Assimilation ist für Einwanderergruppen der permanente untergeordnete Status einer Kastenminderheit; was war letztendlich denn im amerikanischen Süden die Rassentrennung, als ein Weg, den früheren schwarzen Sklaven und ihren Kindern die Möglichkeit zu verwehren, in die weiße Mehrheit aufgenommen zu werden? Amerika ist weit entfernt davon, mit den Auswirkungen dieser historischen Tragödie (die fast so grausam sind, wie die der Sklaverei selbst) ins Reine zu kommen. Es ist unvorstellbar, dass wir aus fehlgeleiteter Ideologie eines Multikulturismus andere identifizierbare Minderheiten einem ähnlichen Versagen der Assimilation unterwerfen wollten. Es ist genauso unvorstellbar, dass die demokratischen Gesellschaften Europas den Kindern von Einwanderern die Botschaft ge-

[14] Laurence *Steinberg*, Beyond the Classroom, New York: Simon and Schuster (Touchstone), 1997, 97.

ben wollten, dass man von ihnen erwartet, dass sie kulturell und linguistisch „auf ihrem Platz“ bleiben.

Was wir den Kindern von Immigranten schulden, jenen, die ihr Leben in unserer Gesellschaft leben, ist, eine effektive Ausbildung anzubieten, die sie befähigt, vollkommen zu partizipieren und so erfolgreich zu sein, wie ihre Fähigkeiten und Anstrengungen es ihnen erlauben. Ob sie Elemente ihrer Kultur beibehalten und ihre Muttersprache sprechen, sollte vollkommen ihnen und ihren Familien überlassen bleiben. Es ist nicht die Angelegenheit der Regierung in einer freien Gesellschaft, kulturelle Entscheidungen gleich welcher Art oder religiöse Entscheidungen zu fördern oder zu behindern.

5. Schulvielfalt und soziale Integration

Bedeutet dies, dass es keinen passenden Platz für Schulvielfalt in einer mannigfachen Gesellschaft gibt? Sicherlich glaubten dies viele amerikanische Führer beim Nachdenken über die Ankunft von Millionen von Immigranten im 19. Jahrhundert und widersetzten sich der Einrichtung von katholischen und protestantischen Schulen durch diese Einwanderer, und viele einflussreiche Pädagogen bestehen noch heute im Namen sozialer Harmonie auf der einen, für alle passenden „gemeinsamen Schule“.[15]

Um es konkret zu fassen: sollten wir uns Sorgen machen über die staatlich geförderten islamischen Schulen in den Niederlanden, in England, Irland und vielleicht in einigen anderen europäischen Ländern? Verhindern diese womöglich die effektive Integration von Einwandererkindern in die Gastgesellschaft? Es ist zu früh, um sicher zu sein, aber ich tendiere zu der Überzeugung, dass diese „beabsichtigten Minderheitsschulen“ die gegenteilige Wirkung haben werden, da die Kinder die Sprache und den Unterrichtsstoff des Bildungssystems des Gastlandes innerhalb eines Kontextes erfahren, der als kulturell und religiös sicher wahrgenommen wird. In solchen Schulen bildet sich unter den Jugendlichen viel weniger Widerstand gegen akademische Leistungen, die, wie wir sahen, ein Problem für die schwarzen und lateinamerikanischen Jugendlichen in den USA sind.

Aber islamische und andere klare Minderheitsschulen sollten daran gemessen werden, wie wirkungsvoll sie die Schulleistungen der Schüler verbessern, die anderenfalls schulisch und gesellschaftlich versagen würden – und nicht aufgrund des Erfolgs, eine separate kulturelle Identität oder die Sprache der Minorität zu erhalten. Letztendliche soziale Integration (was die Franzosen „erfolgreiches Einfügen in die Gesellschaft“ nennen), muss das Maß der Leistung sein.

Ein Schulwesen, da auf *kulturellen* Alternativen, auf unterschiedlichem Weltverständnis und der Führung von Verhalten beruht, ist keine Bedrohung für eine komplexe

---

15 Charles L. *Glenn*, The Myth of the Common School, Amherst: University of Massachusetts Press, 1988.

moderne Gesellschaft. Die holländische Bereitschaft über fast ein Jahrhundert, dem Wunsch der Eltern nach gezielten Schulen für religiöse und philosophische Perspektiven durch gleiche Verteilung der Mittel nachzukommen, hat nicht zu kommunalem Kampf geführt, sondern sogar den Konflikt über die Beschulung weit unter amerikanisches Niveau reduziert. Schulen, die ohne Entschuldigung *für etwas stehen*, werden wahrscheinlich in jeder Dimension ihres Bildungsauftrags effektiver sein.

Die Regierung selbst sollte allerdings ihre Macht nicht der einen oder anderen dieser Perspektiven leihen. Die öffentliche Politik sollte alle Sichtweisen zu dem Maß respektieren, wie sie es verdienen, aber keinerlei Partei ergreifen – nicht einmal hinsichtlich des Säkularismus oder „Indifferentismus",der zu viele staatliche Schulen charakterisiert.

Da Schulen, die auf einem klar definierten Selbstverständnis aufbauen, wirksamer sind als Schulen, die auf Gedeih und Verderb ihre Neutralität bewahren müssen, deutet dies darauf hin, dass es starke Argumente für die Suche nach Alternativen außerhalb des staatlichen Schulsystems gibt. Der Wunsch einiger Pädagogen und Eltern nach einem spezifischen Lehrplan oder einer bestimmten Weltanschauung kann angemessenerweise durch finanzielle Förderung für die Schule gewährleistet werden, die die Eltern frei für ihre Kinder wählen, statt durch Abschaffung der wertneutralen allgemeinen öffentlichen Schulen.

Einige lateinamerikanische Eltern in den USA wünschen sich vielleicht, ihre Kinder in Schulen anzumelden, in denen die Unterrichtssprache Spanisch ist und die lateinamerikanische Kultur betont wird, während in allen anderen Bereichen die Anforderungen des Bildungssystems erfüllt werden. Ängstliche Vertreter der Liberalität weist darauf hin, dass sie in der Lage sein sollten, solche Schulen zu wählen, ohne ihr Recht für freie Ausbildungswahl ihrer Kinder zu verwirken. So lange die Regierung an einer Schulpflicht festhält, muss sie frei sein; aber eine Schulbildung und Pädagogik, die nicht mit dem übereinstimmt, was Eltern für ihre Kinder für passend halten, ist in keinem Sinn frei. Die Eltern müssen entweder die Kosten für den Unterricht oder die Kosten für den Verstoß gegen ihr Gewissen zahlen.

Wie der Rechtsgelehrte John Coons anführte, ist „das Recht, Familien zu gründen und das Ausmaß der praktischen Freiheit ihrer Kinder zu bestimmen, für die meisten Männer und Frauen die erste und wichtigste Gelegenheit, Entscheidungen zu treffen und Verantwortung zu übernehmen. Man braucht nicht reich oder gut gestellt zu sein, um ein Familienleben zu erleben. Die Gelegenheit, über eine Spanne von fünfzehn oder zwanzig Jahren seine eigenen tiefsten Werte an ein geliebtes Kind weiterzugeben, bietet ein einzigartiges Feld für den kreativen Impuls. Hier finden wir die Übermittlung von Ideen in ihrer elementarsten Form. Der Ausdruck elterlicher Werte und Überzeugungen ist –

obwohl dem Auge der Medien verborgen – dennoch eine Handlung mit grundlegendsten Auswirkungen auf das oberste Menschenrecht [freie Wahl der Sprache und Religion].[16]

Es gibt tatsächlich im Prinzip keinen Grund, das Recht der Eltern auf freie Schulwahl *nicht* zu respektieren und zu erlauben, dass die öffentlichen Gelder für Bildung in diese Entscheidungen fließen können, innerhalb eines politischen Rahmens, der sicherstellt, dass die Schulen, die solche Finanzierungen erhalten, dafür geeignet sind und dass die Interessen von Minderheiten, Armen und anderen sonstigen ungeschützten Kindern gewahrt bleiben. Es gibt einen grundsätzlichen Unterschied zwischen dem, was ein Staat legitimerweise in seinen eigenen Schulen unterrichtet und dem, was er der elterlichen Entscheidung erlauben könnte, ohne dass sie das Recht auf freie Schulwahl einbüssen müssten.

Aber wir müssen fragen: Wer setzt sich ein für eine bewusste Vielfalt von Schulen? Dies führt uns zum Problem der Legitimität. Ist es angemessen, dass Politiker und Regierungsvorsitzende eines Gastlandes im Namen von rassischen oder sprachlichen Minderheiten entscheiden, dass es für sie besser wäre, wenn sie getrennt von der Mehrheit unterrichtet würden, um ihre Muttersprache und Volkszugehörigkeit zu bewahren? Sicherlich nicht! Genauso wenig sind progressive Akademiker oder gut angepasste ethnische Eliten für eine derartige Entscheidung geeignet.

Nein, die einzigen, die in legitimer – und effektiver – Weise darüber entscheiden können, ob Kinder und Jugendliche aus Minderheiten ihre Kultur und vielleicht die Sprache ihrer Vorfahren beibehalten und entwickeln sind eben diese Kinder und Jugendliche selbst und deren Eltern, die in ihrem Namen handeln. Viele dieser Eltern aus Minderheiten wählen und bringen vielleicht große Opfer um sicherzustellen, dass ihre Kinder eine gesonderte Ausbildung im Interesse der Kontinuität ihrer eigenen Identität, ihrer Werte und Grundhaltungen erhalten. Zunehmende Hinweise deuten in Westeuropa und anderen westlichen Demokratien auf eine wachsende „Anti-Modernisierung" hin, als Reaktion auf den hohen Preis der Moderne, die auf Kosten persönlicher Zufriedenheit und des eigenen Familienlebens geht. Eine dieser Ausdrucksformen ist die Forderung von Eltern – besonders jenen aus kulturellen Randschichten der Gesellschaft – mehr Kontrolle über die Bildung ihrer Kinder zu haben.

Es wurde häufig argumentiert, dass die Rolle von Alternativschulen aufgrund der Säkularisierung der westlichen Gesellschaften abnehmen sollte. Abnehmende Mitgliederzahl und Engagement in den „Mainstream"-Kirchen bedeutet aber nicht notwendiger Weise, dass der Anteil der Bevölkerung zurückgegangen ist, der sich für ein alternative Weltanschauung einsetzt. Eine weltweite Studie kam zu dem Schluss, „obwohl die

[16] John E. *Coons*, Intellectual Liberty and the Schools, Journal of Law, Ethics & Public Policy 1, 1985, 511.

Postmoderne mit einer zunehmenden Abkehr von traditionellen religiösen Glaubensausrichtungen einher geht, ist sie jedoch eng verknüpft mit einer wachsenden Suche nach Sinn und Bestimmung im Leben."[17]

Es gibt eine signifikante Minderheit von Eltern, die entschlossen sind, nicht das ganze Paket zu akzeptieren, das die heutige Gesellschaft anbietet, sondern ihre Kinder zu befähigen, selbst jene Elemente traditioneller oder moderner Art zu suchen und zu wählen, die ihr eigenes kulturell-kreatives Handeln ausdrücken. Wer könnte sagen, das sei falsch? Andererseits ist es genauso wenig die Aufgaben von Regierungen, Minderheitskulturen aufrecht zu erhalten, als dass es ihrer eigentlichen Rolle entspricht, durch ein Monopolsystem zwingender Beschulung anderen die Kultur der Mehrheit überzustülpen. Es ist klar, dass viele – wenn nicht die meisten – Eltern aus Minderheiten keinen großen Wert drauf legen, kulturelle Unterschiede aufrecht zu erhalten, außer vielleicht auf der oberflächlichsten und sentimentalen Ebene.

Aber selbst wenn man den Eltern das Recht zugesteht, Entscheidungen über den normativen Inhalt der Ausbildung .... die ihren Kindern zukommt zu treffen, dürfen wir nicht das gleichermaßen legitime Interesse der breiteren Gesellschaft übersehen, so weit wie es mit diesem Recht überein geht, bestimmte allgemeine Ziele zu fördern. Diese Ziele umfassen, die Herausbildung eines Kastensystems zu verhindern, in der ethnische Zugehörigkeit mit der Position einer sozialen Klasse verknüpft wird, des weiteren müssen wir gute Sitten entwickeln, wie gegenseitiger Respekt und bürgerliche Tugenden, und sicherstellen, dass arbeitenden Bevölkerung der Zukunft – und besonders jene Menschen, die die Gesellschaft nicht bevorzugt, – bereit für die Anforderungen des neuen Jahrhunderts ist.

Wenn wir glauben, dass es für Schulen erwünscht ist, zu reflektieren und mitzuhelfen, eine gerechte und pluralistische Gesellschaft zu schaffen, sollten wir solchen Schulen Anreize bieten (zusätzliche Gelder), die Wege finden, Kinder aus sprachlichen Minderheiten und Kinder aus der Mehrheit zusammen zu unterrichten, die so demonstrativ wirksam sind und die Vielfalt so respektieren, dass Eltern ihre Kinder gern freiwillig auf solche Schulen schicken. Es kann sein, dass ergänzende Programme, wie z.B. der öffentlich finanzierte muttersprachliche Unterricht in Deutschland und ähnliche Programme in anderen Ländern und weitere, nicht-staatlich geförderte Programme, die in den USA schon viele Jahre von Teilen der chinesischen, jüdischen und griechischen Gemeinschaft aufrecht erhalten werden, die die einzigen befriedigenden Alternativen für Eltern aus sprachlichen Minoritäten sind, die ihre Kinder zwar zu integrativen Schulen schicken wollen, aber ihnen auch in systematischer Weise ihr sprachliches und kulturelles Erbe weiter vermitteln wollen.

---

[17] Ronald *Inglehart*, Modernization and Postmodernization: Cultural, Economic, and Political Change in 43 Societies, Princeton University Press, 1997, 80.

Auch hier muss die Betonung auf freiwilliger Entscheidung beruhen, ohne dass pädagogische Autoritäten annehmen, dass bestimmte Familien ihre kulturelle oder linguistische Andersartigkeit aufrechterhalten oder ablegen. Wie der Soziologe Nathan Glazer aufzeigte: In jeder Gruppe gibt es getrennte Meinungen: es gibt „Assimilationisten", diejenigen die linguistische Kompetenz fordern, diejenigen, die nur die kulturelle Anbindung aufrechterhalten wollen, diejenigen die auf voller Ausbildung in Sprache und Kultur bestehen. Es ist schwer vorstellbar, wie staatlich regulierte Schulen in den Regierungsbezirken eine solche Interessensvielfalt befriedigen können. Rein freiwillige pädagogische Aktivitäten, die in Privatschulen und unter begrenztem öffentlichen Einfluss geleitet werden, könnten dieser Bedürfnisvielfalt nachkommen. Im Fall des jüdischen Unterrichts, haben wir zum Beispiel Schulen kennen gelernt, die weltlich, orthodox (verschiedenste Richtungen), konservativ und reformerisch waren; Ganztagsschulen, Nachmittagskurse und Sonntagsschule, in denen variabel Hebräisch, Jiddisch oder Englisch betont wurde, und die die Geschichte politischer Tendenzen widerspiegelten, wie z.B. Zionismus, Diaspora Nationalismus, Territorialismus, Anarchismus, Sozialismus und Kommunismus. Man fragt sich nach dieser Geschichte, welche Art von bilingualer, bikultureller Ausbildung unter öffentlicher Schirmherrschaft und allgemeinen Kernregeln überhaupt – um nur ein Beispiel herauszunehmen – die Kinder aus hebräischsprechenden Einwanderern, die nicht in großer Zahl kommen, zufrieden stellen oder für sie relevant sein könnte. Oder, um eine andere jüngste Einwanderergruppe zu nehmen, die Menschen aus Indien und Pakistan; sie sprechen ein Dutzend verschiedene Sprachen, sind von der Religion her Moslems, Hindus, Sikhs, Jains und andere und spiegeln eine Vielfalt von Kulturen wider. Obliegt es nun den Schulen jedes einzelnen Regierungsbezirks, in denen eine Vielzahl dieser Einwanderer wohnen, einen Lehrplan auszuarbeiten? Und das alles obwohl ihre Eltern wahrscheinlich darauf bestehen, dass ihre Schulbildung absolut vollständig in Englisch abgehalten werden soll?[18]

Selbst wenn wir die Validität (Rechtsgültigkeit) akzeptieren, Eltern zu erlauben, die Schulen zu wählen, die sie von ganzem Herzen unterstützen können, ohne ihr Recht auf freie Schulbildung für ihre Kinder einbüssen zu müssen, bleibt dennoch die beunruhigende Frage, ob Schulen, die rassisch oder ethnisch organisiert sind, mit dem Verfassungsrecht und einer guten Politik konform gehen. Dies ist keineswegs eine einfache Frage. Sollten öffentliche Gelder für eine alternativen Schule – sagen wir, mit afrozentriertem Bewusstsein – bereitgestellt werden – deren Anhänger alle von einer einzigen rassischen Gruppe stammen? Widerstrebend schließe ich, dass es so sein sollte; für die Regierung ist es genauso gefährlich, die Validität einer alternativen Schule in Frage zu stellen, wie eigene Alternativschulen zu errichten.

[18] Nathan *Glazer*, Ethnic Dilemmas 1964, 1982, Cambridge: Harvard University Press, 1983- 140-41.

Was wäre, wenn die Alternativschule aber gegen das Menschenrecht und die allgemeine Staatsbürgerschaft von anderen rassischen oder ethnischen Gruppen eingestellt ist? Hier scheint mir, ist der Raum für eine vorsichtige Überwachung der Schulen durch Regierungseinfluss (explizit in der internationalen Abkommen, die eine freie Ausbildung garantieren), dafür zu sorgen, dass Schulen öffentliche Gelder nicht zugeteilt bekommen, die vielleicht nicht einmal das Gesetz der Schulpflicht einhalten.

Respekt für Freiheit erfordert, dass wir die Wahl von Eltern aus rassischen, ethnischen, sprachlichen oder religiösen „Minderheitsschulen" akzeptieren und unterstützen. Für einige Schüler bieten diese Schulen vielleicht eine Perspektive an, die ihnen erlaubt, akademisch und sozial Erfolg zu haben. Wir sollten gleichzeitig Anreize bieten, effektive integrative Schulen für eine Gesellschaft zu schaffen, in der die Vielfalt der Menschen ein zunehmender Faktor im Leben und zumindest eine potentielle Quelle von Stärke ist.

Solche Politik – und nicht der staatlich-definierte „Multikulturalismus" – ist der beste Weg, der wachsenden Vielfalt in unseren Gesellschaften Respekt zu zollen.

Bildung und Erziehung an konfessionellen Schulen im europäischen Kontext – Katholische Schulen

Nikolaus Kircher

1. Auf dem Weg nach Europa

Wer sich Europa mental wie räumlich von außen nähert, dem bietet es ein klar umrissenes Profil und bei aller Verschiedenheit sofort ins Auge fallende Gemeinsamkeiten. Das dürfte der Grund sein, warum für einen Amerikaner, Japaner, Orientalen usw. Europa eine ziemlich „klare Sache" ist. Ich konnte im vergangenen Jahr diese Außenwahrnehmung von Europa nachvollziehen, als ich mich nach zweijähriger dienstlicher Tätigkeit in Kairo in einer zehntägigen Fahrt mit dem Wagen Europa annäherte und bereits in Zypern und nicht erst im Rheinland feststellte, „daheim" angekommen zu sein. Der Unterschied Zypern/Ägypten ist bereits von der spontanen Wahrnehmung größer als Zypern/Mitteleuropa. Den Einwohnern der Länder Europas ist diese empirische Erfahrung Europas in der Regel nicht möglich, denn sie leben mittendrin, und wenn beispielsweise ein Franzose nach Belgien oder Österreich reist, dann fährt er primär in eben diese Länder, nicht nach Europa. Sein Europa, wenn er es denn anstrebt, findet im Kopf, im Bewusstsein statt. Europa ist eine zweite Natur, die er über seine erste legen muss. Doch wir merken fast täglich, wie nationale Gewohnheiten, nationale Egoismen den Weg zu einem rational richtigen Ziel schwierig gestalten. Man hat das Scheitern der Weimarer Republik damit erklärt, dass sie eine Demokratie ohne Demokraten war, wir können davon ausgehen, dass es ohne überzeugte Europäer kein Europa geben wird. Nur, wo kommen sie her?

In die bewusstseinsbildende Kraft der bestehenden europäischen Strukturen und Institutionen, die europäische Gesetzgebung und die nun kommende gemeinsame Währung darf man schon einiges Vertrauen setzen, aber ohne den entschiedenen Beitrag der Bildungseinrichtungen und besonders der Schulen wird der Prozess der Europäisierung langsamer und schwächer werden. Diesen Zusammenhang scheinen technokratisch geprägte Europapolitiker und -beamte lange Zeit nicht erkannt zu haben, doch dann kam mit dem Vertrag von Maastricht eine entscheidende Wende, die Entdeckung der Bildung und ihres Beitrages zum „Europa der Bürger". Bei aller berechtigten Kritik darf man die Verdienste der in der Folge verabschiedeten großen EU-Bildungsprogramme nicht klein reden, vor allem darf man sie auch nicht mit Erwartungen überfrachten, sondern sie als das nehmen, was sie sind: ein kräftiger Impulsgeber für die Schulträger und die einzelnen Schulen, von deren Einsicht, Willen und Engagement der Erfolg einer Erziehung zum europäischen Bürger abhängt.

2. Der europäische Gedanke und das katholische Schulwesen in Europa

Die positive Aufnahme des europäischen Gedankens bei den katholischen Schulen war nicht zufällig. Sie besaßen und besitzen durch eine Reihe von Gemeinsamkeiten eine lange Erfahrung in und gute Voraussetzungen für die Überschreitung des nationalen Raumes. Gemeinsamkeit schaffen Orden, die Träger von Schulen in vielen Ländern sind, Gemeinsamkeit schafft ein Konzept christlicher Erziehung, wie es durch das Konzilsdokument „Gravissimum educationis" weltweit für alle katholischen Schulen grundgelegt ist, Gemeinsamkeit schafft aber auch eine klare Struktur des katholischen Schulwesens von der Einzelschule über die Schulträger, die Schulsekretariate der nationalen Bischofskonferenzen hin zu der europäischen Organisation, dem 1974 gegründeten Comité Européen pour l'Enseignement Catholique (CEEC) mit Sitz in Brüssel.

In ihrem Engagement standen und stehen die katholischen Schulen im Einklang mit der Gesamtkirche und haben Anteil an der Vision und Verantwortung der Katholischen Kirche in und für Europa, die Kardinal Karl Lehmann bei einer akademischen Feier 1997 in Warschau so umschrieben hat:[1] „Wenn wir von Europa sprechen, blicken wir aus christlicher Verantwortung also nicht primär zurück, träumen nicht nostalgisch von einem romantisch vergoldeten „Abendland" (das es in dieser Gestalt dann doch niemals gab!), sondern sorgen uns um das gegenwärtige und künftige Europa mit seinen Spannungen und Widersprüchen. Dabei sind wir uns bewusst, dass es sich heute in diesem Europa um Zivilisationen handelt, die dazu neigen, bei der Gestaltung des menschlichen Lebens von der Beziehung zu einem lebendigen Gott völlig abzusehen und allein den eigenen Kräften der menschlichen Vernunft, der Wissenschaft und der Technik zu vertrauen. Die Christen müssen entschieden die offene Auseinandersetzung und den geistigen Wettbewerb mit jenen aufnehmen, die das neue Europa unter Ausschluss christlicher Wirkkräfte und erst Recht der Kirchen gestalten möchten." Die Kirche müsse als eine der Kräfte, die um die Gestaltung eines zukünftigen Europas ringen, „damit ernst machen, dass sie unter den Voraussetzungen von Religionsfreiheit und Pluralismus ihre Stimme ungeschwächt zur Sprache bringt."[2]

---

1 Bischof Karl *Lehmann*, Das neue Europa – Fiktion und Vision. Erfahrung und Aufgaben aus kirchlicher Sicht. Festvortrag aus Anlass der feierlichen Ehrenpromotion durch die Fakultät für Geschichte und Sozialwissenschaften der Katholisch-Theologischen Akademie in Warschau am 28. April 1997 im Festsaal des Königlichen Schlosses, S. 6.

2 ebda S. 7.

Mit dieser Maßgabe gewinnt die Behandlung der europäischen Thematik im katholischen Schulwesen auf der Ebene der Einzelschule, des Trägers, der nationalen Bischofskonferenzen und der europäischen Gremien eine umfassendere Qualität, weil zur europäischen Dimension des Unterrichtes die christliche hinzukommt, wobei beide nicht gesondert abzuhandeln, sondern ineinander zu verweben sind.

Vorstufe, Grundlage und Ausgangspunkt für fast alle europäischen Aktivitäten katholischer Schulen sind die oft über Jahrzehnte bestehenden und meist zu mehreren Ländern gleichzeitig gepflegten Schulpartnerschaften. Sie erleichtern z. B. die Einrichtung von multilateralen Schulpartnerschaften im Rahmen des EU-Programmes Comenius, an dem katholische Schulen in erfreulichem Umfang teilnehmen. Die im Pilotprojekt NETWORK gesammelten Erfahrungen haben diese Entwicklung sicherlich begünstigt. NETWORK war die Zusammenarbeit von 18 Katholischen Schulen aus sieben europäischen Ländern mit dem Ziel, die Einbeziehung der europäischen Dimension in das jeweilige Schulkonzept zu erproben. Das Projekt wurde von den Professoren Wittenbruch (Münster) und Vorsmann (Dortmund) wissenschaftlich begleitet, die Ergebnisse wurden 1997 unter dem Titel „Schulen auf Europakurs“ veröffentlicht. Auch der zügige Anschluss ans Internet verstärkt die Kontakte unter den katholischen Schulen in Europa.

Handlungseinheit für europäische Aktivitäten ist also die Einzelschule, die durch Eigeninitiative von Lehrern und Schülern, berufliche Beziehungen von Eltern und Einschaltung von örtlichen Politikern Tätigkeiten entfalten, die von Einzelmaßnahmen bis zu umfangreichen Programmen reichen. Übergeordnete Einrichtungen des katholischen Schulwesens werden subsidiär tätig durch Information und Koordination, Beratung und Vermittlung und Schulung und Fortbildung. Beispielhaft sind auf der Ebene der Träger die europäischen Konferenzen der Ursulinen, der Jesuiten und der Benediktiner zu nennen, die nicht nur dem Erfahrungsaustausch von Leitern und Lehrern dieser Ordensschulen aus verschiedenen europäischen Ländern dienen, sondern auch der Planung gemeinsamer Vorhaben. Die offizielle und formelle Vertretung des deutschen katholischen Schulwesens im inter- und supranationalen Bereich erfolgt auf der Ebene der Deutschen Bischofskonferenz und wird von der Zentralstelle Bildung wahrgenommen. Diese vertritt auch das deutsche Katholische Schulwesen im CEEC und spielt dort konzeptionell eine nicht unbedeutende Rolle.

Im CEEC besitzt das katholische Schulwesen auf europäischer Ebene eine institutionelle Vertretung, die seiner Größe und Bedeutung entspricht und seine europäische Aufgeschlossenheit angemessen ausdrückt. Katholische Schulen – vertreten in den gängigen Schulformen ihres jeweiligen Landes – werden in den CEEC-Mitgliedsländern von ca. 8 Mio. Schülerinnen und Schülern besucht. Der Anteil an der Gesamtschülerzahl ist in den einzelnen Ländern sehr unterschiedlich, so besuchen in Belgien ca. 58 %, in Frankreich rund 16 % und in Deutschland 2,8 % aller Schülerinnen und Schüler katholische Schulen. Damit ist die Katholische Kirche nicht nur der größte Träger unter den freien Schulen, sondern nach dem Staat der zweitgrößte Träger von schulischen Einrichtungen in Europa überhaupt.

Wenn katholische Schulen in der Europathematik einen eigenen Weg beschreiten, bedarf es auch der Möglichkeit zur eigenen Lehrerfortbildung, in der Erfahrungen ausgetauscht und neue Erkenntnisse vermittelt werden. Die kirchlichen Institute für Lehrerfortbildung haben daher in den letzten Jahren entsprechende Kurse entwickelt. Um aber nicht bei einem nationalen Kursmodell mit europäischen Aspekt stehen zu bleiben, werden sie in das europäische Fortbildungsprogramm des CEEC integriert und für Teilnehmer aus allen CEEC-Mitgliedsländern geöffnet. Da andere Länder in gleicher Weise verfahren, haben die Lehrerinnen und Lehrer katholischer Schulen durchschnittlich 10 Seminarangebote pro Jahr für europäische Fortbildung, die sie zusätzlich zu den staatlichen Angeboten nutzen können. Darüber hinaus verfügt das CEEC mittelbar über zwei originär europäische Organisationen für Lehrerfortbildung: das Groupement Européen d'Etude et de Recherche pour la Formation des Enseignants Chrétiens (GERFEC) und die Association Européenne de Recherche et d'Echanges Pédagogiques (ASEREP). GERFEC richtet sich an Hochschullehrer der Pädagogischen Fakultäten, Lehramtsstudenten und Lehrerfortbildner, um in zeitlich ausgedehnteren Seminaren Fragen der europäischen Erziehung unter christlichem Blickwinkel, des interreligiösen Dialogs und der Solidarität zu erörtern. Von den Teilnehmern wird erwartet, dass sie die in den Seminaren gewonnenen Erkenntnisse und Einstellungen in ihrem Arbeits- und Lebensumfeld weitergeben und untereinander in Kontakt bleiben. ASEREP richtet sich ausschließlich an Lehrer katholischer Schulen und arbeitet eng mit dem für die Comenius-Programme zuständigen Direktorium in der EU-Kommission zusammen. Indem ASEREP in ihren Seminaren die jeweils aktuellen Themen der Kommission aufgreift, kann sie mit den Teilnehmern auf dem neuesten Diskussionsstand Fragen der Akzeptanz, Bedeutung und Umsetzbarkeit dieser Themen im Bereich der katholischen Schulen erörtern.

Da viele Maßnahmen im katholischen Schulwesen der verschiedenen europäischen Länder erst durch die Zusammenführung beim CEEC ihre europäische Qualität erhalten, ist nun näher auf Struktur und Aufgabe des CEEC einzugehen.

Nach außen vertritt es die Interessen des katholischen Schulwesens in Europa, nach innen fördert es die Entwicklung und Umsetzung des Erziehungskonzeptes und erbringt Dienstleistungen für die Einrichtungen des katholischen Schulwesens in den Mitgliedsländern. Durch einen von der Vollversammlung auf 4 Jahre gewählten Präsidenten, durch eine zweimal jährlich stattfindende Mitgliederversammlung und die vierteljährlichen Sitzungen des Geschäftsführenden Vorstandes ist sichergestellt, dass die Interessen der Mitgliedsländer in der Arbeit des CEEC ausreichend zur Geltung kommen. Für die Durchführung der Aufträge und die tägliche Arbeit steht ein vom Generalsekretär geführtes ständiges Sekretariat in Brüssel zur Verfügung. Die Innen- und Außenvertretung des katholischen Schulwesens nimmt das CEEC vor allem in folgenden Schwerpunkten wahr: Es bildet die europäische Plattform für die Zusammenarbeit und Mitwirkung aller am katholischen Schulwesen beteiligten Personen und Einrichtungen; es weckt bei Schülern und Lehrern ein Bewusstsein und Interesse für die europäische Wirklichkeit, macht die katholische Schule zu einem Träger der Botschaft des Evangeliums und bereitet junge Menschen im Respekt der philosophischen, religiösen, politischen und kulturellen Verschiedenheiten auf ihr Leben als europäische Bürger vor; es fördert auf der europäischen Ebene eine allgemeine Politik für eine christliche und europäische Erziehung; es vertritt die Rechte des freien Schulwesens gegenüber der Politik, besonders gegenüber der Europäischen Union und anderen europäischen Einrichtungen; es entwickelt eine Politik der Mitwirkung und Zusammenarbeit mit allen europäischen Regierungs- und Nichtregierungsorganisationen, die auf dem Feld von Schule und Erziehung tätig sind.

Seit seiner Gründung 1974 veranstaltet das CEEC Kongresse, deren Themen eine intensive Auseinandersetzung mit der europäischen Bildungspolitik belegen. Lassen Sie mich kurz referierend eingehen auf das Kolloquium „The education policy of the European Union and the Catholic School“, das am 26. März 1999 in Brüssel stattfand und sich mit der EU-Denkschrift „Accomplishing Europe through education and training“ auseinander setzte. Im Kern ging es um die Frage, welches Europa und welche Bildung für dieses Europa zu wollen ist. Der Denkschule einer EU-Bürokratie, die sich über ihre Zuständigkeit für berufliche Bildung erst spät Kompetenzen für schulische Bildung und Erziehung erworben hat, steht das katholische Schulwesen gegenüber, das über eine lange Erziehungserfahrung und einen breiten Bildungsbegriff verfügt, der den Menschen als Ganzes und nicht nur einzelne seiner Fähigkeiten im Blick hat.

Die Hauptreferenten des Kolloquiums weisen auf folgende Schwachstellen des EU-Papiers hin:

1. Bildung wird auf Ausbildung nach Maßstäben und Erfordernissen der Wirtschaft reduziert (kognitive Fähigkeiten, Wettbewerb etc.).
2. Es besteht ein ungelöster Widerspruch zwischen Autonomie und Selbstverwirklichung des Menschen (im Gefolge der Aufklärung) und der institutionellen Setzung von Werten und Normen, die zu verpflichtenden Erziehungszielen des europäischen Bürgers werden. Die Rolle der Eltern als der ersten Erzieher ihrer Kinder wird völlig ausgeblendet.
3. Es besteht ein schiefes Verhältnis zwischen dem Einzelnen und der Gemeinschaft. Die Forderung nach der globalen Wettbewerbsfähigkeit Europas schlägt direkt auf das Bildungssystem durch. Auf Solidarität und gesellschaftlichen Zusammenhalt als Bildungsaufgabe wird pflichtgemäß und ohne große Überzeugung eingegangen.
4. Es besteht ein ungelöster Widerspruch zwischen dem gewachsenen und dem gemachten Europa. Der Report lässt sich von dem Glauben leiten, Europa auf technokratischem Weg konstruieren und mit Hilfe einer entsprechend ausgerichteten Schule verwirklichen zu können. Er übersieht dabei, dass das funktionalistische und kulturell gewachsene Europa nicht deckungsgleich sind.

An diesem Beispiel lässt sich verdeutlichen, dass das katholische Schulwesen – und, wie ich meine, auch die anderen freien Schulen – zu einem konstruktiven Dialogpartner der EU-Kommission werden können, vorausgesetzt, dass die Kommission an einem ernsthaften Dialog und einer etwaigen Überprüfung ihrer Positionen interessiert ist.

Auch in einem anderen Punkt hat das Katholische Schulwesen eine andere Sicht der Dinge als die EU-Kommission, auch hier könnte die Arbeit der Kommission bereichert werden.

Es ist bereits mehrfach angeklungen, dass die Katholische Kirche, wenn sie von Europa spricht, immer das ganze, nicht nur das EU-Europa meint. Deshalb gilt den Staaten Mittel-/Osteuropas ein besonderes Interesse, das sich auch in Struktur und Arbeitschwerpunkten des CEEC niederschlägt.

3. Einbeziehung des katholischen Schulwesens der mittelosteuropäischen Länder

Nach dem Zusammenbruch des Sowjetsystems entstanden nach 1989 in den meisten Ländern des ehemaligen Ostblocks katholische Schulen. Diese Schulen – meist in Ordens- oder Diözesanträgerschaft – organisierten sich innerhalb weniger Jahre in nationalen Strukturen mit einem nationalen Sekretariat, das ein Mandat des Schulbischofs des jeweiligen Landes hat. Auf Initiative der Zentralstelle Bildung nahm das CEEC anlässlich des Weltkongresses des katholischen Schulwesens 1994 in Rom Kontakt mit Vertretern der mittelosteuropäischen Länder (MOE) auf. Die Beziehungen entwickelten sich in drei Phasen.

Gemeinsame Konferenzen fanden 1995 und 1996 in Wien statt, 1997 in Bratislava. Diese Konferenzen dienten nicht nur den Ost-West-Beziehungen, sondern stellten erstmals auch ein Forum für die MOE-Länder dar, sich untereinander auszutauschen. Mit der Konferenz von Bratislava wurden die Sonderkonferenzen beendet, da die meisten MOE-Länder inzwischen mit allen Rechten und Pflichten in das CEEC aufgenommen sind oder noch aufgenommen werden. Mitglieder sind inzwischen: Litauen, Polen, Tschechien, Slowakei, Ungarn, Rumänien und Bosnien-Herzogowina.

Es herrschte von Anfang an Einvernehmen, dass sich die Zusammenarbeit nicht in Treffen der Nationalsekretäre erschöpfen, sondern zu einem konkreten Nutzen von Schülern, Lehrern und Leitern katholischer Schulen führen sollte. Dabei wurden folgende Maßnahmen bereits realisiert:

1. Öffnung aller Lehrerfortbildungsseminare des CEEC für Teilnehmer aus den MOE-Ländern zu günstigen Konditionen. Hier – wie auch bei den folgenden Maßnahmen – ist die Bezuschussung der Teilnehmer durch RENOVABIS ein wesentlicher Bestandteil der Realisierung.
2. Seit 1996 Hospitationsprogramme für Schulleiter aus den MOE-Ländern an Schulen in Ländern Westeuropas (Der Gast hospitiert ca. 1 Woche, begleitet den Schulleiter durch den Schulalltag, sammelt so Erfahrungen über Schulverwaltung, pädagogische Führung und vor allem das Erziehungskonzept der katholischen Schulen; er erhält gratis Unterkunft und Verpflegung von der gastgebenden Schule.)
3. Seit 1997 organisiert die Zentralstelle Bildung in Zusammenarbeit mit dem kirchlichen Institut für Lehrerfortbildung in Mülheim und der Konrad-Adenauer-Stiftung in Eichholz einmal jährlich ein Hospitationsprogramm für Deutschlehrer von katho-

lischen Schulen aus den MOE-Ländern. Das Programm umfasst drei Blöcke: Hospitation an katholischen Schulen im ganzen Bundesgebiet, Kurs zur Methodik/Didaktik des Deutschunterrichtes, Einführung in aktuelle (bildungs-)politische Themen in der Bundesrepublik Deutschland. Die Erfahrungen aus diesen Seminaren sind den nationalen Sekretären in den franko- und anglophonen Ländern mitgeteilt mit dem Ziel, dass dort entsprechende Kurse für Englisch- bzw. Französischlehrer durchgeführt werden.

4. In der Planung sind Fortbildungskurse für Religionslehrer; das bevorzugte Modell sieht die Entsendung von Fortbildnern von katechetischen Instituten aus den westeuropäischen Ländern in die MOE-Länder vor.

Die direkte Kooperation zwischen Schulen ist seit längerer Zeit angelaufen und wird zunehmend verstärkt. Es wird Wert darauf gelegt, dass die herkömmlichen bilateralen Beziehungen zumindest zu trilateralen Beziehungen ausgeweitet werden, um die europäische Dimension dieser Zusammenarbeit zu verdeutlichen. In diesem Sinne motiviert und befähigt das CEEC auch die katholischen Schulen der Mitgliedsländer, an dem EU-Programm COMENIUS teilzunehmen. Da die Zahl der Teilnahmeberechtigten auf eine Reihe von MOE-Ländern ausgedehnt worden ist, kann das CEEC gerade den katholischen Schulen aus diesen Ländern einen Zugang eröffnen.

Ein besonderes Verhältnis hat sich von deutscher Seite zu dem katholischen Schulwesen in Polen herausgebildet, dessen tieferer Grund in dem Willen beider Länder und ihrer Bischofskonferenzen zur Aussöhnung liegt. Als bevorzugtes Mittel werden Schulpartnerschaften und Austauschmaßnahmen zwischen den katholischen Schulen beider Länder gefördert. Seit 1997 findet jährlich ein Treffen von Trägern, Leitern und Lehrern katholischer Schulen beider Länder in Polen statt, um den Austauschmaßnahmen einen größeren organisatorischen Rahmen geben zu können. Gezielte Initiativen haben die Zahl der Schulpartnerschaften in den letzten Jahren mehr als verdreifacht, so dass diesen Beziehungen der katholischen Schulen auch innerhalb der gleichgerichteten Aktivitäten im gesamten Schulwesen ein besonderer Rang zukommt. Dies hat die besondere Aufmerksamkeit des Deutsch-Polnischen Jugendwerkes und eine gezielte Förderung nach sich gezogen.

Auf den Weg gebracht ist seit kurzem eine engere Zusammenarbeit mit den katholischen Schulen in Ungarn. Leitende Gesichtspunkte sind die Gemeinsamkeiten als katholische Schulen und die Zugehörigkeit zum mitteleuropäischen Raum. Durch seine besondere Entwicklung und Situation bietet sich das katholische Schulwesen in Ungarn als Modellfall für eine umfassende Solidaritätsaktion des deutschen katholischen Schulwesens an. Die Zahl der katholischen Schulen wuchs nach dem Zusammenbruch des Sowjetkommunismus 1989 von 8 auf heute 280 Schulen an. Die starke Nachfrage nach Plätzen an katholischen Schulen kann durch finanzielle Engpässe, renovierungsbedürftige Gebäude und vor allem durch die nicht in diesem Maße nachwachsende Zahl von katholischen Lehrern nicht befriedigt werden. Dem raschen Aufbau soll nun eine Phase der

Konsolidierung folgen, die der Profilierung als katholische Schulen und der Qualitätsverbesserung des Fremdsprachenunterrichtes, vor allem des Deutschen, dienen soll.

Der beabsichtigte Maßnahmenkatalog baut auf eine betonte Heraushebung des ungarischen katholischen Schulwesens in unseren Außenbeziehungen. Zum Auftakt wurde Ungarn Thema des Welttags der katholischen Schulen 2001, verbunden mit einer nachhaltigen Werbung unter den katholischen Schulen in Deutschland für den Aufbau von Beziehungen nach Ungarn. Es wurde ein Katalog von Maßnahmen vereinbart, die einzeln oder im Verbund möglich sind:

- Verbindung zu ungarischen Schulen per Fax, E-Mail und Post
- Gegenseitige Besuche von Lehrern ausgewählter Fächer
- Projektbezogene Austauschmaßnahmen wie Sport, Musik und Kunst
- Beteilung an COMENIUS-Projekten
- Schüleraustausch in Kleingruppen oder als Einzelaustausch
- Entsendung von deutschen Fortbildnern für schulinterne Lehrerfortbildung.

Eindeutiger Schwerpunkt dieser bilateralen Beziehungen ist die Fortbildung der ca. 500 Deutschlehrerinnen und -lehrer an den katholischen Schulen Ungarns. Unter der Voraussetzung, dass sich die katholischen Schulen des Sekundarbereichs in Deutschland bereit erklären, innerhalb der nächsten drei Jahre einen ungarischen Deutschlehrer für eine ca. 14tägige Hospitation bei freier Kost und Logis aufzunehmen, ist dieses Ziel erreichbar.

Mit all diesen Maßnahmen leistet das katholische Schulwesen einen nicht geringen Beitrag zum Zusammenwachsen Europas nicht nur im Bildungsbereich und stellt zugleich unter Beweis, dass die katholische Kirche in grenzüberschreitenden Beziehungen schnell, flexibel und unbürokratisch auf neue Situationen reagieren kann. Die Maßnahmen sind zudem, wie es der Prager Kardinal Vlk in einem Gespräch formulierte, „praktizierte Solidarität und ein Austausch der Gaben". Denn dies ist allen Beteiligten klar geworden, dass die Beziehung zu den MOE-Ländern keine Einbahnstraßen von West nach Ost sind, sondern dass beide Seiten gewichtige Beiträge zu einem gemeinsam zu schaffenden Europa liefern.

Ich komme zum Schluss. Ich habe versucht, Ihnen Aufgabe, Umfang und Struktur des Katholischen Schulwesen in Europa vorzustellen. An zwei Beispielen, der Wahrnehmung der MOE-Länder und der inhaltlichen Auseinandersetzung mit der EU-Bildungspolitik, habe ich aufzuzeigen versucht, wie das Katholische Schulwesen eigene Akzente setzt und damit Signale an die Kommission gibt, in der Hoffnung, dass diese sie auffängt. Denn um die tieferen Bewusstseinsschichten der Menschen zu erreichen, braucht die Politik für das Projekt Europa Bundesgenossen und sie kann sie im Bereich der Schulen und Einrichtungen finden, deren Erziehung auf die fundamentalen Werte ausgerichtet sind, auf denen Europa gewachsen ist: ein starkes Argument, meine ich, für alle Schulen in Freier Trägerschaft auf unserem Kontinent.

Zur Bedeutung evangelischer Schulen in der deutschen und europäischen Bildungslandschaft

Uta Hallwirth[1]

Evangelische Schulen gehen von einem Bildungs- und Erziehungsverständnis aus, das am Kind orientiert die Entwicklung seiner individuellen Fähigkeiten und Anlagen in den Mittelpunkt rückt und zugleich gemeinschafts- und gesellschaftsbezogen Wertorientierung und Bereitschaft zur Verantwortungsübernahme zum Ziel hat. In den folgenden acht Thesen soll erläutert werden, wie sich dies konkretisiert und welchen Beitrag evangelische Schulen damit „auf dem Weg nach Europa“ leisten können.

Die Thesen sind entstanden auf dem Hintergrund eines intensiven Diskussionsprozesses in der Evangelischen Schulstiftung in Bayern und den ihr verbundenen Einrichtungen und Schulen. Dieser Prozess ist Ausgangspunkt und Motor für Reflexion, Vergewisserung und Innovation; von daher ist er nicht abgeschlossen, sondern muss begleitend weitergeführt und beständig erneuert werden.

1. These: In einem pluralistischen Europa wächst dem Bildungsauftrag des Protestantismus neue Bedeutung zu.

Für den Protestantismus ist die enge Beziehung von Bildung und Glaube schon von seinen Ursprüngen her charakteristisch; doch in einer Zeit beschleunigten Wandels kommt dem verstärkt Bedeutung zu. Einheitsstiftende Verbindlichkeiten haben sich aufgelöst, zum gesellschaftlichen Pluralismus gehört in Europa auch ein Pluralismus in Wertfragen, sichtbar z.B. im Bereich der Gentechnologie. Daraus ergibt sich die Aufgabe, die ethische Diskussion zu fördern und nach Möglichkeiten einer Konsensbildung zu fragen. Auf der Basis eines christlichen Menschenbildes kann für die Tragweite der ak-

---

[1] Dr. Uta *Hallwirth* ist Leiterin des Fachbereichs „Fort- und Weiterbildung“ der Evangelischen Schulstiftung in Bayern. Von 1986 bis 1992 war sie Lehrerin an der Wilhelm-Löhe-Schule Nürnberg, Evangelische Kooperative Gesamtschule.

tuellen Fragen sensibilisiert und die Einsicht befördert werden, dass die potentiellen Konsequenzen heutiger Entscheidungen intensiv bedacht werden müssen.

Diesen Diskurs müssen die Kirchen auf allen Ebenen suchen und unterstützen. Durch die bewusste Wahrnehmung des schulischen Bildungsauftrags können Kindern und Jugendlichen in einer komplexen Welt Orientierungshilfen geboten und die Perspektive übergreifender Sinndeutung in ihre Lebenswelt eingebracht werden.

2. These: Schulen in evangelischer Trägerschaft entsprechen mit ihren vielfältigen Angeboten einem wachsenden Bedarf.

Einem pluralistischen Europa entspricht auch eine pluralistische Verfasstheit des Schulwesens. Schulen mit unverwechselbarer Prägung, eigenständigem Profil und spezifischen Angeboten sind elementarer Bestandteil einer sich öffnenden europäischen Gesellschaft. Sie bieten die Gewähr, dass über die Vielfalt auch die notwendige Innovation im Bildungsbereich gesichert und gefördert wird.

Die zahlreichen Neugründungen evangelischer Schulen seit Beginn der 90er Jahre belegen, dass es für evangelische Schulen eine wachsende Nachfrage gibt. So hat in Deutschland gerade in den Bundesländern, die früher zur DDR zählten, eine wahre Gründungswelle eingesetzt, die seit 1991 zur Gründung von ca. 60 Schulen geführt hat[2]. Der Zusammenbruch der einstigen staatlichen Autorität und der sie leitenden Ideologie ließ das Vertrauen in staatliche Bildung schwinden. Elterninitiativen wollten neue pädagogische Konzepte, sie wollten aber auch die Möglichkeit einer bewusst christlichen Erziehung in einem säkularisierten Umfeld. In anderen Staaten, in denen im Zuge der Auflösung des einstigen „Ostblocks" politische und gesellschaftliche Strukturen sich verändert hatten, wurden evangelische Schulen wiedergegründet (z.B. Rumänien) bzw. nach mehr als 50 Jahren Zwangsenteignung wieder in die Rechtsträgerschaft übernommen (z.B. in Ungarn) und erleben ebenfalls großen Zulauf.

3. These: Evangelische Schulen haben die Aufgabe, zukunftsfähige Beispiele für Bildung und Erziehung in evangelischer Verantwortung zu entwickeln und zu erproben

Evangelische Schulen können exemplarisch darstellen, was Protestantismus mit Schule und Bildung meint[3]. Der Beitrag von Kirche und Diakonie darf nicht in der Bil-

---

[2] Vgl. dazu Jürgen *Bohne*/Annegrethe *Stoltenberg* (Hg.): Zukunft gewinnen. Evangelische Schulgründungen in den östlichen Bundesländern in den Jahren 1996 bis 2001, Göttingen 2001.

[3] So OKR Dr. *Frank*, EKD, auf dem Bildungskongress des Württembergischen Schulwerks im März 2001 in Böblingen.

dungstheorie verharren oder sich auf die vorschulische Erziehung und die Erwachsenenbildung beschränken, er muss auch an eigenen Schulen erfahrbar und erlebbar werden. Die Bedingungen des Aufwachsens von Kindern und Jugendlichen haben sich in vielen Bereichen verändert. Eine pädagogische Antwort ist die „Schule als Lern- und Lebensraum", die sich auf diese Veränderungen einstellt und damit auch der heutigen Situation von Familien gerecht zu werden versucht. Evangelische Einrichtungen können entsprechende Konzepte entwickeln und umsetzen, da sie den nötigen Gestaltungsspielraum besitzen und dieser Ansatz ihrem christlichen Selbstverständnis eines ganzheitlichen Ansatzes von Bildung, Erziehung und Betreuung entspricht. Von daher begründet sich auch das besondere Engagement für Ganztagesschulen, Schülerheime und Internate in evangelischer Trägerschaft.

Ausgangspunkt ist ein Verständnis von Bildung als einem interpersonalen Prozess, bei dem es darum geht, sich in einer immer komplexer werdenden Welt zu verorten. Dazu gehört, dass Kinder und Jugendliche für Gegenwart und Zukunft sprach-, deutungs- und handlungsfähig werden. Nur so werden sie in die Lage versetzt, in Staat, Gesellschaft, Wirtschaft und Kirche Verantwortung zu übernehmen und auch im Blick auf Europa ihren Beitrag zur Bewältigung künftiger Fragen und Probleme zu leisten. Indem evangelische Schulen zu Selbstbestimmung, Partizipation und Solidarität befähigen wollen, machen sie die Präsenz des Protestantismus in der Welt und im gestaltenden Handeln sichtbar und erfahrbar.

4. These:
Ausgehend von der Gottesebenbildlichkeit des Menschen wollen evangelische Schulen den ganzen Menschen mit all seinen Anlagen und Fähigkeiten fördern

Von der Gottesebenbildlichkeit auszugehen begründet ein Verständnis von Bildung, das sich nicht auf die kognitive Seite beschränken darf. Es kann nicht nur darum gehen, auf die Wissens- und Informationsgesellschaft vorzubereiten oder Schule unter Verweis auf den Arbeitsmarkt zu funktionalisieren. Sie sollte auch nicht primär als Ort der Zuteilung von Lebenschancen gesehen werden, vielmehr muss der Mensch als Ganzes im Blick bleiben. Natürlich fordern auch evangelische Schulen Leistung und wollen Wissen vermitteln. Letztlich geht es aber darum, der Entfaltung des Menschen, so wie er von Gott gemeint ist, Raum zu geben und Kinder und Jugendliche mit all ihren Anlagen und Möglichkeiten zu fördern.

Konkretisieren wird sich diese Zielsetzung in vielen Bereichen pädagogischen Handelns und Gestaltens. Vor allem leitet sich aus dieser Sichtweise eine Orientierung am „dialogischen Prinzip" (Buber) in der Erziehung ab, die das Verhältnis von Lehrenden und Lernenden in den Mittelpunkt rückt. Den Schüler mit all seinen Anlagen ernst zu nehmen, dazu gehört auch, die Chancen einer ästhetischen und musischen Erziehung wahrzunehmen und ausreichend Raum zu lassen, für gemeinsame Feste, für Sport, Spiel und Bewegung. Entsprechend die schulischen Räume zu gestalten, gehört ebenfalls zur Ausformulierung dieser Zielsetzung.

Letztlich führt die Aussage von der Gottesebenbildlichkeit des Menschen in ihrer pädagogischen Interpretation zu all den Aufgaben und Formen schulischen Handelns, die evangelische Schule zu einem Lebens- und Erfahrungsort christlichen Weltverständnisses machen.

5. These: Evangelische Schulen wollen Lebens- und Lernorte christlicher Weltverantwortung sein.

Unter diese Aussage lassen sich verschiedene Aufgabenfelder benennen; im Folgenden sollen vier Konkretionen herausgegriffen und näher begründet werden.

5.1 Evangelische Schule als Lebens- und Lernort erfüllt in vielfältiger Weise einen missionarischen Auftrag

Mit dieser Aussage geht es nicht um eine Engführung evangelischer Schule, sondern vielmehr um eine Öffnung für die Bedeutung einer lebendigen Schulkultur und eines besonderen Schulethos. Aussagen von Eltern und Schülern bestätigen die hohen Erwartungen, die mit evangelischer Schule unter diesen Leitbegriffen verbunden werden. Auf dem Fundament eines christlichen Menschenbildes sind Begegnung und Wahrnehmung des anderen entscheidender Ausweis für das Besondere evangelischer Schule. Konkret wird dies, wenn gegenseitige Achtung und Akzeptanz die Beziehungen bestimmen und wenn für alle Vertrauen und Zutrauen als tragendes Fundament spürbar werden. Im Bewusstsein, dass jeder immer wieder neu anfangen darf, spiegelt sich ein gelebtes christliches Selbstverständnis wieder. Es zeigt sich in gelebter Offenheit und Aufrichtigkeit und in vielfältigen Formen einer im Schulalltag gelebten praxis pietatis.

Ein missionarischer Auftrag erfüllt sich aber auch und gerade im Unterricht selbst. Evangelische Schulen versuchen dort, wo sachgemäß, ein Unterrichten im „Christlichen Aufmerksamkeitshorizont“ (Nipkow) zu ermöglichen und der Sinnebene Raum zu geben. Ethisch-religiöse Fragen dürfen vom (Fach-)Lehrer nicht ausgeblendet, sondern müssen bewusst einbezogen werden. Nicht allein der Religionslehrer ist für die „Sinndimension“ zuständig, sondern sie greift Raum, wo sie in den verschiedensten Fragen und Themen ihren regulären Platz hat und wird – je nach Entwicklungsstand und Fragehorizont der Schüler – aufgenommen. Angesichts der Tragweite wissenschaftlicher und gesellschaftlicher Entwicklungen soll sensibel gemacht werden für ethische Implikationen. Dies kann sich z.B. auch darin zeigen, dass evangelische Schulen den Zusammenhang von Naturwissenschaften, Theologie und Geisteswissenschaften an zentralen Themen bewusst fächerübergreifend zusammenführen.

Die Erfüllung eines missionarischen Auftrags zeigt sich schließlich in der Vernetzung von evangelischen Schulen und Kirchengemeinden. Im Zuge der Säkularisation bietet sie besondere Chancen einer gegenseitigen Befruchtung und wechselseitigen Unterstützung. In den Bundesländern, die ehemals der DDR angehörten, spielt dieser Ansatz bei vielen evangelischen Schulgründungen eine zentrale Rolle.

5.2 Evangelische Schulen wollen Lebensorte christlicher Spiritualität sein

Mit dieser These wird das Obengesagte noch einmal auf eine bestimmte Perspektive hin vertieft. Evangelische Schulen können jenseits der kognitiven Ebene Glauben ausstrahlen. Mit den Worten des bayerischen Landesbischofs Dr. Friedrich schließt christliche Spiritualität „Vertrauen, Frömmigkeitspraxis und Lebensgestaltung (ein), ihre Grunddaten sind Glaubc, Hoffnung und Liebe“[4]. Davon etwas im Schulalltag zu vermitteln, erlebbar und erfahrbar zu machen, gehört zu den großen Chancen und Aufgaben evangelischer Schule.

Das kann in verschiedensten Bereichen geschehen. Im Umgang mit der Erfahrung des Scheiterns wird es sich ebenso erweisen wie in der Gestaltung von Andachten, Morgenkreisen oder Einkehrtagen.

Auch der Unterricht kann „Fenster zur Spiritualität“ öffnen. Didaktischer Prinzipien wie „Verlangsamung“ (Rumpf) geben der Besinnung auf das Wesentliche Raum, statt Stoffpläne „abzuhaken“[5]. Natürlich sind Momente christlicher Spiritualität nicht verfügbar, schon gar nicht im Sinne von Lernzielen planbar. Aber Offenheit und Sensibilität für einen Unterricht „jenseits der Stoffvermittlung“ sind geboten, will man Unterricht im Blick auf den ganzen Menschen gestalten.

5.3 Evangelische Schulen als Lebensorte erfüllen einen diakonischen Auftrag

Evangelisches Schulwesen in Deutschland umfasst alle Schularten. In besonderer Weise engagieren sich evangelische Träger im Bereich des Sonder- bzw. Förderschulwesens, bieten entsprechende Beratungsmöglichkeiten an oder beteiligen sich an der Entwicklung von Integrationsmodellen. So gehört z.B. zu den neu gegründeten evangelischen Grundschulen in Mecklenburg-Vorpommern die Integration von Behinderten und Nichtbehinderten zum schulischen Konzept.

Die diakonische Ausrichtung wird auch offensichtlich an der Vielfalt beruflicher Schulen, die sich mit der Ausbildung für Pflegeberufe aller Art befassen. Ohne sie ließe sich der wachsende Bedarf in unserer Gesellschaft an sozialen und pflegerischen Diensten nicht bewältigen. Eine Ausbildung auf der Basis christlicher Grundüberzeugungen

---

[4] Vortrag auf der 6. Gesamtkonferenz evangelischen Schulwesens in Bayern am 15. Mai 2000, abgedruckt in der Dokumentation der Evangelischen Schulstiftung in Bayern 2000/2001 „Schule und Spiritualität“, S. 30 f.

[5] Schon in den 80er Jahren beteiligten sich evangelische Schulen an entsprechenden Unterrichtsversuchen. Vgl. dazu *Berg/Gerth/Potthast* (Hg.): Unterrichtserneuerung mit Wagenschein und Comenius. Versuche Evangelischer Schulen 1985–1989. Münster 1990; *Bohne u.a.* (Hg.): Die religiöse Dimension wahrnehmen. Unterrichtsbeispiele und Reflexionen aus der Projektarbeit des Evangelischen Schulbundes in Bayern. Münster 1992.

leistet zugleich einen wichtigen Beitrag für ein sozial und ethisch verantwortbares berufliches Handeln und Wirken.

Diakonie ist auch an vielen allgemeinbildenden Schulen in evangelischer Trägerschaft ein wichtiges Thema, sei es als konkreter, bewusst vertiefter Lerninhalt, sei es in Formen von sozialdiakonischen Praktika, wie wir sie z.B. aus evangelischen Schulen in Bayern kennen. Evangelische Mittelschulen in Sachsen entwickeln in gemeinsamer Arbeit mit diakonischen Trägern vor Ort eigene sozialdiakonische Profile, die vom Staat als gleichwertig anerkannt werden und den eigenen Auftrag evangelischen Schulwesens deutlich machen.

Schließlich zeigt sich diakonisches Denken und Handeln nicht zuletzt dort, wo es in Schule und Ausbildung nicht nur darum geht, zu fordern, sondern vor allem auch zu fördern. Insofern spielt die Interpretation des Leistungsbegriffs eine entscheidende Rolle. Fordern und fördern gehören für evangelische Schulen zusammen. Leistung darf nicht einseitig ausgelegt werden, sondern muss in ihrer Vielschichtigkeit wahrgenommen werden. Dazu gehört Pestalozzis Grundsatz, ein Kind nur mit sich selbst und nicht mit anderen zu vergleichen, aber auch ein Leistungsbegriff, der die Leistung für andere mit einschließt. Diakonie wäre ohne diesen Einsatz nicht denkbar. Aber auch ein demokratisches Europa ist auf eine so verstandene Leistungsbereitschaft seiner künftigen Bürgerinnen und Bürger angewiesen. Schule sollte dafür den Grundstein legen.

5.4 Evangelische Schulen wollen Orte sein, in denen Verständigungsbereitschaft befördert und Gerechtigkeit erlebbar wird.

Auf dem Weg nach Europa müssen Schulen interkulturelle Kompetenz vermitteln. Sie ist Basis für wirkliche Begegnung und ehrliche Akzeptanz. Das bedeutet, dass Schule die Wahrnehmung des anderen im Sinne eines achtsamen Miteinander entwickeln und den angemessenen Umgang mit Konflikten einüben muss. Wie mit Schuld und Versagen auf dem Hintergrund eines christlichen Menschenbildes umgegangen wird, wie durch die Annahme jedes Einzelnen das Selbstwertgefühl gestärkt und entwickelt werden kann – gerade darin liegen wichtige Ansätze für eine Bildung und Erziehung, die Wege nach Europa öffnen und zugleich allen Formen von Gewalt präventiv begegnen will.

Aus diesem Verständnis begründet sich eine Erziehung, die den Dialog in den Mittelpunkt rückt und eine Schulkultur pflegt, die Zuhörenkönnen und Feedbackgeben zu ihrem Bestandteil macht.

Neben den vielen Streitschlichterprogrammen an evangelischen Schulen seien an dieser Stelle nur noch die europaweiten Schulpartnerschaften erwähnt. Sie spielen seit langem eine wichtige Rolle, nicht nur an den etablierten Schulen, sondern auch und gerade bei den Neugründungen. Grenznahe evangelische Schulen in Sachsen z.B. pflegen ganz bewusst Schulpartnerschaften mit Schulen in Tschechien, um Verständigung zu befördern und Traditionen der kulturellen Verbundenheit wieder aufleben zu lassen.

6. These: Evangelische Schulen können beispielgebend wirken für Innovation und Qualitätsentwicklung im schulischen Bereich

Evangelische Schulen müssen, wenn sie die Annahme und Ausrichtung am „ganzen Menschen“ ernst nehmen, besonders offen sein für alle pädagogischen und didaktischen Anregungen und Konzepte, die diesem Verständnis von Bildung entgegenkommen können. Sie werden, ohne die notwendige Sachorientierung aufzugeben, vom Schüler aus denken und handeln. In der Didaktik heißt dies z.B., der inneren Differenzierung Raum zu geben, ein „Lernen mit allen Sinnen“ zu ermöglichen sowie praktisches Lernen, offene Unterrichtsformen und fächerübergreifendes Unterrichten zum festen Bestandteil des Unterrichtsalltags zu machen.

Zugleich können evangelische Schulen eine Vorreiterrolle für strukturelle Veränderung übernehmen. Dazu gehört auch die Zusammenarbeit mit außerschulischen Einrichtungen und Kooperationspartnern.

Evangelische Schulen stehen in einer Wettbewerbssituation, auch wenn sie als zumeist staatliche anerkannte Schulen in einer anderen Ausgangslage sind als die meisten anderen Schulen in nichtstaatlicher Rechtsträgerschaft. Sie müssen nach innen wie außen deutlich machen, worin ihre besonderen Stärken liegen. Profilbildung und Corporate Identity dürfen für sie keine Fremdwörter sein, sondern müssen im Rahmen von Schul- und Qualitätsentwicklung besonders gefördert werden. In Leitbildprozessen gilt es zu zeigen, was „evangelisch“ an einer Schule bedeutet und welche „Qualität“ damit verbunden ist. Letztlich erfolgt so auch die Vergewisserung, ob die eigenen Ansprüche an Bildung und Erziehung erfüllt werden.

7. These: An evangelischen Schulen verstehen sich alle Beteiligten als Lehrende und Lernende zugleich

Schul- und Qualitätsentwicklung setzen voraus, dass evangelische Schulen sich als „lernende Organisationen“ (Peter Senge) verstehen. Das „Lernfeld Schule“ erfordert das gemeinsame Lernen aller Beteiligten und die Bereitschaft aller Mitarbeitenden zum „lebenslangen Lernen“. Indem Schule das vorlebt, bereitet sie auch ihre Schülerinnen und Schüler darauf vor.

Lernen heißt zugleich, die Zusammenarbeit aller Beteiligten zu fördern. Sichtbar wird dies in einem Selbstverständnis der Leitenden und Mitarbeitenden, das sich z.B. in der bewussten Zusammenarbeit mit Eltern und in der Elternberatung konkretisiert. Gerade evangelische Grundschulen geben hier sehr kreative Beispiele. Eine lebhafte Beteiligung der Eltern an schulischen Aufgaben und Aktivitäten belegt, dass die Schule Anliegen der Eltern, d.h. „ihre Sache“ ist.

Zusammenarbeit ist aber auch unter den Leitenden selbst gefragt. An evangelischen Schulen ist damit nicht nur die pädagogische Leitung gemeint, sondern Verwaltung und Schulträger müssen in diese Kooperation eingeschlossen werden.

8. These: An evangelischen Schulen müssen Lehrerinnen und Lehrer die notwendige Unterstützung erhalten, damit sie ihren besonderen pädagogischen Auftrag erfüllen können

Die Persönlichkeit der Lehrenden und Leitenden ist und bleibt entscheidender Träger und Garant für eine evangelische Schule, die ihren eigenen Ansprüchen und den an sie gestellten Aufgaben gerecht werden will. Personalförderung und -entwicklung, Unterstützung und Beratung gehören daher notwendig auch zu einem solchen Selbstverständnis dazu. Es müssen Mittel bereitstehen, die den Mitarbeitenden ermöglichen, angemessen mit den an sie gerichteten Anforderungen umzugehen.

Evangelisches Schulwesen kann auch dies vorleben, indem Leitende und Lehrende an evangelischen Schulen besondere Fortbildungsmöglichkeiten, Supervision oder auch Praxisberatung erhalten. Den hohen Anforderungen soll so auch eine adäquate Unterstützung entsprechen[6]. Für evangelische Schule gilt im Interesse ihrer Glaubwürdigkeit, dass die Mitarbeitenden nicht allein gelassen werden dürfen, sondern auch für sich erfahren können, was „Angenommensein“ bedeutet. Nur dann können sie diese Erfahrung auch an ihre Schülerinnen und Schüler weitergeben.

Die Evangelische Schulstiftung in Bayern hat entsprechend diesen Überlegungen ein eigenes Fortbildungsprogramm und verschiedene Fortbildungsreihen entwickelt. Ein Kernbereich ist die „Fortbildung für Lehrkräfte in den ersten Dienstjahren“, eine einjährige berufsbegleitende Maßnahme, die mittlerweile auch von anderen evangelischen Trägereinrichtungen übernommen wurde. Lehrerinnen und Lehrer, die neu an evangelische Schulen kommen, werden an Fortbildungstagen und in Blocktagungen praxisnah, teilnehmer- und teamorientiert in den Fragen weitergebildet, die Kernfragen des pädagogischen und evangelischen Selbstverständnisses von Schule betreffen[7].

Ebenfalls als sequentielles Fortbildungsmodell wird z.Z. ein Modell für Leitende an evangelischen Schulen und Internaten in Zusammenarbeit mit dem Württembergischen Schulwerk entwickelt und durchgeführt.

All dies ist Ausdruck dafür, dass die Vielfalt an Aufgaben, Möglichkeiten und Anforderungen, die evangelische Schule ausmachen können und sollen, auch einer spezifischen Begleitung bedarf.

---

[6] Vgl. dazu Uta *Hallwirth*, Fortbildung an und für evangelische Schulen. In: Scheilke/Schreiner, Handbuch Evangelische Schulen. Gütersloh 1999, S. 285–297.

[7] Das Fortbildungsmodell wird seit 1991/92 durchgeführt und ist 1997 konzeptionell überarbeitet worden. Siehe dazu u.a.: *Bohne/Hallwirth/Scheilke*, Lehrer bilden sich. Fortbildung in den ersten Dienstjahren – ein Modell der Evangelischen Schulstiftung in Bayern. Münster 1996; Fortbildung in den einen Dienstjahren. Evaluationsbericht der Jahre 1997–1999. Reihe: Materialien aus der Fortbildungsarbeit der Evangelischen Schulstiftung in Bayern Nr. 8, überarb. und ergänzte Neufassung August 1999.

„Schule auf dem Weg nach Europa“ wird sich als Lebensort, als Ort der Begegnung und als Ort der Sinn- und Wertorientierung profilieren müssen. Innovation und schulische Veränderung werden aber nachhaltig nur dann möglich sein, wenn nicht nur Schule selbst und ihre strukturellen Voraussetzungen sich ändern, sondern wenn vor allem auch Lehreraus- und -fortbildung „neu gedacht“ und entsprechend umgesetzt werden.

Die Internationalisierung von Bildung – Anmerkungen aus der Sicht der Waldorfpädagogik

Walter Hiller

Bevor ich auf praktische Elemente der Waldorfpädagogik eingehe, möchte ich auf zwei Quellen dieser inzwischen weltweit in über 800 Schulen praktizierten Pädagogik hinweisen, von denen mindestens eine oft vergessen wird.

Rudolf Steiner, der Begründer der Waldorfpädagogik, kam als Bewohner eines Vielvölkerstaates, des Kaiser- und Königreiches Österreich-Ungarn, auf den Gedanken, dass nur ein vom Staat unabhängiges Bildungswesen einem friedlichen Neben- und Miteinander der gleichberechtigten Bürger unterschiedlicher Nation dienen könne. Er forderte gleichberechtigte kulturelle Vielfalt umgesetzt und gesichert in einem demokratischen Staatswesen.

Übrig geblieben von dieser gesellschaftspolitischen Vision ist der Gedanke Steiners, dass eine jede Gesellschaft sich bestmöglich auf den Feldern des politischen, wirtschaftlichen und kulturellen Lebens entwickle, wenn das Bildungswesen frei von staatlicher oder wirtschaftlicher Gängelung sei.

Der Vielvölkerstaat Österreich-Ungarn war also Ausgangspunkt für eine Bildungskonzeption, die gleichberechtigte kulturelle, philosophische oder weitanschauliche Identitäten bzw. deren Einrichtungen innerhalb eines weiten Verfassungsrahmens vorsah.

Zu diesem strukturell-übernationalen Element stellte Rudolf Steiner seine spezifische Auffassung von der Entwicklung der Individualität, des Kindes, des Jugendlichen, des Menschen insgesamt. Dies ist die zweite Quelle, die bis heute die aktuelle Anregung und Herausforderung für Waldorfpädagogen darstellt.

Ohne dies hier näher auszuführen, darf doch konstatiert werden, dass Steiners Auffassung von der Entwicklung des Menschen starke allgemein-menschheitliche Aspekte enthält, die von der pädagogischen Praxis eine Förderung der körperlichen, emotionalen und intellektuellen Ausbildung und Reifung erwartet. Allgemein-menschheitlich insofern sich gerade durch eine allein anthropologisch begründete Pädagogik die Individualität *ihre* „Werkzeuge“ zur Selbst- und Weltwahrnehmung im Einklang mit *ihren* Möglichkeiten und äußeren Erfordernissen bildet.

Wichtig ist es der Waldorfpädagogik in diesem Sinne der Entfaltung einer gesunden körperlichen Grundlage, einer reichen, differenzierten Emotionalität und einem selbstständigen Denk- und Urteilsvermögen zu dienen. Was die. Dimension des Körperlichen und Emotionalen anbelangt soll hier nur kurz auf den sich abzeichnenden Paradigmenwechsel in der Gesundheitsdiskussion hingewiesen werden, der darin besteht, dass man sich mehr und mehr zu fragen beginnt, was einen Menschen unter den unterschiedlichsten Bedingungen gesund erhält, nicht nur, wie man Krankheit beseitigt.

Dieser Entwicklung der Persönlichkeit werden in den Waldorfschulen die aus dem jeweiligen Kulturzusammenhang hervorgehenden Inhalte und Kulturtechniken zu-, nach- oder untergeordnet.

Wie stark Inhalte und Vorgehensweisen in den Waldorfschulen den jeweiligen kanonisierten Inhalten von staatlichen Schulen entsprechen oder eben nicht, hängt von den Freiräumen, die ihnen staatlicherseits eingeräumt werden, und natürlich von der Kreativität der Lehrkräfte und Schülerlinnen ab.

Von einem amerikanischen Waldorflehrer stammt ein recht anschauliches Bild: Er vergleicht das Menschenbild, die pädagogische Grundlage der Waldorfschule mit einer physikalischen Landkarte, die kaum Veränderungen unterworfen sei, das konkrete, jeweilige Curriculum einer Schule mit einer politischen Karte, die durchaus Änderungen erfährt und die Praxis der Lehrkräfte mit Straßenkarten, die ebenso variabel wie unentbehrlich zur Erreichung eines Zieles sind.

Zu einem sehr bekannten Essential der Waldorfpädagogik gehört die Praxis, Kindern zu dem Zeitpunkt der lernmäßigen Verbindung mit ihrem kulturellen Kontext auch die Begegnung mit fremder Kultur zu bieten. Die Begegnung mit den fremden Sprachen, oft zwei ab der ersten Klasse, wenn möglich von Muttersprachlern vermittelt, ist eine nicht zu unterschätzende *Ausweitung des Horizonts*, eine Möglichkeit, sich in „Fremdes" einzufühlen, es aufzunehmen und zu verwenden.

Die heute breit diskutierte Einführung des Fremdsprachen-Unterrichts geschieht vielfach unter dem Aspekt des *Nutzens*, der späteren *Verwertbarkeit* von Fremdsprachenkenntnissen.

Der waldorfpädagogische Ansatz geht weiter: Er berücksichtigt nicht nur die in den Kindern noch stark ansprechbare Nachahmungsfähigkeit, auch Bewegungsfreude, Rollenspiele, Musik und Geschichtenerzählen sind wichtig und sprechen die Quellen wirklicher Toleranz umfassend an. Indem vor allem ihre Freude am Nachmachen angesprochen wird, was ja nichts anderes ist als ein „Sich-völlig-und-vertrauensvoll-mit-etwas-zu identifizieren", ihre Lust am miteinander und dialogischen Sprechen, ihr Stolz auf das Können von Neuem, ihre Freude am Spiel kleiner oder größerer Szenen, indem dies ohne allen Druck hinsichtlich einer letztendlichen Benotung geschieht, werden wie Pestalozzi sagen würde, Kopf, Herz und Hand für den fremden kulturellen Klang und Kontext aufgeschlossen.

Zu diesem erzieherischen Element kommt hinzu, dass die Kinder große Bilder der Menschheitsgeschichte, also Mythen der Welt kennen lernen.
Waldorfschüler/innen haben in ihren ersten Schuljahren ein Bild davon erhalten, wie man sich in alten Hochkulturen das Wirken der Götter und die Emanzipation der Menschen vorgestellt hat.

Auf diesem reichen Untergrund der Mythen baut der Geschichtsunterricht in wissenschaftlicher Prägung auf. An dieser Stelle darf auch erwähnt werden, dass der Geschichtsunterricht eine gleichbleibend wichtige Stellung im Wahldorflehrplan genießt. Auch als er in Hessen an staatlichen Schulen mit Geografie und Gemeinschaftskunde kombiniert wurde, führten ihn unsere Schulen in gleichem Umfang fort.

Die Abfolge von Mythos und Geschichte kann dazu dienen, eine aktuelle Weltsicht zu erlangen, die sich nicht in der Annahme reiner Rationalität, bzw. der Leugnung einer spirituellen Dimension in menschlich-sozialen Belangen erschöpft. Die Achtung vor Weltsichten, kulturellen Identitäten, die andere Wurzeln als die eigene haben, ist gerade zu Zeiten der Globalisierung, der weltumspannenden Informations- u. Kommunikations-Technologie wichtiger denn je.

Bekannt ist sicher, dass seit jeher in vielen weiteren Fachdisziplinen der Waldorfschule besonderer Wert gelegt wird auf die vernetzten Bezüge zwischen zunächst vereinzelt auftretenden Phänomenen und der besonders verantwortlichen und moralisch zu bewertenden Stellung des Menschen. Dieses Anliegen reicht von der Biologie bis zur Wirtschaftsgeografie und Technologie, die die Arbeitsteilung, gerade auch die Auswirkung der globalen Arbeitsteilung thematisieren.

Wenn also neben dem sprachlich-künstlerischen Element das mythologisch geschichtliche und die Vernetzung der Inhalte während der Waldorfschulzeit eine – evtl. von jeweiligen nationalen Lehrplänen unabhängige – besonders wichtige Rolle spielt, so geht es darum, dass die sich entwickelnde Individualität altersspezifisch in vielfältiger Weise (Methoden) und durch die verschiedensten Inhalte angeregt wird, sich der eigenen Identität zu vergewissern und offen auf die eines anderen Menschen oder eines anderen Kulturzusammenhangs zugehen zu können.

Die immer noch als revolutionär zu nennende 12-jährige Schulzeit für alle Schüler/innen, die das Waldorf-Konzept vorsieht, soll jungen Leuten soviel Einsicht in die eigenen Fähigkeiten und Intentionen vermitteln, dass sie mit einer gewissen Übersicht, mit Kenntnissen und Fähigkeiten ausgestattet verantwortungsbewusst in die Gestaltung ihrer Biografie und das soziale Umfeld eingreifen können.

Gerade die Komplexität unserer modernen und globalen Lebensverhältnisse und unsere Bürgerpflicht der Mitverantwortung macht die Dauer und Breite schulischer Bildung unabhängig von Berufs- und Studienperspektiven immer notwendiger. Themen wie Gen-, wie Nukleartechnologie, wie weltweite Migration, wie Globalisierung usw. sollen von mündigen Bürgern in ihrer Tragweite erfasst, sollen diskutiert und in verantwortliche Standpunkte und Handlungen verwandelt werden.

In vielerlei Hinsicht können wir Gedanken und Thesen wie sie in dem UNESCO-Report „Lernfähigkeit – Unser verborgener Reichtum" formuliert sind, positiv auf die Praxis der Waldorfschulen beziehen. Die Entwicklung der Persönlichkeit, die Weckung aller in ihr veranlagten Fähigkeiten, durch ein breit gefächertes Bildungsangebot, die Relativierung formaler Bildungsaspekte gerade zugunsten der Findung eigener, individueller Wege, diese Gedanken verdienten eine stärkere Diskussion und Ausbreitung.

Gerade auch der in der Studie unterstrichene Gesichtspunkt, dass die Schule zur Ebene des „Universellen" vorzudringen habe, dass Werte und die religiöse Dimension des Daseins für die Heranwachsenden für die Entwicklung einer eigenständigen und sozialverträglichen Moralität erlebbar werden müssen, stellt ein wichtiges Anliegen der Waldorfschulen dar.

Die heutige weltweite Ausbreitung der Waldorfpädagogik mit zahlreichen Einrichtungen kommt der Weitung des Horizonts unserer Schüler/innen und selbstverständlich auch unserer Lehrkräfte entgegen.

In Übernahme einer Idee aus Skandinavien gibt es heute in mehreren Ländern Europas die Idee des WOW-Day, des Waldorf-One-World-Day, an dem Schüler/innen Geld verdienen, um es sozial-pädagogischen Projekten in Teilen der Erde zur Verfügung zu stellen, wo Kinder und Jugendliche unter schwierigsten Bedingungen aufwachsen.

Informations-, Schüler, und Lehreraustausch zwischen den Waldorfschulen, Patenschaften zwischen den Schulen verschiedener Länder, freiwillige soziale Einsätze, diese vielfältigen Begegnungsformen unterstreichen immer wieder die eine Tatsache: das globale Dorf wird von den unterschiedlichsten Menschen mit den verschiedensten geschichtlichen, kulturellen, politisch-sozialen Hintergründen bewohnt. Auch die modernsten Kommunikations- und Verkehrstechnologien können nicht darüber hinweg täuschen, dass wirklicher, den Menschen und der Menschheit dienender Fortschritt, immer auf menschlichen Beziehungen fußt.

Erwähnt werden soll auch, dass sich Waldorfpädagogen auf europäischer Ebene, im Rahmen des EFFE (European Forum for Freedom in Education) engagieren, waldorfintern in einem European Council for Steiner Waldorf Education (ECSWE) den Austausch untereinander pflegen und eine von ehemaligen Waldorfschülern gegründete Organisation, „Freunde der Erziehungskunst Rudolf Steiners" sich als anerkannte NGO für freie pädagogisch-soziale Projekte weltweit einsetzt. Auch sind einige Waldorfschulen als UNESCO-Projektschulen international engagiert.

Vor dem Hintergrund, sich ändernder äußerer Anforderungen, einer sich rascher wandelnden Weit sehen sich Waldorfschulen zunächst vielleicht paradoxerweise gefordert, ihr traditionelles Grundanliegen noch intensiver zu realisieren, der Entwicklung der Individualität, wie zuvor skizziert, zu dienen.

Die Umsetzung dieses Grundanliegens realisiert sich seit über 80 Jahren durch die beteiligten Pädagogen und Eltern, die den Kindern und Jugendlichen nicht Antworten, sondern die Fähigkeit und Offenheit mitgeben wollen, selbst einmal Antworten und Wege finden zu können.

Vieles, was ich hier nur knapp erwähnen konnte, wird man vielleicht als durchaus allgemein angestrebte Ziele von Erziehung, von Bildung wiedererkennen. Die Überzeugung, dass diese Ziele eine größere Chance der Verwirklichung durch sich selbstverwaltende, nichtstaatliche Schulen haben, von dieser Überzeugung sind die Waldorfschulen auch durch schwierige Erfahrungen nicht abgebracht worden.

Schulpraktikern und Erziehungswissenschaftlern ist klar, dass sich in der selbstverwalteten Schule, die zudem kollegial geführt wird, Fragen der Effizienz, der Verantwortung, der Kompetenz, der konsequenten Evaluation usw. stellen, dass Krisen zu gewärtigen und zu meistern sind. Das sich wandelnde Verständnis der Lehrerrolle, der Elternmitsprache, der individuellen Ansprache der heutigen Schüler/innen stellt stets neue Aufgaben.

Diese jeweils aktuellen Erfahrungsprozesse bringen ein erhebliches Maß an Authentizität, eine unausgesprochene und ausgesprochene Erwartung heutiger Kinder und Jugendlicher.

II. Praktische Erfahrungen innovativer Schulen

Salem College – ein Landerziehungsheim geht neue Wege

Manuel Schiffer

1. Salem – Beschreibung

Salem ist ein privates Internat für Jungen und Mädchen am Bodensee. Die Schule gliedert sich in

- die Juniorenstufe Burg Hohenfels (Klassen 5 – 7)
- die Mittelstufe Schloss Salem (Klassen 8 – 11)
- das Salem College in Überlingen (Klassen 12 – 13 und IB Year I – II), das wiederum aus dem Schloss Spetzgart und einem neuen Campus *Im Härlen* besteht. Der Neubau mit einem Investitionsvolumen von 68 Mio. DM wurde zu diesem Schuljahr in Betrieb genommen und am 18. Oktober 2000 feierlich eröffnet.

Gegründet 1920 durch den Pädagogen Kurt Hahn und den letzten kaiserlichen Reichskanzler Prinz Max von Baden gehört Salem in die Tradition der Reformpädagogik, aus der auch die anderen Landerziehungsheime in Deutschland hervorgingen. Salem setzte und setzt jedoch starke eigene Akzente, die es zu einer unverwechselbaren Institution werden ließen.

Knapp 600 Schülerinnen und Schüler besuchen die Salemer Schulen, davon etwa 70 den Hohenfels, während sich der Rest zwischen Salem und dem College aufteilt. Die Jahrgangsgröße in den beiden Abschlussklassen nähert sich damit der Zahl 150.

Salem ist nicht nur eine Schule, sondern ein Internat, d.h. alle Schülerinnen und Schüler mit wenigen Ausnahmen wohnen in der Schule und werden dort von Pädagogen, die in der Regel auch selbst unterrichten, betreut. Ein umfangreiches Aktivitätenprogramm begleitet und ergänzt die schulische Bildung.

2. Die Schule

Salem ist ein staatlich anerkanntes Gymnasium und bietet das Abitur als Abschluss an. In diesem Bereich unterliegt es voll und ganz den staatlichen Richtlinien, was in Baden-Württemberg unter anderem zentrale schriftliche Abiturprüfungen bedeutet (Zentralabitur).

Daneben bietet Salem als weiteren Schulabschluss mit Hochschulberechtigung das Internationale Bakkalaureat (IB) an. Das IB wird von einer privaten Organisation (IBO) mit Sitz in Genf organisiert und umfasst ein vollständiges Curriculum in einer großen Zahl von Fächern und zentral organisierte Abschlussexamina. Die Studiendauer beträgt zwei Jahre, die Unterrichtssprache ist Englisch. Die Struktur gleicht dem Abitur.

Mit dem IB bietet Salem eine international orientierte Alternative zum Abitur an. International durch

- die Unterrichtssprache Englisch
- die dadurch ermöglichte internationale Zusammensetzung der Schüler- und Lehrerschaft
- die gegen jeden Regional-Zentrismus gerichteten Lehrpläne (z.B. *World Literatur, World History*)
- die weltweite Anerkennung des Abschlusses.

Die ersten Versuche mit zu Beginn 5 Schülerinnen und Schülern mit dem IB unternahm Salem im Jahr 1992. Seitdem wächst dieser Teil des College langsam aber stetig. Ein Quantensprung trat in diesem Schuljahr ein, nachdem im Jahr davor in der Mittelstufe Salem eine Pre-IB-Klasse eingerichtet wurde. Dieser Schritt entpuppt sich als das Ei des Columbus für Eltern, die zwar Interesse daran haben, Ihrem Kind einen internationalen Abschluss in Deutschland zu ermöglichen, den Sprung ins kalte Wasser aber scheuen, den der übergangslose Einstieg in das IB-Programm bedeutet.

3. Erziehung in Salem: Lernen durch Erfahrung

Mit der Einführung des IB hat Salem auf dem Weg zur angestrebten Internationalisierung einen großen Sprung gemacht. Das Ziel der Internationalisierung steht neben dem Ziel einer modernen Umwelterziehung, die sich am Konzept der Nachhaltigen Entwicklung orientiert, auch als konzeptionelle Überschrift über dem Neubau im Härlen, der in diesem Schuljahr bezogen wurde. Beides bedeutet für Salem allerdings keine Neueinführung, sondern eine Weiterführung und Akzentuierung bewährter Prinzipien, die zum Teil schon seit der Gründung gelten. Drei dieser Salemer Prinzipien möchte ich hier nennen:

- Erziehung zur Verantwortung steht seit 1920 im Mittelpunkt der Salemer Erziehung. Nicht Wissenserwerb alleine oder ein Schulabschluss stehen im Vordergrund, sondern der umfassende Versuch, die Schülerinnen und Schüler altersgemäß auf allen Ebenen des Internatslebens in die Regelung der eigenen Dinge einzubeziehen, ihnen Aufgaben zu geben, an denen sie sich bewähren (oder scheitern) können, bei denen sie lernen, dass Menschen sich auf sie verlassen und sie deshalb nicht nur für sich, sondern auch für andere und für das Funktionieren des ganzen Internats mitverantwortlich sind. Kurt Hahns Devise lautete: Lernen durch Erfahrung ist dem Lernen durch Belehrung vorzuziehen.
- Praktische Nächstenliebe: hier sind in erster Linie die Dienste anzusprechen, an denen jeder Salemer Schüler mindestens zwei Jahre lang teilnehmen muss. Dienst – möglicherweise eine heutzutage etwas altertümlich klingende Vokabel – meint hier ganz praktische Hilfe für andere in Notlagen, aber nicht voluntaristisch, aus gutem Willen alleine gespeist, sondern professionell, geübt und auf hohem Niveau – und obligatorisch. Das Paradebeispiel bilden hier natürlich die Einsatzdienste: Feuerwehr und Sanitätsdienst sind in die örtlichen Einsatzdienste eingegliedert und werden im Ernstfall gleichermaßen alarmiert. Sie erhalten eine solide Ausbildung und können mit der entsprechenden Ausrüstung Brände löschen, Erste Hilfe leisten usw. Ähnliches gilt für das THW und den Seenotrettungsdienst am Bodensee. Daneben gibt es den Umweltdienst und den Sozialdienst, in dem Schülerinnen und Schüler alte Menschen betreuen, Flüchtlingskindern Nachhilfeunterricht geben, mit Behinderten arbeiten oder Hausaufgabenhilfen in umliegenden Schulen organisieren.
- SMV und Organisation des Internats: Schülerinnen und Schüler sind in Salem an allen praktischen und konzeptionellen Fragen des Internatslebens beteiligt und erfahren so, was Politik bedeutet. Im College sind alle Aufgaben doppelt besetzt mit Kollegiaten und betreuenden Erwachsenen. Dem Leiter steht der Schulsprecher zur Seite bzw. gegenüber; der seinen *Flügel* betreuende *Haustutor* stützt sich auf seinen *Flügelhelfer*; die für die Ordnung im Gelände zuständigen Erwachsenen arbeiten mit den *Betriebshelfern* zusammen, die wiederum die Schüler für die verschiedenen Pflichten einteilen. Ob den Dienst der *Mentor* (ein Erwachsener) oder der *Kaptan* (eine Schülerin oder ein Schüler) leitet, ist manchmal kaum zu unterscheiden; ja selbst bei der Aufnahme neuer Schüler ist immer ein Gespräch mit Mitgliedern des *Kollegiatenaufnahmeausschusses* vorgesehen, deren Votum Gewicht hat.

  Die internatliche Mitbestimmung kulminiert im Parlament, in dem Erwachsene und Kollegiaten im Rahmen einer austarierten Verfassung über alle Belange des College entscheiden können.

4. Internationalisierung

Auch hier berufe ich mich zunächst auf die Tradition, denn die „international-mindedness“ Salems geht schon auf deren Gründer Kurt Hahn zurück. Salem ist kein

Einzelkind geblieben. Hahn gründete nach seiner durch die Nazis erzwungenen Emigration weitere Schulen in England und Griechenland, u.a. das erste United World College. Mehrere Dutzend Schulen, die sich auf seine Prinzipien berufen, haben sich zur *Round Square Conference* zusammengeschlossen und stehen in ständiger Kommunikation. Diese Schulen bilden auch den Kern des Schüleraustausches, der etwa 30 Mittelstufenschüler jährlich in eine von von über 50 Austauschschulen in 10 Ländern auf fünf Kontinenten führt. Schon auf dem Hohenfels gibt es einen klassenweisen Austausch mit je einer Partnerschule in Frankreich und Schottland.

Die Schulen der Round Square Conference organisieren Projekte in aller Welt, an denen dann Schüler verschiedener Schulen teilnehmen. Seit Jahren wird so ein Naturschutzgebiet in Boronka (Ungarn) mitgepflegt. Im letzten Jahr fand zum zweiten mal ein Projekt in Ladakh statt, durch das ein Dorf unterstützt wurde.

Die wachsende Bedeutung des International Bakkalaureat, der steigende Anteil von Schülern, die nicht Deutsch als Muttersprache sprechen, verändert die Salemer Prinzipien nicht, wohl aber ihre Umsetzung im Alltag und die Form, in der sie erscheinen. Wenn ich die gleiche Gliederung wie oben benutze, zeigt sich:

- Die Erziehung zur Verantwortung muss in stärkerem Maß weltweit verstanden werden. Konflikte in oder zwischen anderen Ländern finden ihren Weg in das Internat und werden thematisiert. Menschen aus Nationen, die sich mit Vorurteilen begegnen, müssen eine Gesprächsbasis finden und miteinander auskommen. Dies fängt mit dem Zusammenleben an, wenn z.B. ein deutscher Schüler das Zimmer mit einem Ostasiaten teilt. Konflikte dieser Art, nationale Sichtweisen, Vorurteile und Prägungen dringen auch in den Unterricht. Spannend sind hier z.B. Diskussionen im Fach *History*, wenn ganz unterschiedliche Interpretationen der gleichen Ereignisse aufeinander stoßen.
- Die Dienste müssen sich für Schülerinnen und Schüler aus anderen Ländern und Kulturen öffnen. Dazu passt, dass das IB der einzige akademische Abschluss ist, zu dessen Anerkennung der Nachweis gehört, 240 Stunden Sozialdienst absolviert zu haben. Daran erkennt man, dass Kurt Hahn auch an der Wiege des IB stand.
- Die Schülermitverwaltung muss die höhere Komplexität der Schule auffangen, wobei sie immer vor der Wahl steht, Parallelinstitutionen für die IB-Schüler zu bilden oder die bestehenden Institutionen mit Rücksicht auf sie zu erweitern. Der IB-Speaker ist eine Innovation, die notwendig wurde, um der wachsenden Gruppe von Schülern dieses Zweigs eine Artikulationsmöglichkeit zu verschaffen. Im Parlament wurde die Zahl der Mitglieder nicht geändert, aber durch das Wahlverfahren gesichert, dass sich ein IB-Vertreter darunter befindet.

Diese Beispiele zeigen, dass „Internationalisierung“ sich nicht von selbst versteht und dass es auch nicht genügt, Menschen verschiedener Nationalitäten zusammenzubringen. Vielmehr handelt es sich um einen Entwicklungsprozess Salems, der behutsam gestaltet, klug geplant und professionell begleitet werden muss. Er umfasst sämtliche Bereiche von Schule und Internat und betrifft letztlich alle Mitarbeiterinnen und Mitarbeiter, wie nah oder fern vom College sie auch tätig sind. Kurz: die Organisation Salem als Ganzes ist in Bewegung. Dazu noch einige Beispiele:

- Das IB steht nicht einfach als zweite Säule neben dem Abitur; zwischen beiden Systemen entsteht vielmehr eine Wechselwirkung, ja fast eine Konkurrenz der Systeme. Eine Verschränkung findet insbesondere durch die Möglichkeit statt, als Abiturient einen Kurs im IB zu belegen und mit einer Certificate-Prüfung abzuschließen. Diese Möglichkeit haben wir für Economics, Art und Design und Theater Arts eröffnet.
- Für die Lehrpersonen öffnet das IB in vielfältiger Hinsicht einen Blick über den Tellerrand, sei es durch die weltoffenen Curricala, sei es durch den teilweise methodisch sehr unterschiedlichen Ansatz oder sei es durch das ganz andere Verhältnis von Studium und Examen (mit allen Vor- und Nachteilen). Die zunehmende Internationalisierung des Kollegiums selbst tut ein übriges. Da wir versuchen, Lehrerinnen und Lehrer möglichst in Abitur und IB einzusetzen oder, wenn dies nicht geht, in die internatliche Betreuung einzubinden, gibt es schon dadurch einen Austausch und eine fruchtbare gegenseitige Infragestellung.
- Der Tendenz zur Abschottung der Schülergruppen muss entgegengewirkt werden. Dies geschieht durch die Wohnsituation (möglichst starke Durchmischung der Wohngruppen), durch die gemeinsamen, für alle gleichen Pflichten, sowie (neben den schon genannten Diensten) durch den Sport. Eine besondere Rolle spielt hier auch das Theater. Nicht zuletzt dank eines erfahrenen, aus den USA stammenden Regisseurs wird es zu einem wirklichen Schmelztiegel. In der letzten Woche wurde anlässlich der Pfingsttagung der Altsalemer Vereinigung ein Musical aufgeführt, in dem die Sprache ständig zwischen Englisch und Deutsch (mit Einsprengseln von Spanisch, Italienisch und einer Sprache, die ich nicht erkannte) hin und her schwankte und in dem Schülerinnen und Schüler aus Abitur und IB auf und hinter der Bühne in unglaublicher Intensität zusammenarbeiteten.
- Die englische Sprache gewinnt eine größere Bedeutung. Sie wird zur zweiten Alltagssprache, rückt aber auch als „Staatssprache“ vor. Selbstverständlich gibt es in Schulversammlungen je nach Bereich und Sprecher deutsche und englische Ansagen. Letztlich fordern wir von allen Schülerinnen und Schülern Bilingualität. Das heißt unter anderem, dass Deutsch im IB Pflichtfach (wenn auch auf unterschiedlichem Niveau) ist. Dennoch muss gerade zu Beginn eines Schuljahres aufmerksam darauf geachtet werden, dass Schüler, die des Deutschen noch nicht mächtig sind, alle Informationen erhalten und möglichst bald auch die so wichtigen Konnotationen von Äußerungen erfassen können.
- Das gleiche gilt in umgekehrter Richtung für die Mitarbeiterinnen und Mitarbeiter. Pädagogische, aber vor allem auch nicht-pädagogische Mitarbeiter sind täglich mit englisch-sprechenden Schülern konfrontiert. Die Küchenfrau, die den Küchendienst anleitet, der Hausmeister, der den Geländedienst kontrolliert, die Verwaltung, die den Eltern die Abrechnung erklären muss – alle sind auf Grundkenntnisse

des Englischen angewiesen. Wir haben eigens dafür Sprachkurse eingerichtet, deren Leiter sich derzeit ganz an der Schule aufhält, um uns sprachlich weiter zu helfen. An ihn können sich einzeln oder in Gruppen Mitarbeiter mit Fragen zum Englischen wenden.

- Von größter Bedeutung sind in diesem Prozess kulturelle Faktoren. Kulturelle Verständigungsprobleme gibt es schon zwischen Nachbarländern. Umso größer können sie bei Menschen aus unterschiedlichen Kontinenten sein. Jeder, der sich für längere Zeit im Ausland aufgehalten hat, weiss, was der Begriff *Kulturschock* bedeutet. Hier haben wir nach wie vor Defizite, obwohl wir bereits zwei mal mit einer hochqualifizierten Expertin ein Mitarbeitertraining zu diesem Thema durchgeführt haben. Dennoch fehlt uns hier noch eine stärkere Begleitung im Alltag, die uns hilft, individuelle, persönliche von kulturellen Problemen zu unterscheiden und differenziert auf sie einzugehen.

- Aber auch die Gefühlslage der deutschen Schüler und Mitarbeiter darf nicht vernachlässigt werden. Wie jeder Veränderungsprozess löst auch die internationale Öffnung Ängste aus, die sich, wenn sie verdrängt werden, an unerwarteten Ecken wieder zeigen. So tauchte in diesem Schuljahr von politisch völlig unverdächtigen Schülern sehr zu unserer Überraschung die Forderung auf, am College die deutsche Flagge zu hissen, um damit deutlich zu machen, dass es sich beim College immer noch eine deutsche Schule handelt. Gemeint war die Geste als Zeichen der „Normalität", die sich durch diese Betonung allerdings unmittelbar selbst widerlegte. Das Parlament fasste dann den weisen (aber bis heute noch nicht exekutierten) Beschluss, bei entsprechenden Gelegenheiten die Flaggen aller an der Schule vertretenen Nationen zu hissen, wie es schon einmal beim Ersten Spatenstich zum Neubau geschehen war.

- Daneben gibt es ganz praktische Probleme, die gelöst werden müssen: wo verbringen Schüler aus Übersee die Ferien, wenn sich eine Heimreise nicht lohnt? Wie erweitert man die Berufsberatung der Abiturienten zu einem international orientierten *Career Counseling*? Muss man beim Speiseplan Rücksicht auf Essgewohnheiten nehmen? Welche Rolle sollen Feiertage anderer Länder/Religionen spielen?

Sie sehen, dass Internationalisierung einer Schule nicht möglich ist als Addition einer weiteren Säule oder eines weiteren Profils zu einem bestehenden konzeptionellen Gebäude. Mehr oder weniger stark berührt der Prozess alle Bereiche des Schullebens und alle Mitarbeiterinnen und Mitarbeiter. Die Leitung hat die Aufgabe, diesen Prozess zu planen, zu begleiten und für die notwendigen Unterstützungsmassnahmen zu sorgen.

5. Erfahrungen

Ich versuche, unsere Erfahrungen sehr schematisch zu ordnen, um sie so übersichtlich wie möglich darzustellen:

Schule	
+	–
• Inhaltliche Bereicherung durch das IB (weltoffenes Curriculum) • Methodische Bereicherung durch das IB (Wissenschaftspropädeutik) • Zusatzqualifikation für Abiturienten (Certificate) • Konkurrenz der Systeme	• hochkomplexe Organisation • geringer Anteil des internal assessment (20% im Durchschnitt) • noch größere Anonymität der Examenskorrekturen
Internat	
+	–
• Aufwertung der Englischen Sprache • Blick über den Tellerrand • Ergänzung zum Austauschprogramm • „produktive Verunsicherung" • Lernen durch Erfahrung	• Altersstruktur IB/Abitur differieren • Anpassungsprobleme bei Mitarbeitern und Mitarbeiterinnen • kulturelle Differenzen
Organisation	
+	–
• Sprachförderung (Englisch für Deutsche, Deutsch als Fremdsprache) • Fortbildungen über interkulturelle Erziehung • Career-Counseling	• Gefahr der Isolierung von „Communities"

Insgesamt kann ich sagen, dass bei allen Problemen die bisher erreichte Stufe der Internationalisierung des Salem College eine große Bereicherung der Schule darstellt. Die Präsenz der IB-Schüler, die alltägliche Benutzung des Englischen, die Perspektive auf eine Fortsetzung der Bildungslaufbahn nicht nur in Deutschland, nicht zuletzt die Kontakte und Freundschaften, die nun nicht mehr auf Deutschland konzentriert sind, machen dies auch den einzelnen Schülerinnen und Schülern deutlich.

Mit der oben genannte Verunsicherung darüber, welche Identität das Salem College mit all diesen Prozessen gewinnt, setzt ein neues Nachdenken darüber ein. Sollen wir den Weg zu einem United World College zu Ende gehen? Soll das IB eine Ergänzung einer „eigentlich" auf das Abitur gerichteten Schule darstellen? Die Balance zwischen diesen Extremen können wir vermutlich nur pragmatisch herstellen und wir werden sie immer wieder neu bestimmen müssen. Die Definition, die ich anbiete, hat etwas von einem Formelkompromiss an sich, trifft aber meiner Meinung nach die derzeitige Situation am besten: das Salem College ist eine internationale Schule in Deutschland. Damit ist sowohl die internationale Perspektive angedeutet als auch die Tatsache, dass Salem eine deutsche Schule oder zumindest eine Schule in Deutschland ist, die allen ihren Mitgliedern ein Mindestmaß an Rücksicht darauf abverlangt. In der Praxis hat sich dieses Verständnis bewährt.

Die Grenzenlose Schule Hartau/Hrádek – Freie Grundschule

Mike Wohne

1. Ein praktischer Fall – Einleitung

Die grenzenlose Schule Hartau/Hrádek wurde im Sommer 1999 vom Sächsischen Kultusministerium, nach über vier Jahren Arbeit genehmigt, eigentlich nach neun Jahren ungezählter Erklärungen, Rechtfertigungen, geänderten Konzeptionen und Einstellungen, mehreren Genehmigungsversuchen, Enttäuschungen und Euphorien der Freude. Es ist die zweite freie allgemeinbildende Schule im geografischen Dreieck Löbau – Zittau – Görlitz, neben der Freien Mittelschule – Wirtschaft – im Kurort Jonsdorf. Hier lernen bereits seit 1994 Kinder aus der gesamten Oberlausitz nach einem anderen pädagogischen Konzept, hier haben wir vor acht Jahren schon einmal probiert, interkulturell über Grenzen hinweg, zu lernen und zu leben, initiiert von dem PEZ Schulträgerverein e.V., der 1993 in Zittau gegründet wurde.

2. Tschechisch lernen – eine staatliche Angelegenheit?

Von meiner Haustür aus brauche ich 15 Minuten mit dem Fahrrad nach Tschechien und fünf Minuten nach Polen. Täglich ergeben sich für uns gewollt oder ungewollt Kontakte mit unseren Nachbarn, ob im Supermarkt oder auf der Straße. Oft verbringe ich meine Freizeit mit meiner Familie in Tschechien oder Polen, besuchen wir Freunde. Der Wunsch Tschechisch oder Polnisch zu lernen liegt nahe, förmlich auf der Hand. Den ersten Versuch der Umsetzung dieses Wunsches wagte ich 1990. In der „Vpred", einer tschechischen Tageszeitung, suchte ich Muttersprachler für den Tschechischunterricht. Der Unterricht in Tschechisch sollte nach meinen Vorstellungen aber nicht irgendwo am Rande nebenbei, sondern in den Unterrichtsablauf eingebunden werden. Auch bei den Eltern und den SchülerInnen war die Bereitschaft da, als Ersatz für Russischunterricht. Verständlich, denn immerhin waren wir mitten in der Wende. Das staatliche Schulamt in Zittau hatte damals viel zu tun und deshalb keine Zeit, sich um solche „Nebensächlichkeiten" zu kümmern. So verschwand mein Antrag zum Erlernen der Sprache unserer Nachbarn zunächst in den Schubladen. Zugegeben, damals war vielleicht die Zeit noch nicht reif. Von EU-Ost-Erweiterung war keine Rede, alle hatten mit sich zu tun – ein Jahr nach dem Mauerfall. Neue Partnerschaften entstanden in Westdeutschland, in Italien, in Frankreich, in England und natürlich in den USA. Alte Partnerschaften schliefen allmählich ein. Das „Auseinanderleben“ an der Grenze nahm hier seinen Anfang. Englisch wurde erste Fremdsprache, Französisch lernen war modern. Russisch musste bleiben, da die Lehrer vorhanden waren. Auf die Idee der sprachlichen Umschulung der vorhandenen Russischlehrer kam damals keiner. Dafür entstand das neue Fach Ethik als Ausgleich von Religion. Fortbildungskurse, Sonderstudien und neue Lehrfächer entstanden. Nachbarschaft als Erziehungsziel wurde Bestandteil des Ethikunterrichts.

Schließlich vergingen drei Jahre. Das sächsische Schulgesetz manifestierte das Fremdsprachenkonzept. Sogar Begegnungssprache in Englisch, Russisch oder Französisch ab Klasse 3 gab es. Nur die Begegnung fehlte noch. Da war auf einmal kein Platz mehr für Nachbarschaft, für Tschechisch oder Polnisch, nicht einmal hier im Dreiländereck. Es bahnte sich die Verbannung der „Sprache unserer Nachbarn“ in die Freizeit an, die Verbannung in das Private oder Freie Schulwesen. Dies war ein Fehler, wie sich noch herausstellen sollte. Ist es doch die Aufgabe des Freistaates, grenzüberschreitende Aktivitäten zu fördern. So steht es zumindest in der sächsischen Verfassung Art. 12 und in der Charta der grenzübergreifenden Regionen. Dieser soll sich schließlich nicht Rücken an Rücken, sondern von Angesicht zu Angesicht vollziehen.

Deshalb gibt es wohl auch das bilinguale Schiller-Gymnasium in Pirna, das Vorzeigeprojekt des sächsischen Kultusministeriums, die verfassungsrechtliche Erfüllungsquote. Dort lernen deutsche und tschechische Kinder ab der Klasse 7 gemeinsam in Mischgruppen. Natürlich kommen nur ausgewählte Kinder dafür in Frage. Ohne Zweifel ist dies ein möglicher Schritt der Annäherung. Aber Pirna ist 30 km entfernt von der deutsch-tschechischen Grenze. Die tschechischen Kinder sind in Internaten untergebracht. Das kostet viel Geld und birgt auch die Gefahr der Germanisierung der tschechischen Kinder. Aus pädagogischen und kindpsychologischen Gesichtspunkten könnte dies bedenklich sein. Im Konzeptentwurf für dieses Projekt ist nachzulesen, „... es soll der einzige Anbieter dieser Fremdsprache im Bereich des Oberschulamtes Dresden bleiben, um Singularität und Attraktivität dieses Bildungsangebotes zu unterstreichen...“.

3. Tschechisch lernen – eine Privatsache?

1993 entstand unser Konzept für eine deutsch-tschechische Wirtschaftsmittelschule. Selbstverständlich eine Freie Schule. Denn von staatlicher Seite war kein Bedarf. In unserer Wirtschaftsmittelschule sollten deutsche und tschechische Kinder täglich gemeinsam lernen. Neben den allgemeinbildenden Fächern auch in solchen Fächern wie Rechnungswesen, Betriebswirtschaft oder der Schülerübungsfirma, und natürlich Tschechisch. Ein Stufenplan zur Integration der tschechischen Schüler wurde erarbeitet und auch Partner auf der anderen Seite der Grenze waren da.

Die Ernüchterung kam diesmal aus Prag.

„Angesichts der hohen finanziellen Ansprüche und der Tatsache, dass die Mittel der Programme Phare I, II und III zum Teil bereits verteilt worden sind ... müssen wir mit

Bedauern feststellen, auch wenn das Projekt interessant ist und wir es gern unterstützen würden, dass wir aus ökonomischer Sicht nicht in der Lage sind ...“[1].

So ging´s also nicht. Außerdem war die Schulform Wirtschaftsschule nach dem neuen Gesetz auch nicht vorgesehen. Wir begannen mit der Arbeit an einem neuen, konsensfähigen Konzept. Im Dezember 1993 beantragten wir schließlich beim SMK die Genehmigung für unsere Freie Mittelschule – Wirtschaft –, mit einem bilingualen Sprachzweig. Die Schule wurde 1994 vom SMK genehmigt und wir begannen mit 36 Kindern in den Klassen fünf bis sieben. Heute lernen 240 Kinder aus dem gesamten Landkreis Löbau-Zittau und darüber hinaus in Jonsdorf. Aber keine tschechischen Kinder. Der geplante bilinguale Sprachzweig wurde nicht genehmigt. Tschechisch lernen ja, aber doch bitte als Ergänzung, zusätzlich in der Freizeit.

Warum es eine Mittelschule sein sollte? Die Antwort ist einfach. Die Absolventen der Mittelschule sind es, die nach Beendigung ihrer Schulzeit in der Region eine Lehre aufnehmen, später hier arbeiten und leben. Sie werden diejenigen sein, die in vielleicht 10 Jahren die Wirtschaft unserer Region mitbestimmen und gestalten und dies vielleicht über die Grenzen hinweg. Der Standortfaktor Sprache könnte also einmal von entscheidender Bedeutung sein für die Entwicklung dieser Wirtschaftsregion, für jeden Einzelnen. In Tschechien hat man das bereits begriffen. Über die Hälfte der tschechischen Kinder lernt bereits heute Deutsch und dies sicherlich nicht nur als eine Geste der guten Nachbarschaft. Was nützen gut ausgebaute Straßen bis zur Grenze, moderne Klärgruben entlang der roten Linie, wenn sich die Menschen nicht verständigen können, sich deshalb auch nicht verstehen.

4. Die Grenzenlose deutsch-tschechische Schule Hartau

Der Grundstein für die Grenzenlose Schule wurde vor reichlich fünf Jahren gelegt, als der Bürgermeister von Hartau um die Existenz seiner Grundschule mangels Kindern und Ideen bangen musste. Die Vision einer Grenzenlosen Grundschule in der deutsche und tschechische Kinder bereits ab der Klasse 1 gemeinsam lernen sollten, war schnell entstanden. 12 Kinder aus jedem Land sollten bereits ein Jahr später hier unterrichtet werden, getrennt in Deutsch bzw. Tschechisch und Mathematik, alle anderen Fächer gemeinsam. Offener Unterricht in Form von Wochenplänen und fertig war das Konzept für die Freie deutsch-tschechische Grundschule in Hartau. Es war alles so einfach, denn die Idee wohnte ja schon lange in uns. Das Gebäude hat uns die Gemeinde in Pacht übergeben und die Kinder und Eltern waren bereit. Die Genehmigungsunterlagen waren vollständig beim sächsischen Kultusministerium eingegangen. Aber eine Genehmigung gab´s nicht. „Der Freistaat Sachsen hat keine Kompetenz, in diesem Bereich eine völker-

[1] Peter *Pitha*, 24.05.1993.

rechtliche Regelung aus eigenem Recht abzuschließen. ... Die Realisierung des Projektes wird jedoch auch noch dadurch behindert, dass bisher nicht geklärt ist, wie die Finanzierung der Beschulung der tschechischen Kinder geregelt werden soll." ... und weiter ... „Vor einer neuerlichen Gründung einer binationalen Schule möchte das SMK überdies Erfahrungen mit seinem Pilotprojekt, dem Schiller-Gymnasium Pirna, sammeln, um diese in neue Projekte einfließen zu lassen." Selbst die Bemühungen des Vizepräsidenten des Landtages waren vergebens. Und dann völlig überraschend auch noch eine Nachricht aus Prag vom Schulministerium. „Eine genaue Prüfung ... ließ auch bei uns so erhebliche Zweifel aufkommen, dass wir von der Realisierung des Vorhabens zum gegenwärtigen Zeitpunkt leider abraten müssen. ... Wir haben das Projekt aus pädagogischen und kindpsychologischen Gesichtspunkten beurteilen lassen. Diese Fachleute kamen übereinstimmend zu der Erkenntnis, dass die geplante schulorganisatorische Konzeption Kindern im Alter von sechs Jahren kaum zugemutet werden kann." Ein schönes Beispiel von grenzüberschreitender Zusammenarbeit.

5. Mehrsprachigkeit in der Euroregion Neiße – lerne die Sprache des Nachbarn

Mit Niederlagen umzugehen hatten wir gelernt. Das neue Nachdenken begann. Rat suchten wir nun auch in anderen Grenzregionen, so z.B. in Straßbourg und Kehl an der deutsch-französischen Grenze. Hier versuchte man sich vor Jahren an einer bilingualen Zone, eine gute Idee. Immer deutlicher wurde uns aber auch, dass wir ein Gesamtkonzept brauchten, ein Programm zur „Mehrsprachigkeit in der Euroregion Neiße". In ihm mussten sich die bereits begonnenen guten Aktivitäten, Projekte und Ideen wiederfinden. Wir haben Partner und Verbündete gesucht und gefunden. Das Programm musste gleichzeitig offen sein für Veränderungen und Entwicklungen.

Grundsätzlich fordern wir aber die Möglichkeit des bilingualen Unterrichts und des Fremdsprachenunterrichts in der Sprache unseres Nachbarn an ausgewählten allgemeinbildenden und beruflichen Schulen im grenznahen Bereich. Dieses Ziel ist nicht von heute auf morgen zu erreichen, sondern muss als langfristige Aufgabe angegangen werden. Eine wesentliche Voraussetzung für die Annahme von Tschechisch/Polnisch als Unterrichtsfach an den Schulen ist die Durchgängigkeit dieses Fremdsprachenangebots von den Grundschulen über die Mittelschulen und Gymnasien bis hin zu den beruflichen Schulen und schließlich unserer Hochschule. Eine abgestimmte Kooperation hierfür ist notwendig.

6. Von der deutsch-tschechischen Grundschule zur Grenzenlosen Schule Hartau/Hrádek

... das neue Konzept

Die grenzenlose Schule Hartau/Hrádek bindet sich in dieses Programm ein und ist ein wesentlicher Baustein. Der Europäische Sozialfond und die Robert-Bosch-Stiftung fanden das gut und sagten bereits vor der Genehmigung finanzielle Unterstützung zu.

Das hat uns Mut gemacht. Sponsoren fanden sich, Spenden aus ganz Deutschland gingen ein. Nur das SMK zögerte noch. Wir bekamen Schützenhilfe von weitsichtigen Landespolitikern, die Unverständnis über diese Verzögerung äußerten. Schließlich gab das SMK dem Druck nach und genehmigte endlich nach 10 Jahren.

Auch heute gelten noch Einschränkungen. Es darf kein Unterricht im Ausland stattfinden. Allerdings hat sich das pädagogische Konzept, hat sich der Denkansatz, der Weg, das Schrittmaß der Annäherung grundlegend geändert. Insofern bin ich den Beamten und Politikern sehr dankbar, dass sie uns so viel Zeit ließen. Wir gehen nun einen neuen und unkomplizierten Weg, der seinen Ursprung in einer echten und inneren Partnerschaft und Grenzfreundschaft hat und der Entwicklungen und Unterschiede auf beiden Seiten zulässt. Zur Zeit besuchen 56 Schüler die erste bis vierte Klasse. Sie lernen mit Beginn der Klasse 1 Tschechisch im frühen Fremdsprachenunterricht, z.T. integrativ und fachübergreifend, auf jeden Fall behutsam. In Hrádek existiert das entsprechende Spiegelprojekt. Einmal in der Woche lernen die Kinder gemeinsam in Hartau und in Hrádek. So wollen wir uns pädagogisch, organisatorisch, inhaltlich und menschlich annähern. Die Kinder lernen sich in ihrer gewohnten Umgebung kennen, sie achten einander und das ist für uns ein ganz wesentlicher erzieherischer Bestandteil. Einmal sind sie Gast und einmal Gastgeber. Die geografische Nähe beider Orte macht dies auch möglich. Die LehrerInnen planen den gemeinsamen Unterricht, tauschen in monatlichen Teamseminaren und Workshops Erfahrungen aus.

Bei dem Konzept geht es nicht um Angleichung, Nachahmung oder Diktat, sondern darum, sich einander besser kennen zu lernen, um schließlich Verständnis für unsere Unterschiedlichkeiten zu entwickeln. ... und ... keiner braucht so Angst um seine Kinder zu haben. Vor einem Jahr haben beide Schulen ihre pädagogischen Leitbilder auch schriftlich besiegelt. In einem Abschnitt heißt es: „Beide Partner arbeiten an einem Konzept zur Fortführung des interkulturellen Lernkonzeptes".

... zwei Jahre Grenzenlose Schule

Im September 1999 begannen wir in Hartau mit 19 Kindern im jahrgangsübergreifenden Unterricht in den Klassenstufen 1 und 2. In unserer Partnerklasse im benachbarten Hrádek lernen 24 Kinder in der Klassenstufe 1. Nun wurde es ernst. Als erste freie Grundschule im Dreiländereck mussten wir um das Vertrauen werben. Unsere Konzept musste sich nun auch praktisch bewähren. Der Druck war groß, aber wir waren auch gut vorbereitet. Mit einem großen Schulfest eröffneten wir die Schule. Das Schulgebäude war vorbereitet, alle Schilder im Schulhaus sind zweisprachig angelegt. Gemeinsam mit den Kindern, Eltern, mit Freunden und Verwandten feierten wir den Erfolg, obwohl nun erst die Arbeit begann. Es war und ist eine schöne und zufriedene Arbeit mit den Kindern. Der erste Begegnungstag mit den tschechischen Kindern war ein ganz besonderer Tag. Mit Blumen und kleinen Zuckertüten standen die deutschen Kinder vor dem Schlagbaum und begrüßten ihre Partnerklasse. Alles war ungewohnt, die Sprache, die Lehrerin, die vielen Kameras. Anfangs bildeten wir zwei Klassen, bestehend aus deutschen und tschechischen Kindern. In jeder Klasse waren Unterstützungslehrer als Dolmetscher tätig. Bei diesem Konzept ist es uns nur schlecht gelungen, die Kinder zum gemeinsamen Lernen zu motivieren. Schließlich führten wir das Stationslernen ein. In sprachlichen Mischgruppen von jeweils 4 bis max. 6 Kindern absolvieren die Kinder während des gemeinsamen Lerntages die Stationen. Vorbereitet werden sie jeweils von den Klassenleiterinnen. Schwerpunkt des Stationen Lernens ist das gemeinsame TUN der Kinder. Dies erfordert eine gute und intensive Vorbereitung und Abstimmung. Regelmäßig finden Arbeitstreffen statt. Einmal im Schuljahr fahren wir zu einer gemeinsamen Teamklausur. Insbesondere in den Pausen und auf dem Spielplatz, wenn die Erwachsenen nicht „daneben" standen, begannen die Kinder mit einander zu reden. Häufig geht es um praktische Dinge, Fußbälle, Frühstück etc.

Nach zwei Jahren praktischer Arbeit ist auch schon etwas Routine eingezogen, bei den Lehrern und auch bei den mit der Weile Dritt- bzw. Viertklässlern. Der gemeinsame Lerntag gehört zum Alltag. Einmal in der Woche gehen wir nach Hrádek und die Woche darauf empfangen wir unsere Partnerklasse in Hartau. Im vergangenen Jahr fand eine gemeinsame Exkursion ins Riesengebirge statt. Hier lernten die Kinder auch den Umgang mit einander über einen längeren Zeitraum. Kleine Gespräche und Dialoge waren zu hören, am Frühstückstisch, beim Duschen oder beim Vorlesen von Büchern. Ute Wunderlich, die Klassenleiterin der aller ersten Klasse hat es gemeinsam mit dem gesamten Team an der Schule geschafft. Heute ist sie die Schulleiterin und schaut mit Stolz und Freude auf die ersten beiden Jahre und auf das gesamte Mitarbeiterteam in Hartau und Hrádek.

Heute nach zwei Jahren Schulbetrieb lernen in Hartau 57 Kinder in den Klassen 1 bis 4. Zwei neue Klassen wurden eingeschult. Im vergangenen Schuljahr mussten wir zahlreiche Eltern enttäuschen, da die Kapazitäten nicht ausreichen. Maximal 20 Kinder werden je Klasse und Jahrgang aufgenommen. Für das kommende Schuljahr liegen bereits wieder zahlreiche Anmeldungen vor, so viele, dass wir nicht alle Anmeldewünsche befriedigen können. Die Anmeldeliste reicht bereits schon bis ins Jahr 2005. Sechs Mitarbeiter zählt das Team in Hartau heute.

Die Motivation für die Schulwahl der Eltern hat sich verändert. Dies ergeben unsere Rückfragen. Anfangs waren es eher die reformpädagogischen Ansätze, die den Ausschlag für die Entscheidung der Eltern gaben. Heute ist es zumeist das interkulturelle Lernkonzept und die Tatsache, dass die Kinder von Beginn ihrer Schulzeit die Nachbarsprache lernen. Es scheint, dass hier ein Umdenken eingesetzt hat.

7. Bilingualen Unterricht an der Freien Mittelschule – Wirtschaft – sächsisch-böhmischer Schulverbund

Kürzlich weilte der Bundeskanzler auf seiner Sommerreise auch im Dreiländereck. Als er über Europa sprach, diskutierten wir im sächsischen Ministerium das Konzept zur „Mehrsprachigkeit in der Euroregion Neiße". Im kommenden Schuljahr sollen die künftigen Fünftklässler an unserer freien Mittelschule – Wirtschaft – im KO Jonsdorf neben Englisch auch Tschechisch lernen. Dies geht nicht zusätzlich zu der ohnehin prall gefüllten Stundentafel. Gemeinsam mit dem Kultusministerium beraten wir nun, welche Kürzungen in der Stundentafel möglich sind, ohne die Gleichwertigkeit des Abschlusses in Frage zu stellen.

Mit der Einführung von Tschechisch ab Klasse 5 wäre erstmals auch die Durchgängigkeit eines Sprachenangebotes von der Klasse 1 bis zur Klasse 10 gegeben. Selbstverständlich können auch Schüler und Schülerinnen ohne Vorkenntnisse in tschechisch an die freie Mittelschule nach Jonsdorf wechseln. Der Sprachunterricht in der Nachbarsprache beginnt dann mit der Klasse 5. Das interkulturelle Lernkonzept wird ergänzt durch Auslandspraktika, Projekte und Gastunterricht im Nachbarland und natürlich durch den gemeinsamen Unterricht von deutschen und tschechischen Schülerinnen und Schülern. Mit Beginn der Klasse 7 ist die Einführung bilingualen Unterrichts vorgesehen. Hierzu werden Lehrer der jeweiligen Partnerschulen eingesetzt.

Ausgestattet mit der praktisch kommunikativen Kompetenz (Sprache, Interkultur) werden die künftigen Absolventen das Rüstzeug mitbringen, die Wirtschaft in dieser Region auch über Grenzen hinweg zu gestalten. Wir glauben fest an die Vorteile durch die geplante Erweiterung der EU und den Beitritt unserer Nachbarn. Die Entstehung eines multilingualen Bildungs-, Wirtschafts- und Kulturraums ist die Voraussetzung für den Aufschwung. Nur so wird aus dem Dreiländereck eine Dreiländerregion.

„Wir wollen alles tun, sie gemeinsam voran zu bringen und freuen uns auf das neue Europa mit seinen neuen Mitgliedern, zu denen unser Nachbar Tschechien gehört. Dann werden wir alle die Früchte der Bemühungen um die Mehrsprachigkeit in der Euroregion Neiße ernten können.“[2]

---

[2] Grußwort des Ministerpräsidenten Kurt Biedenkopf aus Anlass der Abschlusspräsentation zum INTERREG II – Projekt zur „Mehrsprachigkeit in der Euroregion Neiße“.

Bildung und Erziehung an konfessionellen Schulen im europäischen Kontext – St.-Ursula-Schule Hannover

Schwester Ingeborg Wirz

Die St.-Ursula-Schule ist ein Gymnasium für Mädchen und Jungen, bis 1996 in der Trägerschaft des Ordens der Ursulinen von Duderstadt, heute nimmt diese Funktion die Stiftung Katholische Schule in der Diözese Hildesheim wahr.

Ordensschulen sind von dem Gründer/der Gründerin des Ordens geprägt, so nehme ich ein Wort der Gründerin des Ursulinenordens – Angela Merici – dies ist schon europäisch, da sie in Brescia, Oberitalien, wirkte – als Grundlage für meine Ausführungen: „Bedenkt Eure Verantwortung für jede der Euch Anvertrauten. Nicht nur ihr Name, auch Verhältnis, Stand und die ganze Veranlagung eines jeden Einzelnen sollen Eurem Herzen tief eingeprägt sein“.[1]

Die Schule hat sich also zur Aufgabe gemacht, die Eigenständigkeit der jungen Menschen zu wollen, um schöpferische Anlagen zu wecken und zu unterstützen. Die Schule will die Entfaltung der Persönlichkeit sowohl religiös als auch intellektuell fördern. Integration ausländischer Schüler/innen und Förderung von Schülern und Schülerinnen mit besonderen Begabungen – diese beiden Aspekte möchte ich aus der Vielfalt unseres Schullebens herausgreifen.

Die St.-Ursula-Schule besuchen Schüler aus ca. 20 Nationen.

Es ist uns bewusst, dass diese Schülerinnen und Schüler bereits ein hohes Maß an Sprachkompetenzen mitbringen, über die Schüler/innen deutscher Eltern in der Regel nicht verfügen. So sprechen Schüler/innen italienischer, spanischer, polnischer Herkunft – um nur einige Beispiele zu nennen – Deutsch <u>und</u> ihre Muttersprache akzentfrei, lernen zwei, oft sogar drei weitere Sprachen dazu und haben so für ein Leben in Europa optimale Voraussetzungen. Um diese bereits vorhandenen Fähigkeiten zu stützen aber auch anderen Schülern und Schülerinnen zu eröffnen, hält die Schule seit ein paar Jahren

[1] 2. Vermächtnis der hl. Angela Merici.

die Möglichkeit vor, ab Jahrgang 9 neben Französisch und Latein Polnisch als Wahlsprache zu wählen und ab Jahrgang 11 Spanisch als neue Fremdsprache zu erlernen.

Um den Blick für Europa zu weiten, fördert die Schule natürlich Auslandsaufenthalte (dies über Europa hinaus) und bietet Schüler/innen eines Leistungskurses Englisch an, statt einer Studienfahrt ein einwöchiges Praktikum in England durch Vermittlung einer englischen Partnerschule zu absolvieren. Die sprachlichen Voraussetzungen werden im Kurs auch durch Wirtschaftsthemen vorbereitet.

1. Internationale Begegnungen besonderer Art

Die St.-Ursula-Schule koordiniert seit nunmehr sieben Jahren ein Netzwerk aus 16 Schulen aus zehn europäischen Nationen (Österreich, Tschechien, Deutschland, Frankreich, Groß Britannien, Italien, Lettland, Litauen, Polen, Schweden), die nicht nur einzelne Themen mit europäischem Bezug in ihren Klassenzimmern bearbeiten, sondern die das „Haus Europa" selbst zu ihrem Unterrichtsraum gemacht haben.

Ziel des Schulnetzwerkes ist es, durch Schaffung eines „europäischen Bildungsraumes im Kleinen" und durch die Förderung persönlicher Kontakte jungen Menschen das Ideal eines vereinten Europas zu vermitteln und bei ihnen die Bereitschaft zu wecken, an der Lösung wirtschaftlicher, politischer und ökologischer Probleme über Grenzen hinweg mitzuarbeiten.

Zwischen 1994 und 1996 trafen sich Lehrerinnen und Lehrer der Partnerschulen jährlich im Kloster St. Marienthal (Sachsen) zur Planung gemeinsamer Aktivitäten und entwickelten dort Blaupausen für künftige projektorientierte internationale Schülerbegegnungen. Im Jahre 1997 konnten erstmals zwei Projekte realisiert werden: ein Musik-Workshop in Salzburg, an dem Schülerinnen und Schüler aus Deutschland, Lettland, Österreich, Polen, Schweden und Tschechien teilnahmen, und ein zentrales Treffen mit Teilnehmern aus allen Partnerschulen des Netzwerks in St. Marienthal, in dessen Mittelpunkt die ökologisch-wirtschaftliche Problematik der Energieerzeugung aus Braunkohle im Dreiländereck Deutschland – Polen – Tschechien stand.

Die Schülerinnen und Schüler hatten sich auf dieses zentrale Treffen durch Recherchen zur Umweltsituation in ihren jeweiligen Heimatregionen vorbereitet, konnten so Zusammenhänge miteinander vergleichen und ökologische Probleme als durchaus europäisches Phänomen wahrnehmen. Vor Ort hatten die Teilnehmer Gelegenheit, sich einen persönlichen Eindruck von den Schwierigkeiten einer Region mitten in Europa machen, der in den nächsten Jahrzehnten nur im EU-Rahmen und nach dem Solidarprinzip geholfen werden kann. Mit Betroffenheit nahm die Seminargruppe wahr, welche ökologischen Schäden eine jahrzehntelange rücksichtslose Ausbeutung der Natur durch Braunkohletagebau und Verstromung der Kohle grenzüberschreitend hinterlassen hatte und mit welchen fast unlösbar erscheinenden wirtschaftlichen und sozialen Problemen die Schließung des Kohlekraftwerks Hagenwerder, des größten Arbeitgebers der Region, die Menschen konfrontierte.

Gleichzeitig wurden jedoch auch Zeichen der Hoffnung sichtbar, etwa im Zusammenhang mit einem großen Renaturierungsprojekt, die gigantischen Tagebaukohlegruben von Hagenwerder betreffend, oder bei der Besichtigung zweier Einrichtungen des EXPO-Außenstandortes Ostritz/Neiße, die zur Gewinnung sanfter Energie gebaut wurden. Gerade die Seminarteilnehmer aus einigen osteuropäischen Ländern nahmen diese Versuche, den ökologischen Kahlschlag vergangener Jahre zu stoppen und die Umweltschäden so weit wie möglich zu beheben, mit großem Interesse zur Kenntnis.

Nicht minder beeindruckend war auch zu sehen, wie kleinere Initiativen, die vorwiegend durch individuelles Engagement getragen wurden, Zeichen für eine Wende zum Besseren setzten, beispielsweise die Baumpflanzaktion, an der die Gymnasien in Herrnhut und im tschechischen Vrchlabi maßgeblich beteiligt sind.

Die Bewusstmachung und das Aussprechen von Problemen ebenso wie das Wecken von Mut und Bereitschaft zu einem Neuanfang spielte eine wesentliche Rolle auch während des zweiten zentralen internationalen Schülertreffens in St. Marienthal im Folgejahr 1998.

Der Geschichts-Workshop, zu dem Schülerinnen und Schüler aller Partnerschulen des Internationalen Schulnetzwerks St. Marienthal zusammengekommen waren, stand unter dem Motto „Vom II. Weltkrieg zum Haus Europa“. Ziel dieses Seminars war es, durch das multiperspektivische Betrachten komplexer historischer und politischer Prozesse mehr Verständnis für die jeweiligen europäischen Partner und Nachbarn zu wecken. Um möglichst viele unterschiedliche Sichtweisen zum Tragen kommen zu lassen, waren die einzelnen Schulen gebeten worden, eines von vier vorgeschlagenen Schwerpunktthemen zu bearbeiten und zur Präsentation vorzubereiten: „Deutsche Besatzungszeit und Formen des Widerstandes“, „Zwangsarbeiter“, „Flüchtlinge im Exil und Schicksal der Heimatvertriebenen“ und „Erlebte Nachkriegsgeschichte“.

In den Präsentationen und Diskussionen kam immer wieder zur Sprache, was die Teilnehmer selbst erlebt hatten oder was ihnen Verwandte oder andere Menschen aus ihrer Umgebung berichtet hatten, so dass sich im Verlauf der Woche „Geschichte“ in viele Geschichten verwandelte, immer wieder in Einzelschicksalen lebendig und zu etwas Persönlichem wurde. Das Leid, das im II. Weltkrieg und in der Nachkriegszeit anderen zugefügt wurde, bekam so ein Gesicht und wurde gleichsam zum Leid von Nachbarn und Bekannten; der Wunsch zu Versöhnung und zum Neuaufbau von Beziehungen wurde nicht durch politische Gesten dokumentiert, sondern wurde am engagierten und kreativen Handeln von Individuen sichtbar.

Der letzte Schritt der Arbeit knüpfte an diese Erfahrungen an und gab jedem die Gelegenheit, in einem schöpferischen Akt das, was sie oder ihn im Laufe der Woche am meisten berührt hatte, zum Ausdruck zu bringen: in Form von fiktiven Briefen, Kurzbiographien, Tagebuchauszügen und Gesprächen.

Wenn man am letzten Abend die Runde durch die Räume machte, in denen die – vielfach mit großem literarischen Gespür verfassten – „persönlichen Zeugnisse“ neben den Wandzeitungen der Vortage ausgehängt waren, wurde offenbar, was den Teilnehmern im Ablauf einer Woche gelungen war: Sie hatten – und man darf hinzufügen: durchaus im Doppelsinn der Formulierung – europäische Geschichte geschrieben.

Die Beispiele dieser Treffen machen sichtbar, dass es unter Jugendlichen West- und Osteuropas die Bereitschaft gibt, aufeinander zuzugehen, einander zuzuhören und miteinander in phantasievoller Weise zusammenzuarbeiten, wenn ihnen im geeigneten Umfeld Gelegenheit dazu geboten wird. Von erheblicher Bedeutung für die Zielsetzung der Projekte des Schulnetzwerks St. Marienthal ist es , dass das, was die Teilnehmer an den internationalen Treffen persönlich erfahren haben, weitergetragen und auch an anderen Stellen fruchtbar wird. Dem diente vor allem der Versuch, nach den Treffen eine größere Öffentlichkeit zu erreichen , etwa durch Vorträge in Kursen an den einzelnen Partnerschulen, durch Diavorträge oder Vorführung von Videofilmen, die während der Treffen entstanden waren, durch Ausstellungen in Kirchengemeinden und durch Kontakte mit Rundfunk und Presse.

Das Schulnetzwerk St. Marienthal hat sich über die Jahre hinweg zu einem lebendigen Organismus entwickelt, der Kooperation zwischen einzelnen Schulen in unterschiedlicher Weise fördert: durch Kontakte der Lehrer untereinander, durch Schüleraustauschprogramme und auch die Möglichkeit für einzelne Schüler, durch Vermittlung der Partnerschulen berufliche Praktika in europäischen Nachbarstaaten durchzuführen. Dennoch bleiben die internationalen Schülertreffen im Kloster St. Marienthal die Höhepunkte im Jahreskreis des Netzwerks und sind gewissermaßen der Motor innovativer Weiterentwicklung, da sich hier Ideen und Aktivitäten der Partnerschulen im „Hotbed“ konzentrieren. Das gegenwärtige zentrale Projekt enthält eine Fülle von Herausforderungen, deren Bewältigung, so darf man hoffen, dazu führen wird, die Kommunikationsstrukturen zwischen den Partnerschulen zu verbessern und die Aktivitäten noch breiter in den jeweiligen Kollegien und der Schülerschaft zu verankern.

Die Konzeption eines unter Gesichtspunkten der ökologischen Nachhaltigkeit gebauten Hauses zur Unterbringung von Behinderten nach einem Modell des betreuten Wohnens soll am Ende des auf zwei Jahre angelegten Projektes stehen, dessen erste Phase mit einem internationalen Workshop im Oktober 1999 abgeschlossen wurde. Das Projekt war von vornherein so konzipiert worden, dass eine möglichst große Zahl unterschiedlicher Disziplinen eingebunden und direkt oder indirekt eine möglichst große Zahl von Lehrern aus unterschiedlichen Fächern in die Vorbereitung einbezogen wurden. Das Projekt setzt auch voraus, dass internationale Arbeitsgruppen, die sich während des ersten zentralen Treffens zu diesem Thema gebildet haben, ein Jahr lang über das Internet miteinander im engen Kontakt bleiben, um Aufgaben, die ihnen während des Treffens übertragen wurden, gemeinsam zu bearbeiten.

Besondere Ansprüche wurden bislang bei allen Treffen an die Fähigkeit der Teilnehmer gestellt, sich in einer Fremdsprache auszudrücken, und es war immer wieder beeindruckend zu beobachten, mit welchem Geschick die Teilnehmer sich mehrerer Fremdsprachen bedienten, um miteinander in Kontakt zu treten und miteinander zu arbeiten (oder miteinander zu feiern). Das Projekt „Öko-Haus“ stellt in seinem gesamten

Verlauf noch höhere Anforderungen an die fremdsprachliche Kommunikationsfähigkeit, da mit einer großen Zahl von Fachbegriffen operiert werden muss. Hier ist das Gelingen auf die Mitarbeit der Sprachlehrer der einzelnen Schulen angewiesen, vor allem auf ihre Mithilfe bei der Entwicklung eines Projektwörterbuchs „Englisch – Deutsch – nichtdeutsche Fremdsprache".

Sollte der Brückenschlag zwischen Theorie und Praxis, zwischen unterschiedlichen Disziplinen und zwischen Schülern und Schülerinnen unterschiedlicher europäischer Länder in einem „Virtuellen Klassenraum Europa" gelingen, dann kann man sicherlich auch behaupten, dass das Schulnetzwerk St. Marienthal (pädagogische) Geschichte geschrieben hat und auf einer ganz neuen Ebene am „Haus Europa" mitbaut.

Ein letzter Punkt, der noch einmal den Gedanken der Förderung von Schülern und Schülerinnen mit besonderen Begabungen aufgreift, sei hier angefügt, der im europäischen Kontext zu sehen ist:

Während junge Menschen in Europa nach 12 Jahren Schulzeit ihr Studium oder eine Berufsausbildung aufnehmen, machen unsere Schüler/innen im Regelfall nach 13 Jahren Abitur.

Um leistungsstarken Schülern/innen den Weg zu ebnen, in 12 Jahren ihre Schulzeit zu beenden, hat die St.-Ursula-Schule seit zwei Jahren ein Modell zur Individualisierung der Schulzeit entwickelt: die Unterrichtsinhalte von Jahrgang 7 bis Jahrgang 11 werden auf vier Jahre komprimiert – leistungsstarke Schüler/innen brauchen weniger Übungsphasen und haben eine schnellere Auffassungsgabe – dadurch können diese Schüler/innen nach Klasse 10 unmittelbar in die Kursstufe (12/13) versetzt werden; dort finden sie durch Integration in den nächst höheren Jahrgang ein breites Kursangebot. Da die St.-Ursula-Schule vierzügig ist, hat sich der Idealfall eingestellt, dass eine dieser vier Parallelklassen diese Möglichkeit wahrnimmt, die Erfahrungen über zwei Jahre sind überaus positiv.

Begabungen sehen und fördern, darin sehen wir einen wesentlichen Auftrag unseres Schullebens, die positive Art, wie Schüler/innen und Eltern ihre Schule sehen und erleben, bestätigt uns das.

Anhang: St.-Ursula-Schule Hannover – Europa-Schule

Europäische Aspekte des Schulprofils

Mitgestaltung des „Hauses Europa“ durch vielfältige Anregungen zur Begegnung mit den europäischen Nachbarn und durch Förderung aktiven gemeinsamen Handelns

Breit gefächertes Fremdsprachenangebot

- ❖ Englisch (1. Fremdsprache)
- ❖ Latein/Französisch (2. Fremdsprache)
- ❖ Latein/Französisch/ Polnisch (Wahlsprache ab Kl. 9)
- ❖ Spanisch (neu begonnene Fremdsprache ab Kl. 11)

Teilnahme am Fremdsprachenwettbewerb

In der Sek.II: ***Kurssequenz im Fach Englisch*** mit wirtschaftlich-technischem Akzent und ***integriertem beruflichen Praktikum in Firmen und öffentlichen Institutionen in London*** (in Kooperation mit der Cardinal Vaughan Memorial School London)

Jahrgang 11 – Teilnahme an Austauschprojekten

Behandlung europäisch relevanter Themen in allen Unterrichtsfächern

Teilnahme an Programmen der Europäischen Union / COMENIUS

Koordination des Europäischen Schulnetzwerks St. Marienthal mit folgenden Partnerschulen

- ❖ Porthcawl Comprehensive School / Porthcawl (Wales)
- ❖ Ursuline Convent School /Westgate-on-Sea (England)
- ❖ Lindeskolan / Lindesberg (Schweden)
- ❖ Gymnazium Vrchlabi / Vrchlabi (Tschechien)
- ❖ Pryw. Liceum Siostr Urszulanek / Wroclow (Polen)
- ❖ Liceum Ogelnoksztalcace / Dzierzoniow (Polen)

- Prywatne Technikum Gastronomiczno-Hotelarskie SS. Urszulanek SJK / Pniewy (Polen)
- Zespol Szol Zawodowych Nr 2 im. Marii Dabrowskiej / Sieradz (Polen)
- Privatgymnasium der Ursulinen / Salzburg (Österreich)
- Liepajas 5. Vidusskola / Liepaja (Lettland)
- Vilnius Jesuit High School / Vilnius (Litauen)
- Istituto S. Giuliana Falconieri / Rom (Italien)
- Deutsche Partnerschulen in Dresden, Herrnhut und Görlitz

(weitere Partnerschulen, die nicht zum Schulnetzwerk gehören, in Nantes und Senlis)

Organisation von europäischen Schulprojekten mit den Partnerschulen des Netzwerks in den Bereichen

- europäische Kultur und Geschichte
- Versöhnung Deutschlands (insbesondere) mit seinen osteuropäischen Nachbarn
- Schuldisziplinen und professionelle Anwendung
- praktizierter Umweltschutz
- Erwerb von Fremdsprachen

Schüler- und Lehreraustauschprogramme mit mehreren Partnerschulen des Netzwerks

Erfahrungen mit europäischen Projekten am Beispiel des Gymnasiums Bethel

Klaus Netzer

1. HORIZON – Verband europäischer Partnerschulen

Am 7. Mai 1992 trafen sich am Lycée du Bellay in Angers (Frankreich) die Schulleiter von 10 europäischen Partnerschulen. In einer Feierstunde unterzeichneten sie – in Anwesenheit des Rektors der Académie de Nantes – ein Dokument, mit dem sie ihrer Zusammenarbeit eine neue Qualität, eine europäische Dimension, geben wollten.

Alle Partnerschulen verfügten über langjährige Erfahrungen mit traditionellen, binationalen Schüleraustauschprogrammen. Diese bewährten Programme sollten fortgeführt werden, da sie zum Erlernen der Fremdsprachen motivieren, Verständnis für die Lebensgewohnheiten anderer Nationen fördern und nicht selten zu grenzüberschreitenden Freundschaften führen.

Angesichts des politisch und wirtschaftlich zusammenwachsenden Europas sahen sich die Partnerschulen darüber hinaus verpflichtet, in ihre Schulprogramme die Entwicklung eines europäischen Bewusstseins aufzunehmen. Dazu sollten in gezielten Lernangeboten Kenntnisse und Fähigkeiten vermittelt werden wie

- Teamfähigkeit bei der Arbeit in internationalen Arbeitsgruppen,
- Förderung der fremdsprachlichen Kompetenz,
- Bewusstsein für länderübergreifende Problemzusammenhänge,
- vertieftes Verständnis für die gemeinsamen europäischen Wurzeln sowie die
- gewachsene Vielfalt in den europäischen Mitgliedsländern.

Die Statuten des Verbands sehen folgende Aufgabenreiche vor:

- Verwirklichung der Europaidee im Rahmen der nationalen Erziehungssysteme,
- Entwicklung von europäischen, fächerübergreifenden Unterrichtsbausteinen Module) als Elemente eines gemeinsamen Europa-Curriculums,
- Entwicklung von Modellen für Europaklassen,

- Angebote von europäischen Projektwochen,
- Anstreben der Anerkennung des Verbandes auf regionaler, nationaler und europäischer Ebene mit dem Ziel, den Schülerinnen und Schüler der Mitgliedsschulen die best möglichen Chancen für ihre Bildung und Ausbildung zu bieten.

In der Anfangsphase der Zusammenarbeit werden diese Angebote überwiegend additiv zum Schulcurriculum angeboten. Langfristig sollen die Projekte als integrative Bestandteile für die Schullaufbahn angerechnet und von den Partnerschulen anerkannt werden. Dies ist in erster Linie für die Mitarbeit in den gemeinsamen europäischen Unterrichtsbausteinen (Module) vorgesehen.

Auf der Jahreskonferenz tagen die Schulleiter und die Europa-Koordinatoren der Mitgliedschulen jeweils in einer anderen Partnerschule, um die gemeinsamen Aktivitäten abzustimmen und grundsätzliche Absprachen zu treffen. Der Vorstand (drei Mitglieder) wird für drei Jahre gewählt. Die Anzahl der Partner soll aus Gründen der Konsolidierung und Effizienz der Arbeit bis auf weiteres nicht erhöht werden.

1.1 Mitglieder des Verbandes Stand 2001

1. Liceo Galilei, Verona (I)
2. Ginnasio Galvani Bologna (I)
3. Longsands College, St. Neots (England)
4. Ramsey Abbey School, Ramsey (England)
5. Gesamtschule Schinkel, Osnabrück (D)
6. Gymnasium Bethel, Bielefeld (D)
7. Lycée Jean Moulin, Angers (F)
8. Lycéc du Bellay, Angers (F)
9. Instituto J. de Ribera, Xativa (E)
10. Newtown High School, Newtown (Wales)
11. Coornhert Lyceum, Haarlem (NL)
12. Schule Nr. 1215 „Romain Rolland, Moskau (RUS)

1.2 Projekte des Verbands HORIZON im Schuljahr 2001/2002

1.	Liceo Galilei, Verona	Classical Culture
2.	Ginnasio Galvani, Bologna	Art Week: Historical Buildings
3.	Longsands College, St. Neots Ramsey Abbey School, Ramsey	Dance and Movement Festival
4.	Ramsey Abbey School, Ramsey	Shakespeare Week
5.	Gesamtschule Schinkel, Osnabrück	Physics Week
6.	Gymnasium Bethel, Bielefeld	Europaklasse
7.	Lycée Jean Moulin, Angers	Horizon – Lecture
8.	Lycée du Bellay, Angers	Euroclasse
9.	Instituto J. de Ribcra, Xativa	Plastic Arts – Creative Work
10.	Coornhert Lyceum, Haarlem	Waterweek
11.	Schule Nr. 1215, Moskau	Russian Culture and History

2. Darstellung einzelner Projekte

2.1 Europaklasse am Gymnasium Bethel

Seit 1993 wird am Gymnasium Bethel in jedem Jahr die Europaklasse eingerichtet. Dazu laden wir insgesamt 20 SchülerInnen im Alter von 16–18 Jahren ein. Sie sollen über entsprechende Deutschkenntnisse verfügen, damit sie dem Unterricht in Deutsch folgen können.

Die Teilnehmer kommen von unseren Partnerschulen in Frankreich, England, den Niederlanden, Italien, Ungarn, Tschechien, Polen und Russland. Dazu gehören, neben den Schulen des Verbands HORIZON, weitere Schulen – teils in freier Trägerschaft – vor allem in Mittel- und Osteuropa. Die Kontakte zu diesen Schulen nutzen wir, um im Netzwerk europäischer Partnerschulen eine Brückenfunktion auszuüben.

Die Europaklasse findet in der Jahrgangsstufe 11 für 5 Wochen im November/Dezember statt. Dieser Zeitraum hat sich nach den Erfahrungen aller Beteiligten (Gastschüler, Gastgeber, Lehrer) bewährt.

Ziele:

- Vertiefung der Kenntnisse in deutscher Sprache und Landeskunde,
- Verbesserung von gegenseitigem Verständnis durch die Begegnung mit gleichaltrigen Europäern,
- Erprobung von internationaler Zusammenarbeit in konkreten Projekten,
- Vertiefung des europäischen Bewusstseins.

Programm: Stunden/Woche

- Deutsch – Intensivkurs mit Geschichte Deutschlands in Europa seit 1989 10
- Fächerübergreifender Kurs (europäisches Modul): Thema: Gesundheit und Umwelt 6
- Eurokunde 4
- Projektarbeit 4
- Meeting 2
- Sport 1 Mal/Woche abends gemeinsam mit Deutschen 2

Der Deutschkurs verbindet die europäischen Gäste in ihrem gemeinsamen Interesse an deutscher Sprache, Landeskunde und Literatur. In dem Kurs unterrichten 3 Deutschlehrer, die sich die unterschiedlichen Schwerpunkte des Intensivkurses aufgeteilt haben:

1. Alltagssprache;
2. Analyse und Diskussion aktueller Sachtexte und zeitgenössischer deutscher Prosa;
3. Systematische Wortschatz- und Grammatikarbeit.

Da die Teilnehmer zwischen 3 und 7 Jahre Deutschunterricht haben, können sie in der Regel dem Unterricht in Deutsch als Fremdsprache recht gut folgen. Die Fähigkeit, sich im Deutschen mündlich zu äußern, zeigt jedoch ein deutliches West-Ost Gefälle: während die Gäste aus Mittel- und Osteuropa (Tschechien, Polen, Russland) flüssig Deutsch sprechen und sich teilweise fast souverän in der Fremdsprache darstellen, tun sich vor allem französische SchülerInnen im mündlichen Ausdruck recht schwer. Sie müssen die Erfahrung machen, dass sie im Gegensatz zu den anderen Europäern nicht so gut auf die Kommunikation in Deutsch vorbereitet sind. Dies ist für manche eine herbe Erfahrung und führt nicht selten zu Klagen über den Fremdsprachenunterricht im französischen Schulsystem, der eher auf eine rezeptive Textarbeit ausgerichtet ist.

Der fächerübergreifende Kurs zum Thema Gesundheit und Umwelt versteht sich als Erprobung der Arbeit mit einem europäischen Modul: das Thema greift ein länderunabhängiges Problem auf. Am Beispiel „Gesunde Luft“ werden exemplarisch die Verhältnisse in Ostwestfalen/Bielefeld gewählt und unter dem spezifischen Aspekt der Fächer Erdkunde, Biologie, Physik analysiert. Mit diesem Kurs sollen Erfahrungen für die Entwicklung und Erprobung von gemeinsamen curricularen Bausteinen gesammelt werden, die im Rahmen von COMENIUS Projekten des Gymnasiums mit den Partnerschulen geplant sind (vgl. hierzu weiter unten).

Die Eurokunde soll das Verständnis für den europäischen Nachbarn fördern und zur Förderung eines gemeinsamen europäischen Bewusstseins bei den „Euopaklässlern“ beitragen. Der Unterricht hat deshalb 2 thematische Schwerpunkte:

1. die teilnehmenden Europäer stellen sich selbst und ihren Lebensraum unter ausgewählten Gesichtspunkten dar (Familie, Schule, Heimatstadt);

2. Informationen über die EU und ihre Einrichtungen werden vermittelt und ergänzt durch eine Plenumsdiskussion mit Experten zu einem aktuellen Thema wie z.B. „Der Euro und der Handel“.

Die Projektarbeit ist diejenige Unterrichtsveranstaltung, in der die „Europaklässler“ mit SchülerInnen des Gymnasium gemeinsam arbeiten. Sie beschäftigen sich mit solchen Themen wie „Jugendarbeit“ oder „Globalisierung“. Die mitgebrachten oder vor Ort empirisch oder mittels Internet erworbenen Materialien werden gesichtet und im Rahmen der Projektarbeit für eine abschließende Präsentation in Form eines Dossiers oder einer Ausstellung zusammengestellt.

Bei der konkreten Arbeit in dieser Gruppe zeigt sich, dass selbstorganisiertes Lernen als Methode der Gruppenarbeit vielen Gästen nicht vertraut ist. Dann stagniert die Gruppenarbeit und der Lehrer muss steuernd eingreifen.

Eine weitergehende Integration der Gäste in das Fächerangebot der Schule ist kaum möglich, da die unterschiedlichen Bildungssysteme so große Diskrepanzen in den Vorkenntnissen oder sprachlichen Voraussetzungen aufweisen, dass die Gäste nicht sinnvoll in Kurse der Jahrgangsstufe 11 integriert werden können. Für die zukünftige Europaklasse ist geplant, deutsche Schüler/innen stärker in das Programm der Europaklasse einzubinden. Es ist an eine Kompaktveranstaltung gedacht, die alle Teilnehmer/innen an einem Ort zusammen bringt und die Aktivitäten bündelt. Für die nächste Europaklasse ist eine dreitägige Zukunftswerkstatt in Berlin geplant. Dort werden sowohl die Interessen der Gäste an der deutschen Hauptstadt als auch europäische Themen und soziale Aspekte im Programm berücksichtigt. Die Finanzierung der Europaklasse ist ein besonderes Problem. Bislang gibt es keine europäischen Fördermittel aus Programmen wie z.B. Comenius oder Leonardo, da die Organisation der Europaklasse (Dauer, Teilnehmerzahl) quer zu den Förderkriterien liegt. Die Teilnehmer zahlen deshalb Anreise und Ausflüge selbst. Sie wohnen kostenlos bei Gastfamilien und laden den Gastgeber nach dem Prinzip der Gegenseitigkeit zum Besuch in ihre Heimatstadt ein.

Die Kosten für den Unterricht mit 28 Stunden/Woche, davon 10 Stunden Deutschunterricht, trägt das Gymnasium Bethel. In der Europaklasse unterrichten acht Kollegen/innen mit durchschnittlich drei Stunden/Woche. Dieser Unterricht wird mit den Unterrichtsverpflichtungen der betreffenden Kollegen/innen für das gesamte Halbjahr verrechnet. Der Unterricht in der Europaklasse wird ergänzt durch verschiedene außerunterrichtliche Veranstaltungen. Dazu gehören eine Betriebserkundung, eine Fahrt zum Landtag mit Diskussion mit einem Abgeordneten, Begegnung mit Ausländern in Bielefeld sowie eine Wochenendfahrt nach Bremen.

Zum Abschluss der Europaklasse erhalten die Teilnehmer ein Zertifikat, das detailliert die Leistungen in den einzelnen Fächern dokumentiert. Diese Zertifikate ergänzen beim Abschluss der Schullaufbahn der Schüler/innen ihr Abiturzeugnis. Diese Zertifikate stellen für die Europaklässler Pluspunkte bei ihren Bewerbungen dar und sind deshalb als Nachweis über Auslandserfahrung geschätzt. Am Collegio Valdese in Italien wird das Zertifikat der Europaklasse nach einem Berechnungsschlüssel für die Qualifikationen zur Zulassung zur italienischen matura berücksichtigt.

Langfristig wird vom Verband angestrebt, für Europa-Aktivitäten an den Partnerschulen Zertifikate auszustellen, die sich an dem Europäischen Portfolio Sprachen des Europarats orientieren. Rückblickend über die bisherigen Europaklassen kann festgehalten werden, dass das internationale Lernklima und die gemeinsamen Erlebnisse zu einem Wir-Gefühl in der Europaklasse führen, das ab der 2. Woche deutlich spürbar ist. Es bilden sich persönliche, grenzüberschreitende Beziehungen und Freundschaften, die oft lange über die Zeit der Europaklasse in Bielefeld hinaus fortbestehen. Viele haben auch noch nach Jahren Kontakt zu ihren Lehrern und Gastfamilien in Bielefeld.

2.2 Projektwochen der Partnerschulen im Verband HORIZON

Eine Europaklasse wie am Gymnasium Bethel gibt es vom Konzept her in ähnlicher Form als classe européenne am Lycée du Bellay in Angers.

Die Teilnehmer werden für sechs Wochen entsprechend ihrem Fächerprofil in den Fachunterricht der seconde bzw. première eingekurst und nehmen als Einzel-Lernende am normalen Unterricht wie die französischen Schüler teil. Umfang: 20 bis 25 Stunden. Unterrichtssprache ist Französisch. Für zwei Stunden pro Woche bilden sie mit den anderen Gastschülern gemeinsam eine Lerngruppe, die in „concertation euroèenne“ unterrichtet wird. Französische Schüler können freiwillig an dieser „concertation europèenne“ teilnehmen.

In der „euroclasse“ in Angers steht die Integration der europäischen Gäste in das französische Fächerangebot am Lycèe du Bellay im Vordergrund. Das Voneinander und Miteinander Lernen wird dagegen weniger gewichtet als in der „Europaklasse“ am Gymnasium Bethel.

Die übrigen Partnerschulen des Verbands bieten ihre Europaaktivitäten als Projektwochen an. Zu dem jeweiligen Konzept gehört:

- ein Thema, das auf die besonderen lokalen Gegebenheiten der gastgebenden Schule abgestimmt ist und eine europäische Dimension hat;
- ein Angebot von sozialen Aktivitäten mit Bildungs- und Erlebnischarakter,
- Durchführung des Projekts mit Englisch als Kommunikationssprache.

Diesem Konzept entsprechen z.B. die waterweek in Haarlem (NL), die Classical Week in Verone (I) sowie die Shakespeare Week unserer englischen Partnerschule in der Nähe von Cambridge.

Die Verkehrssprache bei allen Projekten – mit Ausnahme der Europaklassen – ist Englisch, unabhängig von der Nationalsprache des gastgebenden Landes. Langfristig wird jedoch im Verband angestrebt, den Teilnehmern an Projekten vorher in ihrer Heimatschule zumindest ein passives Verständnis der Landesprache in kommunikativ relevanten Situationen zu vermitteln.

Die Unterkunft schließlich erfolgt bei allen Projekten in Familien nach dem Prinzip der Gegenseitigkeit: der Gast wohnt kostenlos bei seinem Gastgeber. Dieser kann – nach Absprache – einen Gegenbesuch bei seinem Partner, z.B. bei einer anderen Projektwoche, abstatten.

Von den englischen Partnerschulen wird als weitere Form einer europäischen Veranstaltung besonders das Festival propagiert. Dieses kommt mit seinem Event-Charakter den Vorstellungen der englischen Schüler entgegen. So hat im Jahr 2000, ein Sport Festival in Moskau mit ca. 150 Teilnehmern aus den HORIZON Partnerschulen stattgefunden. Für 2002 ist ein Dance and Movement Festival ähnlicher Größenordnung in England geplant.

Durchweg positive Erfahrungen haben wir mit dem Projekt „Horizon – Lecture“ gemacht. Die Grundidee: Schüler/innen der teilnehmenden Schulen schlagen eine Leseliste mit Titeln der europäischen Erzählliteratur der Gegenwart vor. Auswahlkriterien sind Bekanntheitsgrad und Beliebtheit der Bücher bei den Schüler/innen. Im Jahr 2001 waren es folgende Titel: Italo Calvino „Der Baron auf den Bäumen“ (Italien); Amélie Nothomb „Der Professor“ (Frankreich); Zamjatkin „Wir“ (Russland); Patrick Süskind „Das Parfüm“ (Deutschland). Die Schüler/innen lesen von September bis Dezember mindestens zwei Romane, ggf. in Übersetzung. Ihre Leserfahrungen halten die Schüler/innen in Rezensionen, Kommentaren, neue Fassung des Erzählschlusses oder Ähnliches fest. Die Deutsch-Fachlehrerin stellte ihre didaktisch/methodischen Überlegungen zur Behandlung von Patrick Süskind „Das Parfüm“ als Lektüre im Deutsch-Grundkurs der Jahrgangsstufe 11 in der Homepage zur Diskussion. Von Januar bis April fand ein reger Informationsaustausch per Fax oder E-Mail zwischen den Leser/innen an den Partnerschulen in Deutschland, Frankreich und Italien statt. Abschluss des Projekts war die rencontre littéraire am Lycée Jean Moulin, die vom 21. bis 24. Mai 2001 in Angers statt fand. Die Projektteilnehmer/innen brachten ihre Leserfahrungen in Gestalt von Fotoromanen, neuen Entwürfen von Titelbildern, Charakterisierungen und Analysen zum Ausdruck. Der Höhepunkt der Veranstaltung war eine mehrsprachige Lesung ausgewählter Texte und eine in Angers erarbeitete, szenische Darstellung einzelner Episoden. Organisatorisch wurde die Veranstaltung getragen von dem Engagement der Bibliothekarin am Lycée Jean Moulin in Zusammenarbeit mit den Fachkolleg/innen an den beteiligten Schulen.

Alle Projektwochen sind als europäische Aktivitäten zusätzlich zum Lernangebot der Schulen zu verstehen. Langfristig sollen jedoch auch integrative Projekte hinzukommen, die in der Form von curricularen Bausteinen (Modulen) erarbeitet und aus Mitteln des CONENIUS Programms gefördert werden.

2.3 COMENIUS Projekt am Gymnasium Bethel 2001 – 2004

Mit anderen Partnerschulen, die nicht dem Verband angehören, beteiligt sich das Gymnasium an einem auf 3 Jahre angelegten Schulprojekt zu dem Thema:

„Bewusstmachen des gemeinsamen europäischen Erbes – Herausforderungen für Gegenwart und Zukunft“

Die Partner in diesem Projekt sind:	homepage:
1. Collegio Valdese in Torre Pellice (I)	www.collegiovaldese.com
2. Lycée St. Joseph in Le Havre (F)	http://perso.wanadoo.fr/st.jo.le.havre
3. Collegiul National in Tirgoviste (Ro)	www.jenachita.n3.net
4. Instituto Compresivo „C. Gouthier“ in Perosa Argentina (I)	www.alpimedia.it/icomp
5. Gymnasium Bethel in Bielefeld (D)	www.gymnasium-bethel.de

Ziel des Projektes ist die Entwicklung von europäischen Unterrichtsbausteinen zu folgenden Themen:

- Rassismus/Fremdenfeindlichkeit,
- Genetische Fingerabdrücke,
- Der goldene Schnitt: Skulpturen und Bauten im europäischen Vergleich.

Bei den vorbereitenden Treffen haben sich die Vertreter der Schulen auf thematische Schwerpunkte und Grundlinien für den organisatorischen Ablauf verständigt:

- Entwicklung, Erprobung und Evaluation von Unterrichtsbausteinen zu den ausgewählten Themen;
- Bildung von internationalen Arbeitsgruppen mit Lehren und Schülern;
- Austausch von Materialien zur Vorbereitung von Arbeitstreffen.

Jede Schule richtet eine homepage ein, auf der die Ergebnisse der Arbeitsgruppen regelmäßig von einem webmaster aktualisiert und von den Partnern abgerufen werden können.

In der ersten Phase trifft sich jede der eingerichteten Arbeitsgruppen einmal zu einem Projekttreffen, bei dem die bisherigen Arbeitsergebnisse diskutiert und die weitere Vorgehensweise abgestimmt, werden sollen. Schüler sind bei diesen Projekttreffen maßgeblich beteiligt.

Das Projekttreffen für den Baustein „Genetic Fingerprints“ fand vom 18.-20. Februar 2002 in Le Havre statt. An den praktischen Arbeiten überwiegend im Labor nahmen sieben italienische, sechs französische, zwei rumänische und vier deutsche SchülerInnen im Alter von 15 bis 18 Jahren teil. Die praktische Arbeit erfolgte parallel in vier gemischten Gruppen. Unterrichtssprache war englisch.

Die Arbeiten der europäischen Schülergruppe fanden unter Anleitung des Biologielehrers der deutschen SchülerInnen statt, der als Experte für DNA-Analysen mitgereist war.

Bei einem fiktiven Mord waren Haare des Täters am Tatort gefunden worden. Die DNA von fünf Tatverdächtigen wurden experimentell mit Hilfe des genetischen Fingerabdrucks mit der DNA-Probe aus den Haaren vom Tatort verglichen. Hiermit konnte bewiesen werden, dass einer der Tatverdächtigen zur Zeit des Mordes am Ort des Verbrechens gewesen war. Im abschließenden Teil wurden die rechtlichen Grundlagen für die Anwendung des genetischen Fingerabdrucks und die Speicherung der dabei gewonnenen Daten in Italien, Frankreich, Rumänien und Deutschland ansatzweise verglichen.

Weitere Detailinformationen zum Projekttreffen „Genetic Fingerprints" in Le Havre können auf der homepage des Gymnasiums Bethel unter www.gymnasium-bethel.de link „Comenius Projekt" abgerufen werden.

In der zweiten Phase sollen die didaktischen und methodischen Vorstellungen der Partner von den europäischen Modulen soweit aufeinander abgestimmt werden, dass die entwickelten Bausteine in den Partnerschulen erprobt und evaluiert werden können. Wieweit die Vorstellungen der Partner am Anfang auseinanderliegen, soll am Beispiel des Bausteins Rassismus/Fremdenfeindlichkeit deutlich, gemacht werden: während die deutsche Arbeitsgruppe in ihrem Konzeptentwurf von einem empirischen, aktualitätsbezogenen Ansatz ausging, war der französische Entwurf von einem historisch-literarischen Ansatz geprägt.

Bei der Arbeit in den kommenden drei Jahren wird es darauf ankommen, die Vorstellungen der Partner soweit zu harmonisieren, dass die europäische Dimension in den Bausteinen deutlich und die vergleichende Erprobung in den Schulcurricula möglich wird. Dies wird die eigentliche Herausforderung des COMENIUS Projekts für die Zusammenarbeit der Partner sein.

Ecole la Garanderie

Tina Roon und Jean-Daniel Nordmann

1. Die Gründung der Ecole de la Garanderie und das Recht auf Bildung

1997 wurde die „Ecole de la Garanderie“ von einer Lehrergruppe unter der Prämisse gegründet, etwas Neues in der Schullandschaft zu schaffen, das sowohl den Ansprüchen der modernen Informationsgesellschaft sowie den wandelnden Familienstrukturen gerecht werden könne. Und vor allem sollte eine Schulstruktur geschaffen werden, die schülergerechtes Lernen ermöglicht.

Ziel war es, das Kind in den pädagogischen Mittelpunkt zu setzen.

Ausgangspunkt hierfür war Artikel 26 Paragraph 1 und 2 Allgemeine Menschenrechte von 1948. Dort steht geschrieben:

Abs. 1:

Jeder Mensch hat Recht auf Bildung.

Der Unterricht muss wenigstens in den Elementar- und Grundschulen unentgeltlich sein.

Der Elementarunterricht ist obligatorisch.

Fachlicher und beruflicher Unterricht soll allgemein zugänglich sein; die höheren Stufen sollen nach Maßgabe ihrer Fähigkeiten und Leistungen in gleicher Weise offen stehen.

Und unter Artikel 26, Paragraph 2 steht geschrieben

Die Ausbildung soll die volle Entfaltung der menschlichen Persönlichkeit und die Stärkung der Achtung der Menschenrechte und Grundfreiheiten zum Ziele haben.

Sie soll Verständnis, Duldsamkeit und Freundschaft zwischen allen Nationen und allen rassischen oder religiösen Gruppen fördern und die Tätigkeit der Vereinten Nationen zur Aufrechterhaltung des Friedens begünstigen.

Speziell letzterer Artikel beschreibt, dass Ziel der Schule die Entfaltung der Persönlichkeit sei und, was insbesondere unter dem Hintergrund des zweiten Weltkrieges nur allzu verständlich ist, dies dem gegenseitigen Verständnis entgegenkommen solle, im

Klartext also Vielseitigkeit im Schulwesen mehr als wünschenswert sei, um eben die Bildung einer staatlich zentralisierten Machtstellung zu verhindern.

Aufbauend auf diesen Grundideen und gemäss den Arbeiten von Antoine de la Garanderie, dessen Namen die Schule schließlich tragen würde, wurde die Ecole la Garanderie zum Schuljahr 1997/98 eröffnet. Zielsetzung der Schule war und ist es immer noch, allen Kindern, auch den „Andersartigen“, Chancengleichheit im schulischen Bereich zu bieten. Unter Chancengleichheit sei zu verstehen, das gleiche Recht eines jeden, seinen Begabungen und Bedürfnissen gemäß gefördert zu werden.

2. Die Pfeiler der Garanderie

Gegründet wurde die „Ecole la Garanderie“ zunächst auf zwei Pfeilern.

Erstens handelt es sich um die Realisierung der Idee, den Schüler in den Mittelpunkt des pädagogischen Geschehens zu stellen, wozu sich die Arbeiten von la Garanderie geradezu anbieten, geht er doch davon aus, jeder Mensch könne seinen Fähigkeiten entsprechend erfolgreich sein und dem Schüler dort begegnen werden müsse, wo er sich gerade befindet und man ihn von dort aus weiterführen solle.

Will man aber dem Schüler und nicht dem Programm gerecht werden, so gilt es noch weiter umzudenken. Bezogen auf das Leben in der Schule heißt dies unter anderem, einen personalisierten Lehrplan einzuführen.

So werden ein gemeinsames Programm für alle sowie Frontalunterricht weitgehend ausgeschlossen. Unsere Überlegungen führten hier zu einem Unterrichtssystem, das personalisiertes Lernen auf verschiedenen Ebenen ermöglicht. Zunächst einmal wird Lernen physisch in Module aufgeteilt. Jedes Modul bietet eine Einheit an, in der inhaltlich mit dem Schüler abgestimmt wird, welche Arbeit er in welchem Zeitraum zu erledigen hat und wie er dies möglichst autonom ausführen kann.

Des weiteren wird das Lernen aber auch den inneren Bedürfnissen des Schülers angepasst, d.h. man überlegt gemeinsam, wie er die Sache am besten angehen kann, welche Art von Erklärungen er braucht bzw. wie er selbst Erklärungen seinen Bedürfnissen gemäß gedanklich anpassen kann.

3. Die Forderung hochbegabter Schülerinnen und Schüler

Aus diesen ersten Pfeilern erwuchs gewissermaßen der dritte, nämlich der der Hochbegabten. Keineswegs beabsichtigt zu Beginn entwickelte sich aus dem enormen Bedürfnis an Anerkennung und den Bedürfnissen von intellektuell Hochbegabten angepassten Unterrichtsformen die heutige Hauptausrichtung unserer Schule.

Wenn wir hier von „ihren Bedürfnissen entsprechend“ sprechen, so meinen wir keineswegs, die Hochbegabten müssten nun absolut verwöhnt werden und ihnen alles mundgerecht auf dem Silbertablett serviert werden.

Vielmehr möchten wir hiermit auf die natürlichen Bedürfnisse des einzelnen Lerners (hochbegabt oder nicht) eingehen und ihm die bestmöglichen Lernchancen bieten. Ein Anliegen, das meines Erachtens dem der heutigen Gesellschaft zur Anerkennung der Person des Einzelnen gerecht wird, ohne die Person zum Einzelgänger verkümmern zu lassen.

Denn ist es nicht so, dass erst, wenn wir jeden in seiner Person anerkennen und gewähren lassen, es der Person ermöglichen, zu einem selbstständigen, verantwortungsvollen und selbstverantwortlichen Mitglied der Gesellschaft heranzuwachsen.

Die zur Begabtenförderung unabdingbare Binnendifferenzierung scheint in der öffentlichen Schullandschaft auf erhebliche Widerstände zu stoßen, gilt doch die weitverbreitete Meinung, dass Binnendifferenzierung zu aufwendig für die Lehrpersonen sei. Was unserer Erfahrung nach nur dann stimmt, wenn man versucht, zu differenzieren ohne sich vorher über das „wer, wie, was, wann und warum" Gedanken gemacht zu haben.

4. Das Innenleben der Ecole la Garanderie – Organisation

Um einen besseren Zusammenhalt zu gewährleisten und gleichzeitig ein frühzeitiges Abspringen vom Projekt zu vermeiden, wurde beschlossen, die Ecole la Garanderie in Form einer GmbH ins Leben zu rufen. Gründungsmitglieder und Teilhaber sind mehrere, heute nur noch z.T. an der Schule aktive Lehrer. Sicherlich hat diese Gesellschaftsform geholfen, in den anfänglich sehr schwierigen Zeiten der Ungewissheit, ob man das Ganze finanziell und pädagogisch überleben würde, zusammenzuhalten und besser miteinander umzugehen.

4.1 Schulleitung und Kollegium

Geleitet wird die Schule im Direktionsteam mit klar umrissenen Aufgaben bei gleichzeitig häufig stattfindendem Feedback untereinander sowie zwischen Direktion und Kollegium.

Zwischen Schulleitung und den ca. 15 Kollegiumsmitgliedern kommt es, schon durch die kleine Struktur bedingt, zu häufigem, spontanen wie programmierten, Austausch über pädagogische, fachliche bzw. interdisziplinäre Fragen. Dieser Austausch wird aktiv als eine der Grundbedingungen für kompetentes pädagogisches Handeln gefördert und gefordert.

Ein wichtiger Bestandteil unserer Arbeit ist ein regelmäßiger Austausch zwischen allen Lehrern sowie der Schulleitung. Zu diesem Zweck finden mindestens einmal pro, Monat Sitzungen statt, die im Geiste der gegenseitigen Hilfestellung und eines unzensierten Austauschs geführt werden.

Ziel dieser Sitzungen ist eben ein, offener Austausch, alle über anfällige Ereignisse zu informieren, vor allem, was unsere Schüler betrifft. Schülern, die eine intensive schulische Leidensgeschichte hinter sich haben, müssen zumindest anfangs intensiv begleitet werden und alle Betroffenen müssen am gleichen Strang ziehen, will man nicht in das alte Schema verfallen.

Oft wird uns die Frage gestellt, ob zur Arbeit mit hochbegabten Schülern auch hochbegabte Lehrer gehören. Worauf wir meistens folgendermaßen antworten: „Die Lehrer haben zwar oft die Symptome aber nicht unbedingt die Krankheit!"

4.2. Zusammenarbeit

4.2.1 zwischen Schülern, Lehrern und Eltern

Ein wichtiger Bestandteil für erfolgreiches Schul(er)leben ist die enge Zusammenarbeit zwischen Schülern, Lehrern und Eltern, insbesondere bei Schülern, die entweder eine schmerzhafte Schulerfahrung hinter sich haben und/oder Minderleister sind. Gelingt es nicht rasch, eine vertrauensbildende, gemeinsame Basis zu bilden, so kann das Fortkommen des Schülers gefährdet sein. Selbstverständlich für uns, sollte aber dennoch an dieser Stelle vielleicht gesondert erwähnt werden, sei hier noch, dass der Schüler ganzheitlich verstanden und gefördert werden muss. So verbessern sich häufig zuerst sein persönliches Verhalten und seine Kontaktfähigkeit sowie Interesse an der Außenwelt, um dann den Weg zur Fähigkeit zu bahnen, sich schulischen Anforderungen zu stellen und die erfolgreich bewältigen zu können.

4.2.2 mit außenstehenden Beratern (Psychologen, Sonderpädagogen, etc.)

Vor allem bei den schulgeschädigten Kindern, aber auch Kinder aus schwierigen familiären Verhältnissen oder z.B. bei Legasthenikern ist eine Zusammenarbeit mit Fachpersonen unabdingbar. Natürlich kostet dies auch wieder zusätzliche Zeit und Energie, aber unserer Erfahrung nach lohnt es sich, und nicht nur dem Kind zuliebe, sich zu Beginn intensivst mit ihm und seiner Umgebung auseinander zu setzen. Was man möglicherweise zu Beginn an Zeit „verliert", gewinnt man später leicht zurück.

4.3 Stundenplan

Die Unterrichtsstunden finden in Blöcken von jeweils 90 Minuten statt. Um Fachbereichen mit ungleichen Stundenzahlen gerecht zu werden, haben wir die Wochen A und B eingeführt, was zwar die Planung des Stundenplans etwas erschwert, uns dafür aber ermöglicht, in länger andauernden Blöcken zu unterrichten. Zusätzlich zu den normalen Kursen wie Mathe, Französisch, Geschichte etc. werden klassenübergreifend folgende Wahlkurse angeboten, von denen der Schüler jeweils zwei auswählen kann: Musik, Theater, Basteln und Informatik, Körperausdruck, Kunst, Erfindungen, kreatives Schreiben, 2D-3D sowie Handwerken.

Zudem werden in den Sekundarklassen noch erweiterter Mathematikunterricht, Latein und Italienisch angeboten.

Einen großen Wert legen wir auch auf einen Kurs mit spiritueller Ausrichtung ohne konfessionelle Bindung. In diesem Fach, versuchen wir religionsübergreifend die für das menschliche Zusammenleben so notwendigen Werte und Wertvorstellungen zu vermitteln. Gerade mit unseren hochbegabten Schüler haben wir die Erfahrung gemacht, wie sehr sie sich für diesen Themenbereich interessieren, der sowohl Leben und Tod behandelt als sich auch mit Sinn des Daseins auseinandersetzt.

Auf Grund der langen Anfahrtswege einiger Schüler fangen wir morgens erst um halb neun an. Die meisten Schüler essen am Mittag in der Schule, wobei die beim Mittagstisch anfallenden Räum- und Spülarbeiten von den Schülern erledigt werden. Eine Arbeit, die pädagogisch sicher nicht zu unterschätzen ist und die Lehrern und Schülern Gelegenheit gibt, sich einmal von einer anderen Seite her kennen zu lernen.

5. Unterrichtsformen: Personalisierter Unterricht und Kollektivunterricht (Freiheiten im Unterricht)

Ganz bewusst sprechen wir hier eher von personalisiertem Unterricht im Gegensatz zum individualisierten. Wir versuchen nämlich die Person ganzheitlich anzusprechen und zu versuchen ihr in ihrer Gesamtheit gerecht zu werden, sowohl was ihr Denken als auch ihr Handeln angeht. Hierzu gehören eben personalisierte Lernprogramme, in denen jeder seinen Fähigkeiten entsprechendem Tempo fortschreiten kann. So kann ein Schüler der siebten Klasse z.B. in Mathe ein Programm der neunten Klasse machen, während er in Französisch auf dem Niveau der sechsten ist und in Deutsch der siebten Klasse. So kann der Schüler ungehindert vorangehen, bei problematischen Strecken länger verweilen, jedoch dort, wo er gut oder ausgezeichnet ist, ungehindert weitergehen.

Ein anderes Bedürfnis unserer Schüler hat sich jedoch auch schnell herauskristallisiert: Sie wollen auch mit der Gruppe den gleichen Stoff gemeinsam bearbeiten, sich mit den anderen wie auch sich selbst messen können. So werden manche Kurse, wie zum Beispiel Geschichte, Erdkunde etc. vollständig im Klassenverband gegeben, wobei wir nicht in das alte Schema des totalen, totalitären Frontalunterrichts verfallen, sondern diese Kurse unter Berücksichtigung verschiedener Unterrichtsformen, in denen Frontalunterricht nur eine Unterrichtsform unter mehreren ist, wie zum Beispiel Gruppenarbeit, Vorträge und Projektarbeit anbieten.

In anderen Kursen wird vorwiegend personalisiert aber auch kollektiv Arbeit gearbeitet, um dem Bedürfnis der Schüler nach einer Gruppe nachzukommen.

5.1 Module

Der zu bearbeitende Stoff wird unter Berücksichtigung der persönlichen Fähigkeiten des Einzelnen in Module aufgeteilt. In diesen Modulen wird ein gemeinsam mit dem Schüler festgelegten Zeitraum bestimmt, welche Übungen, Theorien oder ähnliches bearbeitet werden sollen. Auf einem Jahresplan kann der Schüler die Gesamtheit seiner zu bearbeitenden Module sowie deren Inhalt finden. Dies erlaubt ihm zu wissen, wo er sich im Vergleich zu anderen Schülern befindet bzw. bei einem geplanten Schulwechsel einen Anhaltspunkt über seine Leistungen zu haben.

5.2 Mentorat

Einmal pro Monat wird jedem Schüler Zeit für ein persönliches Gespräch mit seinem Mentor gewidmet. Anhand eines vom Schüler vorbereiteten Blattes, auf dem alle Fächer und die damit verbundenen Leistungen notiert sind, wird über die Geschehnisse des letzten Monats gesprochen. Dieser Moment ist bei den Schülern allseitig beliebt, da er völlig wertfrei ist. Man war nicht faul oder fleißig, gut oder schlecht, sondern man kommt zusammen, um gemeinsam zu analysieren, zu sehen, was zukünftig eventuell besser oder anders gemacht werden könnte bzw. wer oder was beim schulischen Fortkommen hilfreich sein könnte.

Auch von den Lehrern wird dieser Moment willkommen geheißen, da man hier Gelegenheit hat, dem Schüler als neutraler Berater beiseite zu stehen und Vertrauen aufbauen kann, das zwar zur gesunden Zusammenarbeit unabdingbar ist aber leider sehr oft im üblichen Lehreralltag untergeht.

Zusätzlich wird im Mentorat ein bestimmtes Ziel für den kommenden Monat festgelegt. Eine solche Zielsetzung kann z.B. sein: „Ich möchte lernen, die Anweisungen in Mathe besser zu verstehen“ oder „Ich möchte meinen Wortschatz im Englischen erweitern“. Allein ein Ziel anzugeben reicht allerdings nicht aus. Der Schüler wird auch dazu aufgefordert, über die Mittel nachzudenken, die er zum Erreichen seines festgesetzten Zieles braucht. So ein Mittel könnte z.B. für erste Aussage Folgendes sein: „Ich werde künftig die Anweisungen in Mathe lesen, **um** sie **zu** verstehen und anschließend werde ich mein Verständnis dieser Anweisung, so wie sie in meinem Kopf existiert mit der Anweisung im Buch vergleichen. Wenn nötig, werde ich dann Dinge hinzufügen bzw. korrigieren“. Lehrer und Schüler müssen sowohl mit dem gewählten Ziel sowie den gewählten Mitteln einverstanden sein. Wir erinnern uns, die „Gestion Mentale“ ist eine Pädagogik des Vorschlags nicht des Forcierens.

Bei dem darauf folgenden Mentorat wird dann diskutiert, ob das Ziel erreicht wurde und wenn nicht, ob die festgesetzten Mittel dazu wirklich eingesetzt wurden. Wenn nötig werden dann im Folgenden alternative Lösungen gesucht.

5.3 Gemeinsame Projekte

Unter gemeinsamen Projekten verstehen wir Projekte, an denen alle Schüler teilnehmen, dass heißt es kommt zu einem Austausch von Schülern zwischen fünf (erste Klasse) und ungefähr sechzehn Jahren (neunte und letzte Klasse).

So findet zum Beispiel alljährlich eine Menschenrechtswoche statt, in der Themen der allgemeinen Menschenrechte aufgegriffen werden. Personen, die in diesem Bereich arbeiten (wie z.B. jemand von Amnesty International, Minenentschärfer etc.) werden eingeladen, um mit den Schülern eine Vielfalt von Themen in Bezug auf Menschenrechte aufzugreifen.

Klassenübergreifend fanden bislang auch zusätzliche Kurse für hochbegabte Kinder statt, im letzten Jahr wurde das Thema „Zeit“ durchgenommen. Dieses Thema wurde in verschiedenen Gruppen mit verschiedenen Lehrpersonen unter unterschiedlichen Aspekten bearbeitet. Da der Prozentsatz an Hochbegabten mittlerweile weit über die siebzig Prozent liegt, werden wir spezielle Kurse für Hochbegabte im nächsten Jahr aufgeben und mit allen Schülern in den verschiedenen Fächern an einem gemeinsamen Thema arbeiten. Jeder Lehrer kann sich hierbei selbst da einbringen, wie und wo er es möchte. Er kann sowohl fachspezifisch wie auch aus persönlichen Motivationen heraus zum Thema arbeiten, die eigentlich nicht oder wenig mit seinem Unterrichtsfach zu tun haben. So kann dem Einzelnen Gelegenheit gegeben werden, sich auch persönlich in seine Arbeit einzubringen und sein persönliches Interesse an einem gewissen Gebiet mit Anderen zu teilen. Dieses Projekt wird wieder das ganze Jahr durchgeführt.

5.4 Fortbildung

Zusätzlich zu möglichen, für Einzelpersonen während des Jahres stattfindenden Fortbildungskursen, verpflichten sich alle Lehrer an einer Woche am Ende der Sommerferien teilzunehmen, die ein noch besseres „Know How“ in verschiedenen Bereichen, wie z.B. zum Thema „Gestion Mentale“, Hochbegabung, etc. ermöglicht. Hier wird auch Gelegenheit gegeben, Bewährtes auszutauschen und zu erweitern bzw. Überaltertes oder Unangepasstes aus dem Schulalltag zu entfernen.

Bei „Ecole la Garanderie“ zu arbeiten bedeutet auch, sich und seinen Alltag in Frage zu stellen und gegebenenfalls neuen Bedingungen anzupassen.

5.5 Die pädagogische Ausrichtung: „Gestion Mentale“

Bei der „Gestion Mentale“ handelt es sich um die Wahrnehmung des Denkens und die Entwicklung des handelnden Denkens.

Jede Person Kind entdeckt, wie ihre eigenen gedanklichen Abläufe funktionieren, optimiert so die ihm eigenen, sinnergebenen Lernstrategien durch Selbstbeobachtung.

Vater der „Gestion Mentale“ ist der 1920 geborene französische Philosoph und Pädagoge Antoine de la Garanderie, der heute immer noch als Professor an der Universität in Anger aktiv und sowohl im schulischen wie auch medizinischen (bei Patienten mit Hirntrauma) Bereich tätig ist. Durch die erstaunliche Anziehung, die unsere Schule auf Hochbegabte ausübt, beschäftigt er sich in letzter Zeit ebenfalls vermehrt mit Hochbegabten und ihrer Art, Informationen aufzunehmen und zu bearbeiten.

Interessant sei hier zu erwähnen, dass die Erfahrungen der „Gestion Mentale“ sich nicht nur mit Erkenntnissen der Hirnforschung sondern auch dem Anspruch letzterer auf optimales Lernen entgegenkommen.

Bei der „Gestion Mentale“ handelt es sich um ein Werkzeug, das dem Benutzer ermöglicht, Einsicht in sein eigenes Denken zu gewinnen und sein handelndes Denken zu erweitern bzw. optimaler zu benutzen. Wichtig sei an dieser Stelle zu erwähnen, dass, wenn wir im Folgenden von Wahrnehmung sprechen, es uns bewusst ist, dass es sich natürlich immer nur um die individuelle Interpretation der realen Welt handelt. Wahrgenommenes kann physiologisch gesehen natürlich nie genau so wiedergegeben werden wie es tatsächlich ist.

5.6 Selbstbeobachtung des eigenen Lernens

Der Lerner wird dazu angeregt, sich innerlich beim Lernen zu beobachten, um zunächst einmal wahrzunehmen, welche Denkbilder er z.B. für Gedächtnisleistungen oder zum Verstehen benutzt. Sind seine Bilder eher visuell, sieht er z.B. einen Film oder Photos, oder erzählt er sich eher die Geschehnisse. Diese Informationen sind zum Lernen sehr wertvoll, da sie uns Auskunft darüber geben, ob und was in unserem Kopf geschieht. Schon die Gewissheit, dass etwas passiert, reicht bei sehr vielen lerngeschädigten Hochbegabten aus, sich neu zu motivieren und eine gewisse Selbstsicherheit wiederzuerlangen. Ob man eher visuell oder verbal-auditiv veranlagt ist, spielt nur eine nebengeordnete Rolle. Es handelt sich eher um ein dominantes Denkverhalten. So weist La Garanderie immer wieder darauf hin, dass alle intellektuell erfolgreichen Personen sich nicht auf ihre mentale „Muttersprache“ beschränken sondern vielmehr „mehrsprachig“ denken, d.h. sowohl hören, sehen, fühlen, riechen etc können und diese Kodierung je nach Gegebenheit einsetzen.

5.7 Das Projekt

Das Spiel zwischen Wahrnehmung und Denkwahrnehmung wird ganz zentral vom Thema „Projekt“ beherrscht. Ohne Projekt kommt unser Denken nicht oder nur unbewusst in Gang und bewegt sich sozusagen im Leerlauf. Das Projekt gibt unserem Handeln einen Sinn und eben dieses sinngebende Projekt ist nach La Garanderie der Schlüssel zum erfolgreichen Lernen, zum intellektuellen Bestehen. Wie sehr Projekt und Denkwahrnehmung und handelndes Denken zusammenhängen soll an kurz an folgendem Beispiel erläutert werden:

Nehmen wir einmal an, Sie möchten eine Aufgabe in einem Ihnen bislang unbekannten Gebiet lösen. Ihr Projekt ist also in diesem Fall z.B. den Weg über die Theorie zur praktischen Anwendung zu finden, wie z.B. die Verwendung Ihres neuen Handys. Zuerst lesen Sie die Anleitungen und anschließend versuchen Sie, Telefonnummern einzutragen, Ihre Freunde anzurufen, SMS zu schicken etc.

Zunächst einmal müssen Sie also den theoretischen Teil verstehen, bevor Sie zur praktischen Anwendung übergehen können. Wenn Ihnen bereits bekannt ist, dass Sie zum Verstehen am Besten visuelle Bilder in Ihrem Kopf herstellen, so können Sie dies jetzt von der Ihnen vorliegenden Theorie tun und hinterher an Hand der in Ihrem Kopf entstandenen Bilder Ihr Verstehen überprüfen und gegebenenfalls die entstandenen Informationen bearbeiten bzw. korrigieren. Man muss also nicht mehr zur Anwendung warten, um herauszufinden, ob oder ob nicht wir alles richtig verstanden haben. Gleichzeitig wissen wir aus der Neurophysiologie, dass eine simulierte Situation die gleichen Neuronen aktiviert wie eine wirklich erlebte. Natürlich soll das nicht heißen, dass wir fortan alles nur in unserem Kopf umsetzen können und gar nicht mehr zur praktischen Anwendung kommen. Der Schüler lernt, Dinge in seinem Kopf existieren zu lassen und dies, sobald sie konkrete Gestalt angenommen haben, mit seiner Interpretation der Wahrnehmung der realen Welt zu vergleichen, und gegebenenfalls zu vervollständigen bzw. zu korrigieren. Auf diesem Weg wird Erlebtes eher im Gedächtnis verankert.

5.8 Mentales Training

Den ersten Teil Ihres Projektes, das Verstehen der Theorie, haben Sie also gut absolviert, Gehen wir jetzt also zum nächsten Schritt über, der darin besteht, das bisher Gelernte im Gedächtnis zu behalten. Denn wollen Sie Ihr Handy auch noch in den kommenden Tagen benutzen und nicht jedes Mal von vorne anfangen, so können Sie jetzt folgendes machen: Nutzen Sie Ihre Vorstellungskraft und stellen sich jetzt ganz konkret vor, wie Sie zum Beispiel auf Ihrem Handy eine neue Nummer eintragen. Es spielt keine Rolle, ob Sie es sich in Ihrem Kopf selbst erklären, eine Stimme Ihnen sagt was zu tun sein oder Sie wie in einem Film sehen, was zu tun sei. Wichtig ist nur, dass Sie es ganz konkret durchspielen, um es hinterher praktisch anwenden zu können. Selbstverständlich können Sie an dieser Stelle Dinge noch ändern und gegebenenfalls verbessern. Sie können sich Ratschläge geben und sich selbst anleiten, was am Besten zu tun sei.

Dieses bei Sportler wohl bekannte mentale Training ist genau das, was intellektuell erfolgreiche Personen sehr oft sogar unbewusst anwenden, um optimal zu funktionieren, wodurch aber auch der Normalbürger seine Lernstrategien mit etwas Training auf Trab bringen kann.

Der dritte Teil eines erfolgreichen Projekts ist die tatsächliche Anwendung. Handelt es sich in Ihrem Fall jetzt vielleicht nur noch darum, den richtigen Knopf zu drücken, um jemanden telefonisch zu erreichen. Hiermit ist Ihr Projekt also erfolgreich abgeschlossen. Sie haben den Weg sinngebend durchschritten und sind an dem von Ihnen im Voraus gesteckten Ziel angekommen.

5.9 Vermittlung von Gelerntem

Beim Schüler jedoch gilt es sehr oft, noch einen Schritt weiterzugehen und ihm den Stellenwert von mitteilbar Erlernten ins Bewusstsein zu rufen. Erlerntes hat nämlich im schulischen Alltag nur dann einen Wert, wenn es der Umgebung z.B. mittels Sprache oder Zeichnungen mitgeteilt werden kann. Denn das noch so präzise Verstehen und Anwenden des Gelernten nützt wenig, wenn dies nicht den Anderen vermittelt werden kann. Und wie wir gesehen haben, ist es durchaus möglich in seinem Kopf zu verstehen, etwas im Gedächtnis zu behalten bzw. es zu bearbeiten ohne dies nach außen kund zu tun. Und genau hier haben sehr viele intellektuell Hochbegabte Mühe, sich ihrer Umgebung mitzuteilen. Erstens verliert man im sprachlichen Ausdruck sehr oft an seiner Denkgeschwindigkeit und somit an Zeit und zweitens verschwindet sehr oft das Interesse an einer einmal, und sei es nur in Gedanken, zu Ende gebrachten Aufgabe.

5.10 Vorschlagen statt Bestimmen

Die Pädagogik nach La Garanderie versteht sich vor allem als eine Pädagogik, die Vorschläge unterbreitet, und dem Schüler an Hand seines eigenen mentalen Leben seine ihm eigenen Möglichkeiten aufzeigt und ihn dazu anleitet, seine Fähigkeiten möglichst optimal zu nutzen. Hier heißt es jetzt also verhandeln und den Schüler anzuleiten, seine Arbeit vollständig durchzuführen.

Eine andere Möglichkeit der Leistungsverweigerung ist oftmals gerade bei Hochbegabten die Angst zu versagen. Arbeiten außerhalb von sich selbst darzustellen bedeutet das Risiko einzugehen, falsch zu liegen, also weniger intelligent zu sein als man sein sollte. Und desto konventioneller eine Arbeit desto größer ist die Chance einen anderen Lösungsweg beschritten zu haben und nicht den Erwartungen der anderen zu entsprechen, kurz zu versagen. Hat der Schüler gelernt, sein denkendes Handeln zu überprüfen und gegebenenfalls zu verbessern, so wird das Risiko, zu versagen, kleiner und Schüler gewinnen rasch an Selbstvertrauen.

Wichtig sei also, den Schüler darauf hin zu trainieren, sich vorzustellen, wie, wann und wo er in Zukunft das Gelernte vermitteln und anwenden sollte. Gleichzeitig wird ein besonderer Akzent darauf gesetzt, dass Gelerntes besser im Gedächtnis bleibt, wenn es regelmäßig reaktiviert wird, wobei reaktivieren nicht mit häufigen, unreflektierten Wiederholungen verwechselt werden darf.

Interessant und wichtig sind auch andere Element, ob der Schüler z.B. besser durch Vergleichbares (das ist wie das) versteht oder durch Unterschiede (im Unterschied hierzu gibt es hier das), ob er eher Erklärungen braucht, also mehr über das Warum der Dinge erfahren möchte, oder ob er eher praktisch veranlagt ist, also eher wissen möchte, wie er vorgehen soll etc.

Wichtig bei all dem ist das Bestreben von La Garanderie, den Schüler zu einem autonom lernenden und handelnden Menschen anzuleiten, und dies seinen Fähigkeiten und Bedürfnissen gemäß. Es geht darum ihm genügend Selbstverstrauen und Bewusstsein über sein Denken und Handeln mit auf den Weg zu geben, so dass er sich später immer und überall, sei es im Studium oder bei der Arbeit zurechtfinden wird. Insofern kommt die Gestion Mentale auch dem allgemein laut werdenden Ruf der Wirtschaft entgegen, die Leute anfordert, welche lebenslangem Lernen gewachsen sind.

6. Schülerzahlen

Unsere pädagogischen Grundlagen scheinen den Bedürfnissen der heutigen Schüler zu entsprechen, allerdings nicht nur den Hochbegabten. Für Hochbegabte besteht einfach zur Zeit eine Art schulischer Notstand in der Westschweiz, wo es ein Überleben nur für den sozial angepassten Hochbegabten gibt.

Die Anderen erleben ihren Alltag mit Bemerkungen wie dieser eines Spezialisten der Sonderpädagogik „Gäbe es tatsächlich intellektuell Hochbegabte, so hatte ich ja sicher welche in meinen Klassen getroffen!“ oder von denjenigen, die dann behaupten, dass, wäre das Kind wirklich so intelligent wie behauptet, könne es unmöglich Probleme in der Schule haben.

Dass nicht jeder Hochbegabte ein höchstangepasstes Chamäleon ist, erfährt man häufig aus den Leidensgeschichten derselben und der ihrer verzweifelten Familien, die nichts anderes suchen als ganz normal zu sein, sich normal in der Schule zu beschäftigen und, es nicht als normal ansehen, als elitärer Snob, Außenseiter, Besserwisser abgestempelt zu werden.

Was aus den beiliegenden Schülerzahlen nicht so ersichtlich wird, ist die Tatsache, dass ein Grossteil unserer heutigen Schüler Hochbegabte sind und wir könnten noch mehr aufnehmen, wenn wir die Kapazitäten dazu hätten. Interessant ist an dieser Stelle vielleicht noch zu erwähnen, dass die Schüler nicht unbedingt aus der direkten Umgebung Lausannes kommen sondern vielfach, auch schon Primarschüler, einen Fahrweg von über einer Stunde in Kauf nehmen und dies sicher nicht aus reinem Snobismus.

7. Pädagogische Bedürfnisse Hochbegabter erkennen und dementsprechend handeln – Hochbegabung als Modeerscheinung

Immer wieder wird die Frage Lehrern, Eltern, Schulinspektoren etc. aufgeworfen, inwieweit es sich beim Thema Hochbegabung nicht um eine reine Modeerscheinung handle, so als ob, wenn das kommerzielle Interesse daran erlahmt, gleichzeitig auch die Hochbegabten verschwinden und alles wieder in den gewohnten Bahnen der Massenabfertigung weiterlaufen könne.

Zudem sind diese Kinder ja angeblich so begabt! Wozu also bräuchten sie eine spezifische Ausbildung, andere Lehrmethoden bzw. Hilfestellungen zum erfolgreichen Lernen. Oder sind sie etwa doch nicht so begabt, wie behauptet wird sondern vielmehr Produkte ehrgeiziger Eltern, die glauben, etwas Besseres zu sein und ihren Sprösslingen eben auch etwas Besseres zugestehen wollen. Diesen und anderen Vorurteilen begegnen Eltern und Kinder immer wieder.

Und unter dem Deckmantel der Gleichheit bleiben dem hochbegabten Kind auch andere Möglichkeiten versagt. Denn sind wir alle gleich, so ist die freie Entfaltung der individuellen Persönlichkeit kaum möglich. So bleibt dem hochbegabten Kind wohl letztendlich kaum etwas anders übrig als sich für seine Existenz zu entschuldigen und in der

Masse der Gleichen zu verschwinden – oder aber den Weg des Asozialen, desjenigen, der etwas besseres sein möchte, des ewigen Außenseiters zu beschreiten.

Betreut werden kann es von Psychiatern, Sonderpädagogen und anderem Fachpersonal, welche zur Pflege der Unangepassten ausgebildet wurden und mit etwas Glück kann dann auch unser Kind nach einiger Zeit als geheilt entlassen werden. Geheilt von dem Wahn, anders sein zu wollen oder sollte man nicht lieber sagen: anders zu sein als die anderen.

Aber wie steht es denn nun wirklich mit den Hochbegabten? Müssen sie wirklich geheilt werden. Kann man sie denn so ohne weiteres mit behinderten Kindern vergleichen, oder haben Behinderte nicht eher etwas (rein pathologisch gesehen), was ihnen fehlt und dem in einer Therapie entgegengewirkt werden kann.

Bei den Hochbegabten liegt die Sache zumindest meiner Meinung nach ganz anders, handelt es sich eher um etwas zu viel von einer an sich wünschenswerten Eigenschaft, einer oftmals unbequemen Sichtweise der Welt, die von der Umwelt als störend empfunden wird. Sollte man also nicht eher die Umwelt, die dieser Situation nicht angemessen begegnen kann, einer Therapie unterwerfen?

Vielleicht sollte man an dieser Stelle noch ein anderes Vorurteil aus dem Weg räumen: Hochbegabung ist nicht mit Genie gleichzusetzen. Nicht jeder Hochbegabte ist gleichzeitig ein Genie wie Mozart, Einstein oder unzählige andere. Oftmals ist Hochbegabung nicht auf den ersten Blick sichtbar, das Kind erscheint vollkommen „normal“ zu sein, außer das es vielleicht etwas schneller und anders denkt als andere, was häufig erst nach genauerer Befragung erkannt wird.

8. Eine kostspielige Freiheit

Wie man sich vorstellen kann, sind die Kosten der Ecole la Garanderie nicht unerheblich, obwohl auf jeglichen Luxus (wie zum Beispiel den einer Sekretärin) verzichtet wird und wir immer noch im hohen Masse auf ehrenamtliche Tätigkeiten angewiesen sind. Aber ein kostspieliges Vergnügen bedeutet dies nicht nur für die Schule, hier kann man ja davon ausgehen, dass sich die Beteiligten dies selbst ausgesucht haben und darum sozusagen als eigenverantwortliche Erwachsene für ihre Entscheidungen aufkommen müssen, sondern auch für die Familien der entsprechenden Kinder. Und die haben diese Schulwahl wie schon erwähnt, keineswegs aus snobistischen Gründen getroffen, sondern entweder aus einer gewissen Notlage (wenn ein Kind zum Beispiel suizidgefährdet ist, weil es den schulischen Alltag nicht mehr erträgt und dies betrifft teils auch Schüler in der Primarstufe) oder um dem Kind einen angemessenen Unterricht zu bieten. Angemessen heißt hier, einen Unterricht, in dem es erlaubt ist, Fragen zu stellen, andere – d.h. nicht unbedingt mehr – Bedürfnisse zu haben, sich nicht den ganzen Tag langweilen zu müssen etc.

Natürlich stellt sich hier die Frage, wer zahlt denn das alles? Wäre es nicht Aufgabe des Staates, den u.a. zu diesem Zweck steuerzahlenden Eltern unter die Arme zu greifen und wenigstens einen Teilbetrag zu leisten? Mitnichten. Zwar erlaubt der Waadtländische Kanton die Eröffnung einer Privatschule unter Mindestauflagen, ist aber nicht geneigt, dieselbe zu bezuschussen, zumindest nicht solange „wie sich die Schule nicht präzise an die staatlichen Normen“ hält. Hielte sich eine solche Schule an eben diese Normen, um bezuschussbar zu sein, so würde sie sich gewissermaßen selbst ihre Lebensberechtigung, die sich eben aus ihrer Andersartigkeit ergibt, entziehen. Eine zumindest zur Zeit unlösbare Aufgabe.

Und dennoch, haben wir nicht eingangs erwähnt, die Freiheit des Schulwesens sei ein fester Bestandteil der Menschenrechte? Sind darin nicht die Freiheit, eine Schule zu gründen sowie die Freiheit der Eltern, eine Schule ohne Diskriminierung wählen zu dürfen, bestimmt? Aber eine solche Freiheit ist nur dann rechtskräftig, wenn eine entsprechende Finanzierung gewährleistet wird. Woraus sich logischerweise folgender Schluss ergibt: die momentane Situation stellt eine Verletzung der Grundrechte dar!

9. Aussichten der Ecole la Garanderie

Im Moment sind die Voraussetzungen für das kommende Schuljahr durchaus zufriedenstellend. Die Schule ist mit 85 Schülern für das kommende Jahr mehr oder minder ausgebucht, Schüler stehen auf der Warteliste, ein gewisses „savoir faire“ wird uns im kommenden Jahr noch die Arbeit erleichtern. Eltern und Schüler sind im Allgemeinen enthusiastisch, und der Schule positiv gegenüber eingestellt.

Erste Schritte der Anerkennung von Seiten der öffentlichen Schule wurden schon gemacht: Schüler, die in der öffentlichen Schule keinen geeigneten Platz fanden, wurden zu uns geschickt, wenn auch ohne finanzielle Absicherung.

Was uns fehlt, sind die finanziellen Mittel, die notwendig sind, um auch weiterhin den Bedürfnissen unserer Schüler gerecht zu werden und um keine Schüler mehr abweisen zu müssen, nur weil deren Eltern nicht über die nötigen, finanziellen Mittel verfügen. Wer einmal mit den Leidensgeschichten gewisser Familien konfrontiert wurde, die zumindest anfangs allein aus einem Schulproblem bestand, versteht, dass es sich bei dem Ruf nach einem freien Schulwesen nicht um eine elitäre Idee handelt.

Damit das Projekt der Ecole la Garanderie nicht in den Kinderschuhen stecken bleibt, arbeiten wir zur Zeit an dem Aufbau eines „Instituts für personalisiertes Lernen“. Wir erhoffen in Zusammenarbeit mit Experten verschiedener Fachrichtungen ein generalisierbares System zu schaffen, das unterschiedlichsten Bedürfnissen und Begabungen gerecht werden kann. Partner wie OIDEL werden uns bei dieser Entwicklung ebenfalls beistehen.

10. Hochbegabung – eine politische Herausforderung

Die Problematik der intellektuell Hochbegabten ist eine typische Herausforderung, die sich der Erziehungspolitik stellt.

In vereinfachten Worten könnte man folgendermaßen die Widersprüche der heutigen Systeme beschreiben.

1. Hochbegabte Kinder brauchen eine spezielle Pädagogik, weil sie eben anders als andere Kinder funktionieren.

2. Klassen in öffentlichen Schulen ist es normalerweise nicht möglich, Unterrichtsformen zu errichten, die eine individuelle Betreuung der Schüler, höhere Flexibilität und Anpassung von Lehrkörper und Programm fordern. Zudem fehlen oft die finanziellen Mittel, um solchen Schüler notwendige Zusatzmöglichkeiten zu bieten.

3. Eltern hochbegabter Kinder haben oftmals keine Wahl: möchten sie ihren Kindern einen ihnen angepassten Unterricht ermöglichen, und dies nicht aus, wie weiter oben schon erwähnt, elitären Gründen, so müssen sie sich an eine Privatschule wenden, die ihrerseits, da sie keinerlei staatliche Unterstützung erhält, Schulgeld verlangen muss. Staatliche Unterstützung gibt es meist erst bei völliger Anpassung ans staatliche System, womit dem Hochbegabten sowie vielen anderen eben nicht gedient ist.

4. Aus dieser Situation heraus ergibt sich, dass Eltern mit hochbegabten Kindern aber ohne reichlich finanzielle Mittel eben auf einen ihren Kindern angepassten Unterricht verzichten müssen. Oder die ganze Familie isst von nun an nur noch Nudeln und Suppe, weil sie eben nicht will, dass ihre Kinder aus Verzweiflung vor den Zug springen. Dass dies nicht graue Theorie ist, bezeugt die folgende kürzlich gehörte Aussage eines Zehnjährigen, dessen Lehrer ihn wegen seiner Hochbegabung bekämpfte: „Weißt du, Mami, vielleicht ist es doch besser, wenn ich mich umbringe. Besser für alle, dann müsst ihr nicht mehr für mich traurig sein!"

Oben genannte Erwägungen gelten selbstverständlich auch für alle anderen Kinder mit besonderen Bedürfnissen so wie die freie Schulwahl überhaupt alle Kinder betrifft.

Auf dieses Dilemma kann man auf zweierlei Arten antworten:

Erstens: Man erkennt das Problem an der öffentlichen Schule und diese eröffnet für Hochbegabte geeignete Strukturen und zwar schnellstens, da die unter dem heutigen System leidenden Schüler nicht ewig warten können. Allerdings gibt es hierbei einen kleinen Haken: Hochbegabter ist nicht Hochbegabter. Hochflexible Strukturen, offene Programme, verschiedenartigste Unterrichtsmethoden, alternative Bewertungsmethoden sowie gut ausgebildete, flexible, selbstständig denkende und handelnde Lehrer werden auch gebraucht und müssten zugelassen werden.

Bei dieser Lösung müsste die öffentliche Schule natürlich auch einer pluralistischen, unbürokratischen Pädagogik den Weg öffnen, die den Lehrern große Freiheit im Unterricht gewährt sowie den einzelnen Schulen ein großes Maß an Autonomie zugesteht.

Die zweite Möglichkeit besteht ganz einfach darin, die Möglichkeit eines freien Schulwesens ins Auge zu fassen und an die Fähigkeit der Zivilgesellschaft zu glauben, ein den vielfältigen Bedürfnisses des Einzelnen gerechtwerdendes pädagogisches Angebot entstehen zu lassen.

Und dies ist auch einer der Gründe, weshalb sich eine Schule wie die unsere sich mit Partnern wie OIDEL zusammen schließt. Tagtäglich werden wir mit den Problemen des jetzigen Schulsystems konfrontiert, mit Schüler, die psychologisch betreut werden, aber eigentlich nur einen angemessenen Unterricht bräuchten und mit Eltern, die sich den Kopf zerbrechen, wie sie ihrem Kind eine seinen Bedürfnissen angemessene Umgebung bieten können, ohne in allzu große finanzielle Schwierigkeiten zu geraten. Wer ständig solche oder ähnliche Situationen erlebt, kann nicht einfach die Augen schließen und so tun, als ob nichts wäre. Das wenigstens teilweise Erreichen der von OIDEL verfolgten Ziele könnten sicherlich allen Beteiligten Erleichterung bieten.

10.1 OIDEL – Organisation internationale pour le Développement de la Liberté d'Enseignement – Internationale Organisation für Förderung des Rechts auf Erziehung und Unterrichtsfreiheit

OIDEL arbeitet seit 1985 weltweit und ist in 54 Ländern vertreten. OIDEL ist eine regierungsunabhängige Organisation mit einem Beraterstatus bei der UNO, UNESCO und dem Europarat.

10.2 Das Recht auf frei Schulwahl

Bei dem Recht der Eltern auf eine freie Schulwahl wird oft vergessen, dass es sich um ein auf die Grundrechte basierendes Recht handelt.

Dieses Recht ist zur Zeit ein Anliegen einer von den Organen zum Schutz der Menschenrechte bei der UNO. Das Recht auf Erziehung wird klar als „transversales“ Recht benannt, d.h. es hängt sowohl vom Recht auf eine Leistung, als zweite Generation bezeichnet, ab (d.h. jeder hat das Recht, bestimmte Dinge vom Staat zu verlangen) wie auch von den freiheitlichen Rechten, als erste Generation bezeichnet (d.h. der Staat hat in seiner Handlungsgewalt die Verpflichtung, die individuellen Freiheiten zu respektieren).

Diese Transversalität des Rechtes hat zwei praktische Konsequenzen: Der Staat kann und darf sich nicht auf dem Gebiet der Erziehung zurückziehen; er muss sich in Richtung Grundrechte bewegen, wie z.B. das Recht von Eltern und Kindern auf freie Schulwahl.

Ein sogenannte fundamentale Freiheit ist nur dann gültig, wenn sie allen ohne Diskrimination gewährt wird.

Eine genaue Lektüre der bereits oben genannten juristischen Instrumente enthüllt eine Überraschung: Die Zielsetzungen der Erziehung sind zunächst der Entfaltung der persönlichen Fähigkeit und erst dann der sozialen Integration gedacht.

Demgemäss beinhaltet das Recht auf Erziehung, welches von den meisten europäischen Ländern, darunter auch der Schweiz, unterzeichnet wurde, das Recht eines jeden auf eine seinen persönlichen Bedürfnissen angepasste Erziehung. Die Schule sollte also in erster Linie nicht der „Integration“ als vielmehr der freien Entfaltung der persönlichen Bedürfnisse dienlich sein. Und von dieser Entwicklung hängt dann im Weiteren die Qualität der Integration ab.

Ein Schulsystem welches sich auf der Monopolstellung des Staates in diesem Bereich ausruht, überlässt das Recht auf einen angemessen Unterricht den reichen Familien. Ebenso versucht es willentlich den Schüler um jeden Preis zu „integrieren“, im Gegensatz zu den Rechtsvorlagen des internationalen Rechts. Hierbei handelt es sich eindeutig um eine Ungerechtigkeit und eine Verletzung der Grundrechte, und zudem noch, wie wir bereits gesehen haben, um eine Unmöglichkeit, den schulischen Bedürfnissen des Einzelnen, in diesem Falle insbesondere der Hochbegabten, gerecht zu werden.

10.3 Einer neuen Finanzpolitik entgegen

Das klassische Paar „Finanzierung der Erziehung – Leistungserbringer der Erziehung“ sollte zu Beginn des 21. Jahrhunderts endlich in Frage gestellt werden, wie dies ja bereits in einigen Ländern geschieht. In Europa haben, insbesondere die nordischen Länder zu diesem Thema einige interessante Erfahrungen gemacht. Mehrere Regionen haben so etwas wie einen „Bildungsscheck“ eingeführt. Das Prinzip ist einfach: Man finanziert nicht länger das Bildungsangebot als vielmehr die Nachfrage oder anders ausgedrückt, das Geld folgt dem Schüler und nicht der Schule bzw. der Gemeinde. Die Eltern können ihre Schule auswählen, sei es eine öffentliche oder eine private. Jeder Schule wird es frei gestellt ihr eigenes pädagogisches Angebot zu entwerfen, innerhalb gewisser Spielregeln, welche respektiert werden müssen, um per Bildungsscheck finanziert zu werden.

Die Rolle des Staates begrenzt sich darauf, auf die Zahlungsmodalitäten zu achten und die Transparenz des Systems zu gewährleisten, eine Rolle, die keineswegs unterschätzt werden sollte.

Das Prinzip des Bildungsschecks sei hier nur beispielhaft in den Raum gestellt, andere Alternativen, wie zum Beispiel Steuererleichterung etc. können natürlich auch in Erwägung gezogen werden.

Interessant sei hier die Tatsache zu erwähnen, dass diese neuen Finanzierungsformen in einer ganzen Reihe von Ländern entstanden sind, die erst kürzlich aus dem kommunistischen System kamen. Eine der ersten Freiheiten, die diese Länder wieder einführen wollten, war eben ein freies Schulwesen. Die hierzulande vorherrschenden Ängste einem freien Unterrichtssystem könnten sicherlich eingeschränkt, wenn nicht gar behoben werden, wenn man sich die Erfahrungen, die die verschiedenen Länder und Schulen damit gemacht haben, einmal genauer anschaut und analysiert.

In Bezug z.B. auf hochbegabte Kinder würde man rasch zu dem Schluss kommen, dass einige Schulen, darunter sicherlich auch die unsrige, auf dem pädagogischen Gebiet einen großen Vorsprung haben und auch kostenmäßig durchaus mit der öffentlichen Schule mithalten kann, wenn sie nicht sogar im Punkto Ausgaben günstiger liegen, da der zentrale Verwaltungsapparat nicht finanziert werden muss.

10.4 Erzieherischer Pluralismus

Die Debatte über ein freies Schulwesen sollte endlich über die sterile Opposition zwischen privater und öffentlicher Schule herausgehen. Anstatt sich auf rein institutioneller Ebene zu bekämpfen, sollte man sich vielleicht eher freiheitlichen Grundgedanken und Pluralismus zuwenden.

Anstatt den einen oder anderen institutionellen Schultyp zu verteidigen wäre es vielleicht effizienter – und interessanter – sich mit den konkreten Ergebnissen und Wirkungen der Erziehungspolitik auf die Schüler zu beschäftigen.

Erinnern wir uns daran: die Frage, wer unterrichtet ist zweitrangig, wichtig ist vor allem zu wissen, ob der Schüler einen seinen Bedürfnissen und Fähigkeiten entsprechenden Unterricht gefunden hat, ob die Lehrenden als verantwortliche, frei handelnde Akteure ihres Unterrichts verstanden und nicht zu einer auf verwaltungstechnische Vorgaben beschränkte Amtsperson reduziert werden, ob die Eltern vermehrt in die Schulwahl und somit in die Erziehung ihrer Kinder eingebunden werden und ob, schlussendlich, die Schule als Bild der realen Gesellschaft zu einem Ort werden kann, wo Pluralismus erfolgreich und zufriedenstellend erlebt werden kann.

Ecole la Garanderie versteht sich in ihrer Eigenschaft als Schule für Schüler im schulpflichtigen Alter als gemeinnützige, im öffentlichen Dienste stehende Institution. Das Ausmaß dieser Dienstleistung wird lediglich durch ideologische Blockaden eingeschränkt, für die der Schüler des „privaten“ Systems der staatlichen Verpflichtung auf Erziehung entfällt.

Die im vorhergegangenen Aussagen dienen vor allem nicht so sehr, dem Leser die Problematik eines zentralen, zentralistisch geführten Schulwesens vor Augen zu führen, sondern vielmehr darauf hinzuweisen, dass es zu viele „Opfer“, in diesem Text wurden insbesondere die Hochbegabten angesprochen, gibt, Kinder, denen das herkömmliche System nicht gerecht werden kann und dies möglicherweise auch gar nicht will, weil es dann seine zentrale Gewalt und Steuerungsfähigkeit verlieren würde.

Obgleich ein freies Schulwesen, welches der Andersartigkeit eines jeden Rechnung tragen würde, mit Eltern, Lehrern und Schülern als verantwortlichen Partnern und pluralistischen Unterrichtsformen dem demokratischen Gedanken doch eigentlich viel näher kommen würde.

10.5 Modellhafte grundlegende Aspekte für ein freies Schulwesen

10.5.1 Das Schulwesen muss auf den Schüler ausgerichtet sein, nicht auf das Programm

Diesem Punkt kommen nur wenige staatliche Schulen in Europa entgegen. Meist wird dieses Versagen, wenn man es als solches bezeichnen darf, mit zu viel Zeitaufwand, einer absolut notwendigen Standarisierung und Normierung des Gelernten, entschuldigt. Ein Standard muss her, sonst geht es nicht. Schulleistungen müssen vergleichbar, messbar sein – zumindest kurzzeitlich gesehen. Denn Langzeitstudien, die sich damit beschäftigen, was denn mit dem Gelernten passiert, werden relativ selten durchgeführt.

10.5.2 Es muss die Möglichkeiten geben, Schulen zu eröffnen und zu leiten, wenn auch unter Beaufsichtigung des Staates

So ähnlich wird es in Artikel 13 des Internationalen Paktes für wirtschaftliche, soziale und kulturelle Rechte gefordert – doch bei der Forderung bleibt es bislang weitestgehend. Die Beaufsichtigung des Staates wird weitgehend als staatliche Auflage des zu benutzenden Materials und der Vorgehensweisen interpretiert, Freiheit wird nur selten gewährt, finanziell unterstützte Freiheit findet man nur bei einigen exotischen Ausnahmen.

10.5.3 Der Lehrer muss frei lehren und sich selbst in den Unterricht einbringen können und dürfen und sollte nicht zu einer auf verwaltungstechnische Vorgaben beschränkten Amtsperson reduziert werden

So heißt es gemäß des UNESCO Weltberichts zur Erziehung. Das dies wohl kaum dem Lehreralltag entsprechen durfte, wird aus den sich mehrenden Berichten über den allgemein beklagten Lehrermangel ersichtlich.

Lehrpersonen, die in der Wahl der Lehrmittel und des Vorgehens stark eingeschränkt sind, können kaum mit ihrer ganzen Person auf den Unterricht einwirken und der so häufig gefragten Rolle des positiven Modells gerecht werden.

10.5.4 Wahlfreiheit für Eltern und Kinder ohne finanzielle Benachteiligung

Freiheit ohne finanzielle Benachteiligung sind unabdingbare Voraussetzungen für eine gerechte Wahlmöglichkeit, werden aber aus den oben bereits erwähnten Gründen meistens staatlicherseits abgeblockt.

Vielleicht sollte man sich an dieser Stelle noch einmal die Gründe für Artikel 26 Paragraph 2 der allgemeinen Erklärung der Menschenrechte vor Augen führen, um zu verstehen, welch schwerwiegende Folgerung eine solche Rechtsverletzung mit sich ziehen könnte:

Die Ausbildung soll die volle Entfaltung der menschlichen Persönlichkeit und die Stärkung der Achtung der Menschenrechte und Grundfreiheiten zum Ziele haben.

Sie soll Verständnis, Duldsamkeit und Freundschaft zwischen allen Nationen und allen rassischen oder religiösen Gruppen fördern und die Tätigkeit der Vereinten Nationen zur Aufrechterhaltung des Friedens begünstigen.

Erinnern wir uns: die allgemeine Erklärung der Allgemeinen Menschenrechte wurden unter dem Hintergrund des zweiten Weltkriegs entworfen, zu einem Moment, indem die Machtstellung eines monopolen Erziehungswesens und was dieses anrichten kann im Bewusstsein von nur allzu vielen Menschen verhaftet blieb. Und unter diesem Hintergrund kam nicht nur die Forderung „Nie mehr Auschwitz“ sondern auch Forderung die Voraussetzungen hierzu abzublocken. Stimmen für mehr Freiheit in der Schule wurden mittlerweile überall laut und Forderungen wie diese „Begabungsförderung ist nicht aus der Schule auszugliedern! Sie gehört in die Schule und darf nicht ausschließlich als Gegenwelt zur Schule aufgebaut werden!“ von Willi Stadelmann, Leiter der Bildungsplanung Zentralschweiz, sind keine Einzelfälle. Aber hierzu muss die Schule natürlich auch offene bzw. alternative Systeme gelten lassen und gleichzeitig die Verschiedenheit der einzelnen Schüler als Realität anerkennen.

Sollte der Staat als zentraler Verwaltungsapparat nicht aber genügend Mobilität verfügen relativ schnell und flexibel auf die Bedürfnisse Einzelner einzugehen, so könnte man sich auch Maßnahmen vorstellen, in denen der Staat zwar das Geld zur Verfügung stellt aber die entsprechende Ausbildung in private bzw. freie öffentliche Hand überreicht, das Geld also dem Schüler folgt und nicht den Schulen zugesprochen wird.

Man könnte sich zum Beispiel folgende alternative Finanzierungsmöglichkeiten vorstellen:

10.5.4.1 Freie öffentliche Schulen

Bei dieser Alternative wird den Schulen mehr Freiheit zur Selbstgestaltung gegeben und sie von dem einheitlichen Kostüm in Gestalt von Programm und Schülerzusammensetzung befreit. In der Schweiz ist es nicht möglich zu wählen in welche öffentliche Schule man gehen möchte. Der Schüler wird willkürlich einer Schule zugewiesen. Die Eltern haben zwar das Recht, eine private Lösung zu finden, müssen in diesem Fall allerdings für die entstehenden Kosten selbst aufkommen. Inwiefern dieses Recht, eine Schule wählen zu dürfen, ein echtes freies Wahlrecht ist, mag dahingestellt sein.

10.5.4.2 Bildungsschecks

Bei dieser Variante folgt das Geld direkt dem Schüler und kommt der Schule zu Gute, für die sich der Schüler entschieden hat. Die vergüteten Kosten würden ungefähr dem entsprechen, was der Schüler den Staat in einer öffentlichen Schule kostet. Rechnet man die enormen Kosten eines zentralen Verwaltungsapparat staatlicher Schulen hoch, so dürften bei dieser Alternative auf den Staat wohl kaum Mehrkosten zukommen, private

Schulen hingegen könnten sich pädagogisch wirklich frei entfalten. Vor allem bestände hier eine Rückkehr zu kleineren Schulen. Geht man von der heutigen Situation aus, in der europaweit über Gewalt und Schulunlust in den Schulen geklagt wird, so könnten hier vielleicht Lösungswege liegen, dem in gewissen Masse beizukommen. Schülern, die Schulen wie die unsere besuchen, wäre hiermit sicherlich am ehesten geholfen.

10.5.4.3 Steuerliche Erleichterungen

Steuerliche Erleichterungen für Schüler von Privatschulen gibt es schon in einigen Ländern. Diese Variation ist in sofern bedenklich, als dass Familien mit geringem Einkommen ohnehin kaum Steuern zahlen und von daher nicht bzw. nur in geringem Masse von steuerlichen Vergünstigen profitieren könnten.

10.5.4.4 Stipendien

Stipendien werden bereits heute in den meisten Ländern vergeben, geben aber zum Einen oft Anlass zu Konflikten zwischen Eltern und Kindern und sind zum Anderen oft an bestimmte Bedingungen gebunden; Bedingungen, die ein schulgeschädigtes Kind sehr oft nicht erfüllen kann.

10.5.4.5 Anerkennung der Gemeinnützigkeit freier Schulen

Mit Gemeinnützigkeit könnten steuerliche Vorteile u.ä. verbunden sein, um Schulen finanziell zu entlasten. Dies kann nur aber als Alternative in Erwägung gezogen werden, wenn diese Anerkennung zur Gemeinnützigkeit nicht mit anderen Auflagen verbunden ist. Kostendeckend wäre eine solche Maßnahme wohl kaum, von den Eltern müsste sicherlich auch weiterhin Schulgeld verlangt werden.

11. Vorteile eines freien Schulwesens – Größere Flexibilität des Erziehungssystems

Die traditionellen, vor allem durch Starrheit und Zentralismus geprägten, Erziehungsmodelle sollten anpassungsfähigen flexiblen politischen Richtungen Platz machen. Sich immer beschleunigende Änderungen im sozialen und technischen Bereich verlangen ständige Anpassungen, welche mit den landläufigen, zentralisierten Erziehungsstrukturen kaum zu erreichen sind. Eine größere anerkannte sowie angewandte Freiheit des Unterrichts würden der Schule einen besseren Kontakt zur realen Welt erlauben.

11.1 Entwicklung pluralistischer pädagogischer Leitlinien

Die Eltern haben das Recht, die ihnen für ihre Kinder geeignete Schulbildung auszusuchen: es handelt sich hierbei um eines der in den Allgemeinen Menschenrechten verankerten Grundsätzen. Aber freie Schulwahl ist bedeutungslos, solange das Angebot uniform genormt bleibt. Die Pädagogen weisen heute vermehrt auf die spezifischen Bedürfnisse des einzelnen Schülers hin. Wirkliche Unterrichtsfreiheit erlaubt eine ganze

Palette von Ausbildungsmöglichkeiten, die tatsächlich auf die Bedürfnisse, Fähigkeiten, die persönliche Geschichte und die kulturellen Grundlagen des Einzelnen eingehen können.

11.2 Kontrollierte Kosten

Die Monopolstellung des Schulwesens begünstigt ein unkontrolliertes Wachstum der Erziehungskosten, worunter die Staaten sehr oft leiden. Ein freies System, das Entscheidungsnähe und Verantwortung der Direktion und der Lehrerschaft begünstigt, würde zwangsläufig zu einer besseren Kostenkontrolle führen.

11. 3 Erziehung zur sozialen Verantwortung

Die Schule hat unter anderem die Aufgabe, die Kinder zu mündigen Bürgern zu erziehen, sie darauf vorzubereiten, Verantwortung zu übernehmen und sie als freie Bürger in einer demokratischen Gesellschaft auszuüben. Wenn Direktion, Lehrerschaft und Eltern in einer Schule einzig als ausübende Kräfte eines Systems angesehen werden, an dessen Erstehung sie nicht teilhaben konnten, so ist die Erziehung zum „mündigen Bürger" reine Theorie. Im Gegensatz hierzu würde ein Unterrichtsfreiheit gewährleistendes System jede Lehrstätte zu mitverantwortlichen, teilhabenden Partnern zu machen.

11.4 Erziehung zum Respekt vor Anderen/Andersartigen

Die modernen Gesellschaften basieren nicht mehr auf einer gemeinsamen, verbindenden Wertvorstellung. Diese soziale Bindung kann nur noch als Anerkennung eines Wertepluralismus im Sinne von Toleranz verstanden werden. Die Aufrechterhaltung des staatlichen Monopols des Erziehungswesenswegen der angeblichen Notwendigkeit gemeinsamer Werte gehören heute in den Bereich eines vergangenen Mythos. Unterrichtsfreiheit, die unterschiedliche Wertvorstellungen anerkennt und somit den Respekt Anderen gegenüber begünstigt, würde die Jugend besser auf diese soziale Tatsache vorbereiten.

11. 5 Der Inhalt der Unterrichtsfreiheit

Unterrichtsfreiheit ist:

- die Freiheit für Vertreter der zivilen Gesellschaft~ Lehranstalten zu gründen und zu leiten,
- die Freiheit der Eltern, Schulen ohne, vor allem finanzielle, Diskriminierung zu wählen,
- die Freiheit für Lehrer und Schuldirektion gemäß eines von ihnen gewählten „pädagogischen Projekts" zu unterrichten und einen den Bedürfnissen ihrer ihnen anvertrauten Schülern besser angepassten Unterricht zu bieten,

- eine neu definierte Rolle des Staates im Erziehungsbereich, dessen Hauptaufgabe es sein könnte, vor allem die Ausübung einer verantwortlichen Freiheit aller an der Erziehung Beteiligten zu überwachen und zu begünstigen.

Eine neue freie Schule – Wiedergeburt einer Gemeinde zur Zeit der Wende – Die Lauder Javne Jüdische Gemeinschaftsschule Budapest

Katalin Gyárfás

Erlauben Sie mir bitte, dass ich mit etwas Persönlichem beginne. Die Wohnung, in der ich in Budapest mit meiner Familie lebe, hat mein Mann mit seinen Eltern 1945 bezogen, als er ungefähr 3 Monate alt war. Sie können sich wahrscheinlich gut vorstellen, wie viele wichtige Dinge während der letzten 55 Jahre in diesen Wänden passiert sind und wie viele Gegenstände sich dort während dieser Jahrzehnte angesammelt haben. Als seine Mutter starb war mein Mann noch Student, sein Vater und seine Schwester zogen weg, aber die Gegenstände der Vergangenheit blieben in der Wohnung. In den nächsten Jahren kamen natürlich immer weitere dazu, und seit ich auch dort lebe und unsere Familie sich allmählich vergrößerte, aber die Wohnung dabei nicht wachsen wollte, waren wir gezwungen, die angehäuften Gegenstände von Zeit zu Zeit zu überprüfen und einige wegzuwerfen. Bei diesen Aufräumaktionen gab es immer ein besonderes Moment, und das war das Moment, als wir zu den Sachen meiner verstorbenen Schwiegermutter gelangten. Sie selbst hat sie noch in die oberste dunkle Ecke des gewaltigen Schrankes gelegt. Sie wollte sie wohl noch weiter aufbewahren, weil sie alle für ihr Leben eine besondere Bedeutung hatten. Hier lagen zum Beispiel die ersten Babykleider meines Mannes, kleine Hemdchen, Schuhe, aber auch ein Teddybär. Und lag auch ein kurzer Mantel, ganz heller, gelber Farbe, der meiner Schwiegermutter gehörte. Und an den ein gelber Stern angenäht war. 1944 war sie 24 Jahre alt, sie musste in Budapest diesen Mantel mit dem Stern mehrere Monate lang tragen. Während dessen sind ihre Mutter, ihre Schwester und noch viele ihrer Verwandten irgendwo in einem Konzentrationslager ermordet worden. Aus irgend einem Grund hielt es meine Schwiegermutter für wichtig, diesen Mantel mit dem Stern aufzubewahren, obwohl er ein Erinnerungsstück – oder eher ein Mahnmal – aus der schrecklichsten Zeit ihres Lebens war. Bei einer der Aufräumaktionen nahmen wir den Teddy für unsere Tochter Judit herunter, bei der nächsten die Babykleider, mit denen unsere beiden Mädchen schon gut spielen konnten, aber den Mantel mit dem gelben Stern packten wir immer wieder zurück und ließen dort oben im Schrank liegen. Irgendwie weigerten wir uns ihn wegzuwerfen. Als unsere Tochter Eszter geboren wurde, machten wir wieder klar Schiff. Mein Mann stand oben an der Leiter, nahm den Mantel mit dem gelben Stern seiner Mutter, gab ihn mir herunter und sagte: Wir sollten ihn wegwerfen! Wir brauchen ihn nicht mehr aufzubewahren. Der Mantel kam in die Mülltonne. Und das geschah im Jahre 1985, und mit zwei-drei Jahren danach wurden die ersten Ideen zur Gründung einer jüdischen Gemeinschaftsschule in Budapest geboren.

Ich denke, dass diese Geschichte sehr gut verdeutlicht, in was für einem seelischen Zustand das ungarische Judentum und die ungarische Gesellschaft in jener Zeit war, als endlich der Anspruch auf eine ganz eigenartige jüdische Gemeinschaftsschule formuliert worden war. –

Es waren schon die letzten der 80er Jahre, eine Zeit, in der schon offensichtlich war, dass die Hegemonie der kommunistischen Ideologie nicht mehr zu halten ist. Die Kinder der Holocaust Überlebenden sind bereits selbst Eltern geworden und obwohl sie während ihrer Schulzeit – wie die anderen Kinder in der Region – eine völlig atheistische Erziehung bekamen und von ihren Eltern und Grosseltern stets davor gewarnt wurden, sich als Jude zu bekennen, weil das in Ungarn noch immer gefährlich sei, erhob sich in dieser Generation der Anspruch für **ihre** Kinder eine modern gesinnte jüdische Schule zu gründen, die von religiösen Institutionen unabhängig ist und in der ihre Kinder sowohl eine gute Allgemeinbildung als auch eine liberale Erziehung in den jüdischen Traditionen und in der jüdischen Kultur bekommen sollten. Diese junge Generation hat von einer Schule geträumt, in der Kinder nicht als Teile einer homogenen Masse, sondern als jeweils eigenständige Persönlichkeiten mit unterschiedlichen Fähigkeiten und Begabungen betrachtet werden, und in enger Zusammenwirkung mit den Lehrern und mit ihren Mitschülern die Welt für sich entdecken können. Man träumte von einer wirklichen Schulgemeinde, in der sich die Kinder, die Lehrer und auch die Eltern zu Hause fühlen können.

1. Die Gründung der Lauder Javne Jüdischen Gemeinschaftsschule

Es war das Jahr 1990 als diese Träume sich zu verwirklichen begannen, als die Lauder Javne Jüdische Gemeinschaftsschule den Unterricht in ihrer drei Abteilungen/Sektionen – das heisst im Kindergarten, in der Grundschule und im Gymnasium – mit fünf Klassen anfangen konnte. (Die drei Abteilungen der Schule waren damals in drei verschiedenen Gebäuden ziemlich weit voneinander entfernt in Budapest untergebracht. Aber der Wunsch danach, den Unterricht sobald wie möglich anzufangen, war so stark, dass wir damit nicht so lange warten wollten, bis wir alle in einem Gebäude unterrichten können. Es dauerte bis 1995, bis wir endlich unsere neu erbaute Schule in einem schönen Bezirk von Budapest beziehen konnten.)

Der Name der Schule spricht für sich selbst.

Lauder: Die grosszügige Unterstützung der Ronald S. Lauder Stiftung hat uns ermöglicht unsere Schule ins Leben zu rufen. Diese Stiftung wurde 1987 von Ronald S. Lauder gegründet. Vornehmstes Ziel der Stiftung ist den wenigen jüdischen Gemeinden in Ost- und Mitteleuropa, die den Holocaust und die kommunistische Repression überlebten, durch die Unterstützung jüdischer Erziehung beizustehen, damit in den Gemeinden ein neues Leben beginnen kann. Zahlreiche Erziehungs- und Bildungsprogramme werden in der Region von der Stiftung unterstützt, die Lauder Javne Schule in Budapest ist die grösste Institution unter ihnen.

Javne: Javne ist eine kleine Stadt in Israel von grosser historischer Bedeutung. Nach der zweiten Zerstörung von Jerusalem erbat sich Rabbi Johanan Ben Zakkai vom römischen Kaiser Vespasian ihn und seine Jünger aus Jerusalem in die Stadt Javne umziehen zu lassen um dort ein neues Zentrum der jüdischen Bildung zu gestalten. Aus den Bildungsstätten dieser Stadt kamen später Rabbis und Gelehrten, deren Beitrag zur Erhaltung des jüdischen Geisteslebens damals von unermesslich grossen Bedeutung war. Wir möchten das Erbe und die Lehre von Javne in unserer Schule fortsetzen.

Jüdische Gemeinschaftsschule: Gemeinschaftsschule bedeutet, dass es für uns ein wichtiges Ziel ist, dass Mitglieder der Schulgemeinde – d.h. Kinder, Lehrer, Eltern, Mitarbeiter, und noch andere – das sichere Gefühl der Zugehörigkeit haben. Sie sollen in der Schule auch eine Gemeinde finden, damit die Schule dann als eine wirkliche Gemeinschaft für gemeinsame Ziele wirksam funktionieren kann.

Jüdische Gemeinschaftsschule heisst, dass die Schule auch das Zuhause einer lebendigen jüdischen Gemeinde ist. Vielen Eltern, die mit ihren Kindern zusammen am Leben der Schule aktiv teilnehmen, wird hier zum ersten Mal die Möglichkeit gegeben die jüdischen Traditionen kennenzulernen. Eine Gruppe aus Eltern, Kindern und Lehrern feiert regelmässig jeden Freitag abend Kabbalat Shabbat in der kleinen Synagoge unserer Schule. Eigentlich waren sie es, die so in unserer Schule die erste neue jüdische Gemeinde in Ungarn nach 50 Jahren gegründet haben.

2. Das Curriculum

Das Curriculum unserer Schule und das Alltagsleben in den verschiedenen Abteilungen sehen so aus:

Das Ziel der Schule ist sowohl die Werte der ungarischen Kultur als auch der Weltkultur den Schülern auf hohem Bildungsniveau zu übermitteln, damit die Schule einerseits den gesetzlichen Anforderungen des ungarischen Bildungsministeriums und andererseits auch den Herausforderungen der modernen Welt entspricht. In dieser Hinsicht unterscheidet sich unsere Schule nicht von anderen anspruchsvollen Schulen in Ungarn. In den gleichen Unterrichtstunden wird ungefähr derselbe Stoff mit ähnlichen Lehrbüchern in den Händen gelernt. Gleichzeitig unternimmt die Schule die Vermittlung der Werte jüdischer Traditionen und Wissenschaften und den Unterricht der modernen hebräischen Sprache. Infolgedessen gibt es in unserem Curriculum noch zwei speziale Fächer: Judaistik und Hebräisch. Hebräisch lernen die Kinder 7 Jahre lang, das Studium wird mit einer Abschlussprüfung beendet. Das Fach Judaistik – was im Praxis Traditionen, Geschichte und Kulturgeschichte des Judentums bedeutet – wird auf jeder Schulstufe unterrichtet. Es gibt noch zahlreiche extracurriculare Aktivitäten, an denen sich die Schüler noch extra mit jüdischen Themen beschäftigen können, (z.B. Schülertheater, sephardische Musikkapelle, Schülerzeitung, literarisches Jahrbuch sogar mit einer Beilage in mehreren Sprachen, soziographische Forschungsgruppe, Foto und Videodokumentation Gruppe der Gymnasiasten) und wir haben die Erfahrung, dass die Schüler an diesen Aktivitäten gerne teilnehmen. Sie sind alle stark motiviert und wollen sich mit ihren Ergebnissen und Produktionen, die innerhalb dieser Aktivitäten entstehen einer breiten Öffentlichkeit zuwenden, damit sie zum kulturellen Profil ihrer Generation beitragen können. Jetzt könnte ich Ihnen viele Beispiele dafür geben, mit welch grossem Interesse diese Produktionen von der Öffentlichkeit begleitet werden. Hier seien nur einige erwähnt:

— Unser Schülertheater, durch dessen Aktivität die alten jüdischen Purimtheater Traditionen in Ungarn wieder belebt worden sind, hat jedes Jahr mehrere Aufführungen vor vollem Haus in dem National Puppentheater

— Die Fotos, die unsere Schüler über die letzten Überreste der Bauten ehemaliger kleinen jüdischen Gemeinden auf dem Lande gemacht haben, sind anlässlich des ersten Holocaust-Gedenktags in Ungarn in mehreren Gymnasien ausgestellt worden

— Ein Videofilm über eine nicht-jüdische Frau, die während der Nazizeit eine jüdische Familie in ihrem Haus versteckt hatte, gewann an dem nationalen Studentenfilmfestival hohe Anerkennung und ist in vielen Schulen des Landes als eine wunderschöne, musterhafte Geschichte über die Solidarität mit den Verfolgten gezeigt worden. (Die Veröffentlichung des Films hat der Hannah Arendt Verband und das Goethe Institut Budapest großzügig unterstützt.)

Wir glauben, dass solche Gelegenheiten zu wünschenswerten, positiven sozialen Prozessen dadurch beitragen, dass die Jugendlichen so ihre Gedanken und Gefühle, ihre Erfahrungen und Vorstellungen über verschiedenen Themen direkt austauschen können, und dabei die Möglichkeiten der Mitwirkung finden.

3. Das Alltagsleben

3.1 Der Kindergarten

Ca. 60 Kinder, in drei verschiedenen Altersgruppen eingeteilt, können hier ihre Tage – von 8 Uhr bis 18 Uhr – verbringen. Jede Klasse hat zwei hochqualifizierte Kindergärtnerinnen, die sich mit den Kleinen ihren eigenen Persöhnlichkeiten entsprechend beschäftigen. Die Kinder lernen hier eher durch gelenktes Spielen als in mit gewöhnlichen Methoden organisierten Lernstunden.

3.2 Die Grundschule

In der ersten Klasse sind die ersten Monate sehr sorgfältig organisiert, damit der Übertritt der Kinder vom Kindergarten in die geregelte Bildung erleichtert werden kann. Im Alter von 6 bis 9 werden die Grundfähigkeiten, die Interessensgebiete, die Begabungen der einzelnen Kinder erforscht und bestärkt. Auch hier hat jede Klasse zwei Klassenlehrer, möglichst eine Lehrerin und einen Lehrer. Der Kindergarten und die ersten drei Jahrgänge der Grundschule verfügen über eine Logopädin und auch über eine Pädagogin, die auf Entwicklungspädagogik spezialisiert ist. Bereits in den Grundschuljahren werden Neugier und Leistungsorientierung der Kinder hoch geschätzt, so lernen sie in der Schule nicht nur die Antworte der Erwachsenen zu akzeptieren sondern im Rahmen eigener und Gruppenprojekte auch die Antworte selbst zu suchen und zu entdecken. Unsere Grundschule ist im Lande wegen ihres ganz eigenartigen Bewertungssystems wohl bekannt und hat einen guten Ruf auch als ein Zentrum der pädagogischen Weiterbildung und Forschung.

3.3 Das Gymnasium

In dem sechsklassigen Gymnasium werden die Schüler sowohl für das übliche, normale ungarische Abitur als auch für die Aufnahmeprüfungen an die Universitäten vorbereitet. Neben der schon in der Grundschule unterrichteten zwei Fremdsprachen – Englisch und Hebräisch – können die Schüler hier auch noch eine dritte Fremdsprache lernen, und sie haben die Möglichkeit diese aus vier unterschiedlichen Sprachen auszuwählen, nämlich aus Französisch, Deutsch, Italienisch und Spanisch. Neben der Allgemeinbildung können die Schüler je nach Interesse noch in verschiedenen Fächern eine Spezialbildung bekommen. Sie sind häufig Vorbereitungskurse zu Aufnahmeprüfungen an die Universitäten und Hochschulen. Viele Abiturienten erwerben sich ein Wissen von hohem Niveau, damit sie dann an den besten Universitäten und Hochschulen des Landes studieren können, einige von ihnen setzen ihre Studien sogar in Israel fort.

3.4 Die Berufsausbildung

Nach einem bestandenen Abitur ist es in unserer Schule möglich eine Fachbildung in Informatik zu bekommen. Einer unserer kurzfristigen Zukunftspläne ist die Berufsbildung mit dem Fachgebiet „Medien“ zu erweitern und hier mit ausländischen Schulen und Institutionen zusammen zu arbeiten. Damit wäre auch eines unserer wichtigsten Ziele erreicht: Die Erziehung einer jungen Generation mit unterschiedlichen nationalen, sprachlichen, religiösen, sozialen und kulturellen Hintergrund, die für Zusammenarbeit bereit ist und dabei ihre kulturelle Vielfalt als einen hohen Wert betrachtet.

In den ersten 10 Lebensjahren unserer Schule haben wir auch die Erfahrung gemacht, dass es für uns nicht immer vorteilhaft ist, wenn wir an jenen unserer Grundprinzipien, wie Unabhängigkeit von religiösen Institutionen, Vielfalt in der Schulgemeinde, in der Bildung und Erziehung, festhalten. Es gibt immer stärker werdende Tendenzen, die die Unabhängigkeit, die Toleranz, die Offenheit, die Vielfalt nicht mehr so hoch einschätzen. Eben darum ist es so wichtig für uns an einer solchen Konferenz wie diese teilzunehmen, damit wir uns in unserer Gesinnung gegenseitig bestärken können.

Europäische Wege der Privatschulen – Berufliche Schulen auf dem Weg nach Europa

Antoinette Klute-Wetterauer

1. Einleitung – Rahmenbedingungen für berufliche Schulen in freier Trägerschaft

Die beruflichen Schulen haben in den vergangenen Jahrzehnten in Deutschland nicht die Beachtung erfahren, die ihnen zusteht, wie auch der massive Mangel an ausgebildeten Lehrern in diesem Bereich und die mangelhafte Unterrichtsversorgung an staatlichen beruflichen Schulen in allen Bundesländern zeigen. Und erst in den letzten Jahren, nachdem auf dem Arbeitsmarkt spürbar wird, dass das staatliche berufliche Schulwesen über viele Jahre hinweg am Bedarf vorbei ausgebildet hat (Stichwort Greencard), besinnen sich Politiker aus Kommunen, Ländern und Bund auf eine breite Förderung der verschiedenen Berufsschulzweige, sowie der gewerblichen und der kaufmännischen Fachschulen.

Entscheidende Impulse zu einer höheren Qualität der beruflichen Ausbildung gingen von der europäischen Gemeinschaft und deren Aktionsprogrammen aus, zunächst im Sinne einer Förderung der fremdsprachlichen und interkulturellen Kompetenz: Petra, Lingua etc.

Die Schulen des Verbandes Deutscher Privatschulen (VDP) antworteten mit gezielten Entwicklungen von Ausbildungen, die als sogenannte Ergänzungsschulen das staatliche Angebot bereicherten und durch die staatliche Anerkennung honoriert wurden, nicht jedoch durch existenzsichernde Zuschüsse. Es entstanden neue Berufsbilder wie die Europasekretärin, Wirtschaftsassistenten, Fremdsprachen- und Wirtschaftskorrespondenten, Direktions- und Marketingassistenten mit zwei und drei fremdsprachlichen Abschlüssen, zum Teil bereits zertifiziert durch in- und ausländische Industrie- und Handelskammern. Der VDP selbst beteiligte sich an dieser Entwicklung mit eigenen Zertifikatslehrgängen wie dem „ EU Fachreferent (VDP)“ und dem „Internationalen Betriebswirt (VDP).“

1988 wurde der VDP Mitbegründer von ECNAIS (European Council of National Associations of Independent Schools) und strebte – zusammen mit seinen Partnern aus den damaligen Mitgliedstaaten – Gastschuljahre, anerkannte Semester und gemeinsame Abschlüsse an.

Während dieser gesamteuropäischen Diskussion wurde deutlich, dass die ursprünglichen Ziele der Verwirklichung einer Mehrsprachigkeit und interkulturellen Kompetenz nicht mehr ausreichten, um die Herausforderungen des neuen Jahrtausend zu bestehen. Die Europäische Union schuf bereits neben den neuen Programmen Comenius und Sokrates Programme, die sich ausdrücklich über die Verbesserung von Sprachkenntnissen hinaus bewegen: Bei *Leonardo* werden „länderübergreifende innovative Aktionen zur Aneignung von Wissen, Fähigkeiten und Kompetenzen gefördert, die den umfassend informierten, mündigen Bürger ausmachen und dessen Beschäftigungsfähigkeit verbessern". Das Aktionsprogramm *Minerva* schließlich fördert neben dem Fernstudium auch den „kritischen und verantwortungsbewussten Umgang mit Informations- und Kommunikationstechnologien."

Und der VDP war 1988 Mitbegründer von BUSINET, einer Organisation, der seit 1988 etwa 60 Bildungsinstitute in der Europäischen Union sowie in Zentral- und Osteuropa angehören, wie z.B. Österreich, Belgien, Dänemark, Finnland, Frankreich, Ungarn, Irland, Polen, Portugal, Rumänien, Spanien, den Niederlanden, Großbritannien und Deutschland zusammen. Die deutschen Mitglieder sind allesamt auch Mitglied im VDP, unter anderem auch die Merkur Akademie International und die Akademie für Touristik Freiburg.

Die Organisation hat sich zur Aufgabe gemacht, die verschiedensten Bildungsinstitute aus dem privaten und öffentlichen Bildungssektor zu vernetzen und dadurch Möglichkeiten für den Austausch von Erfahrungen der einzelnen Mitglieder zu schaffen. Weiterhin bietet BUSINET Hilfe an auf den Gebieten der europaweiten Lehrplan Entwicklung in den Wirtschaftswissenschaften, des Austausches von Studenten und Lehrkräften sowie Hilfe bei Fragen zu den Förderprogrammen der Europäischen Kommission Sokrates-Erasmus und Leonardo da Vinci.

Ziele des BUSINET Programms sind:

- die Entwicklung von europäischen wirtschaftswissenschaftlichen Programmen in der Universitäts- und Schulausbildung
- die Vergleichbarkeit von europäischen Abschlüssen zu erreichen, z.B. durch Einführung des European Credit Transfer Systems (ECTS)
- Transparenz zu schaffen im Bereich des europäischen Schul- und Hochschulbildungssystems
- die Entwicklung von Lehrplänen in den Wirtschaftswissenschaften für Teilzeit-, Vollzeit- oder Fernstudiengänge
- die Förderung von Ausbildung in den europäischen Sprachen
- die Identifizierung und Benennung von Instituten mit guten, studentenorientierten Ausbildungsmöglichkeiten
- die konstruktive Zusammenarbeit mit europäischen Firmen und Organisationen

— das Erhalten und die Weiterentwicklung eines europäischen Netzwerks für Praktika für Studierende und Lehrkräfte

— Austausch von Studierenden und Lehrkräften zwischen den Bildungsinstituten europaweit

— Die enge Zusammenarbeit der Europäischen Kommission und deren Programme Socrates-Erasmus und Leonardo da Vinci

Viele Aktivitäten von BUSINET werden durch die finanzielle Unterstützung der Europäischen Kommission erst möglich. Das Netzwerk ermöglicht eine Zusammenarbeit der Mitglieder von privaten und öffentlichen Bildungsinstitutionen aus dem Schul- und Hochschulbereich. Diese Zusammenarbeit zeigt oft deutlich die unterschiedlichen Herausforderungen an die Mitglieder aus dem privaten und öffentlichen Ausbildungssektor in Bereichen der Finanzierung, der Lehrplangestaltung und im Bereich der Internationalisierung.

Die gegenwärtige Diskussion – begonnen in den neunziger Jahren, meine Damen und Herren, stellt das berufliche Schulwesen vor ganz neue Aufgaben. Schon 1994 mahnte der als „Bangemann-Report" bekannt gewordene Bericht, vertreten durch eine Gruppe europäischer Unternehmensvertreter, nachdrücklich an, den Aufbau der Informationsgesellschaft zu beschleunigen. Aber nur jede dritte Schule in Deutschland ist mit Computern und Internetzugang ausgestattet.

Globalisierung und Dienstleistungsboom bestimmen den Weg der Weltwirtschaft ins 21. Jahrhundert. Allein 1999 sind in den OECD- Ländern rund 3,7 Millionen Arbeitsplätze im Dienstleistungsbereich geschaffen worden. Die europäischen Unternehmensvertreter- und hier sei nur stellvertretend Dr. Bruno Lamborghini, Vorstandsvorsitzender Olivetti und Präsident von EUROBIT erwähnt, fordern neue Strategien für eine vernetzte Welt.

Er sieht einen „revolutionären Prozess in der Telekommunikationsgesellschaft, vorangetrieben durch Liberalisierung, Deregulierung, Abschaffung von Monopolen und Privatisierung in von zunehmendem Wettbewerb geprägten Märkten, eine europäische Führerschaft in der digitalen, drahtlosen Kommunikation, die rapide wachsende Beteiligung Europas an der neuen Internet- Wirtschaft und am E- Commerce, das Heranwachsen einer neuen „Brainware-Generation „(Netzwerk-Generation) und eine auf das Internet zentrierte Umstrukturierung von Unternehmen: durch Netzwerkintegration, Intra – und Extranets und Wissensmanagement als treibende Kräfte."

Sicher hat Lamborghini recht, wenn er fordert, dass angesichts der hohen strukturellen Jugendarbeitslosigkeit in Europa Abschied genommen werden muss von veralteten Schul- und Ausbildungssystemen. Auch widersprechen wir ihm nicht, wenn er fordert, dass Regierungen und privater Sektor in einem Konsens alles tun müssen, um neuen Technologien den Eingang in unsere beruflichen und auch allgemeinbildenden Schulen zu verschaffen.

Als Lehrer und Erzieher aber müssen wir darauf achten, dass Fachkompetenz und interkulturelle Kompetenz nicht die einzigen Ziele beruflicher Bildung und Ausbildung bleiben: Natürlich sollen schon Kinder und Jugendliche frühzeitig und in vernünftiger Weise an die Möglichkeiten der Kommunikations- und Informationstechnik herangeführt werden, wobei auch Benchmarking kein Fremdwort bleiben darf. Und selbstverständlich hilft der Erwerb von zwei oder drei Fremdsprachen, sowie Praktika und Sprachaufenthalte Jugendlichen, die notwendige Interkulturelle Kompetenz zu erwerben.

Genau so wichtig erscheint uns jedoch von unserem ganzheitlichen Ansatz von Schule und Lernen her, die kommende Generation der Facharbeiter, des mittleren und Topmanagement durch den Erwerb von Schlüsselqualifikationen auf ihre zukünftigen Aufgaben in der Dienstleistungsgesellschaft des 21. Jahrhunderts vorzubereiten:

1) Methodenkompetenz
2) Soziale Kompetenz
3) Selbstkompetenz

Dazu müssen wir uns einem Transformationsprozess unterziehen, der Fortbildung und Umdenken der jetzigen Lehrergeneration mit einbezieht, damit es nicht auch bei uns heißt wie bei jenem Lehrer, der im Zuge einer Untersuchung zur Frage einer Reform der Lehrpläne sagte, „Mir ist es egal, in welche Lehrpläne ich nicht hineingucke".

Und auch ein weiteres Problem müssen wir aus Sicht der Schulen in freier Trägerschaft lösen: während die Absolventen unserer Einrichtungen nach dem Abitur und einer zweijährigen Ausbildung mit staatlich anerkanntem Abschluss (vergleichbar Bac plus 2, Higher National Diploma) an allen Universitäten der EU und in USA in das dritte Studienjahr einsteigen und in ein bis zwei Jahren den Bachelor Abschluss ablegen können, ist ihnen in Deutschland der Übergang von das sekundäre in das tertiäre Bildungswesen nicht möglich. Ein solcher Absolvent beginnt z. B. an der Berufsakademie wieder mit dem ersten Semester. Wir halten dies aufgrund des Lehrplans und der Personalstruktur der Berufsakademien für besonders ungerecht.

2. Darstellung der Akademie für Touristik Freiburg und der Internationalen Fachhochschule Bad Honnef. Bonn

Ich möchte Ihnen nun abschließend den Versuch einer Umsetzung der Vorbereitung unserer Jugendlichen auf den Eintritt in das neue globale Paradigma am Beispiel zweier Institutionen unter der Dachmarke „Angell" aufzeigen, deren Leiterin und Geschäftsführerin ich bin: der Akademie für Touristik Freiburg und der Internationalen Fachhochschule Bad Honnef· Bonn.

2.1 Die Akademie für Touristik Freiburg

Im Jahre 1991 konzipierten der damalige Gründungsfachbereichsleiter der FH Heilbronn, Prof. Dr. Georg Bleile, der ehemalige Verkehrsdirektor Karl Großmann und ich einen zweijährigen Studiengang für Abiturienten, der am 9. April 1992 erstmals in Deutschland der Presse vorgestellt wurde und heute von über 60 Instituten bundesweit mit unterschiedlichen Lehrplänen und in unterschiedlicher Qualität an staatlichen und privaten Institutionen angeboten wird.

Heute beherbergt die Akademie ca. 300 Studenten, jedes Jahr werden 150 neue Bewerber aufgenommen; bisher haben 600 Studenten die Akademie verlassen, die heute bereits in den Führungsetagen der Tourismusindustrie oder im mittleren Management sitzen.

Dass die Akademie heute trotz des bundesweiten Angebots Marktführer ist, hat sie vor allem folgenden grundlegenden Prinzipien zu verdanken:

1) Standort und Campus sind von hoher Qualität. In Freiburg verfügen die Abiturienten auf 3000 qm Schulungsfläche über einen ansteigenden Hörsaal, eine Bibliothek, drei EDV- Räume mit insgesamt 70 erstklassigen Rechnern und Equipment wie Videobeamer etc., zehn weitere Schulungsräume, eine Cafeteria, sowie einen eigene Kellerkneipe.

2) Konsequente Internationalität: Neben dem Erwerb von zwei bis drei Fremdsprachen (Englisch, Französisch, Italienisch, Spanisch) vermittelt die Akademie durch ein hauseigenes Service-Büro Auslandspraktika aus ihrem weltweiten Pool. Die diesjährigen Absolventen haben ihr Auslandspraktikum in 33 Ländern dieser Erde angetreten. Bei internationalen Hotelketten, Reiseveranstaltern, Fluggesellschaften oder Fremdenverkehrsämtern. Etwa ein Viertel der Absolventen wird an renommierten Universitäten in Großbritannien und den USA, mit denen die Akademie für Touristik einen Kooperationsvertrag hat, in ein bis zwei Jahren – unter voller Anrechnung der zwei Studienjahre an der Akademie – mit dem Bachelor BA/BSc abschließen. Die ersten Absolventen haben an der staatlichen englischen Universität Brighton – 1999 „University of The Year" – erfolgreich ihr Studium abgeschlossen und zum Teil aufgrund ihrer herausragenden Leistungen Stipendien für Masterprogramme erhalten.

3) Von ihren zukünftigen Mitarbeitern erwarten die Tourismusunternehmen fundierte Kenntnisse im Bereich des elektronischen Vertriebs. Sie sollten auch die Installation und Aktualisierung einer Homepage beherrschen. Sie sollen zudem intensiv in den Bereich computergestützter Reservierungssysteme eingeführt werden und das Medium Internet beherrschen.

Die Studierenden arbeiten ab dem ersten Studientag mit einem eigenen Notebook. Mit der Einrichtung eines Funk-LAN in allen Gebäuden der Akademie wurde eine optimale Integration von PC und Notebook in den Unterricht und die Vorlesungen erreicht. Per Notebook und Funkmodem haben die Studierenden jederzeit auf dem gesamten Campus

- Einen schnellen Zugang zum Internet, inklusive eigener Mailadresse
- Einen Zugang auf das Intranet mit akademieinternen Informationen

— Einen Zugriff auf den Netzwerk-Server zum Abfragen und Speichern eigener Dateien

— Die Möglichkeit, Lernmodule und Skripte bereits stattgefundener Vorlesungen abzurufen.

4) Persönlichkeitstraining steht auf dem Programm: Seminare in Rhetorik, Gesprächs- und Verhandlungsführung, Time- und Personalmanagement, Verkaufstraining und Kommunikationsübungen im Rollenspiel. Im zweiten Studienjahr besuchen die Studenten eine Reihe von Seminaren in englischer Sprache: das Spektrum reicht von International Business über Sales und Marketing bis hin zu „feasability studies" für Hotels. Diese werden in sogenannten „special weeks" über jeweils eine Woche hinweg von in – und ausländischen Experten angeboten, die eigens aus England, den USA oder Asien anreisen. Im Vordergrund steht die Projektarbeit (case studies), die die Studierenden auf Aufgaben im Management und in Teams vorbereitet. Auch hier macht die vorhandene Zweisprachigkeit die Studierenden besonders interessant für den internationalen Markt.

2.2 Internationalen Fachhochschule Bad Honnef – Bonn

Es war die Zusammenarbeit mit unseren Internationalen Partnern, besonders mit der University of Brighton und staatlichen Universitäten in Arizona, Florida und South Carolina, die uns bewog, mit der Eröffnung der Internationalen Fachhochschule Bad Honnef – Bonn noch einen Schritt weiter zu gehen.

Nach einer Marktanalyse durch die Scharnow-Stiftung „besteht in den nächsten zwei Jahrzehnten eine außergewöhnlich hohe Nachfrage nach international ausgerichteten Betriebswirten, die neben betriebswirtschaftlichen und spezifischen touristischen Fachkenntnissen über entscheidende Schlüsselqualifikationen sowie eine profunde Kenntnis von mindestens zwei, wenn nicht gar drei oder vier Fremdsprachen verfügen." Nach Aussagen des WTTC (World Travel and Tourism Council, Brüssel) werden im Bereich Tourismus in den Jahren bis 2006 zusätzlich 130 Mio. Arbeitsplätze geschaffen. Dieses Wachstum eröffnet zahlreiche Karrieremöglichkeiten, die jedoch mit steigenden Anforderungen an die touristischen Ausbildungsgänge einher gehen. So fordert der Wissenschaftsrat schon seit langem duale Studiengänge, um die Anforderungen der Wirtschaft zu befriedigen.

Die genannten Aspekte bildeten die Grundlage für das Konzept der Internationalen Fachhochschule Bad Honnef · Bonn. Mit den Studiengängen Hotel-, Touristik- und – erstmalig in Deutschland – Luftverkehrsmanagement kommt die Internationale Fachhochschule dem Bedürfnis der Tourismuswirtschaft nach jungen, kompetenten akademischen Führungskräften entgegen. Die Programme zeichnen sich durch Internationalität, kompaktes Fachwissen und Praxisbezug schon während des Studiums aus.

Alle drei Studiengänge schließen zwei Praxissemester ein. Absolventen der Fachbereiche Hotel- und Touristikmanagement erreichen nach vier Jahren Studium (inklusive einem Auslandsjahr) einen Doppelabschluss: Sie erwerben sowohl den staatlich anerkannten Diplom-Betriebswirt (FH) als auch den BA (Hons) oder den BSc englischer oder amerikanischer Universitäten. Der in Deutschland einmalige, dreijährige Studiengang Luftverkehrsmanagement wird mit einem Bachelor abgeschlossen. Ein Masterprogramm ist in Planung.

Die Unterrichtssprache ist Englisch. Für die deutschen Studenten bedeutet dies das Erreichen einer echten Zweisprachigkeit. Zugleich wird der Zugang für internationale Studenten deutlich erleichtert und das internationale Klima der Hochschule gestärkt. Die internationale Ausrichtung wird durch die enge Kooperation mit der University of Brighton, aber auch durch Kooperationsabkommen mit anderen ausländischen Universitäten, wie der FIU (Florida International University, USA) oder der NAU (Northern Arizona University, USA) gestärkt und gefördert. Neben Dozenten und Professoren aus dem deutschen und dem gesamten englischsprachigen Raum werden die Studenten durch den stetigen Informationsaustausch mit dem Fachbeirat – bestehend aus renommierten Vertretern der Tourismusindustrie – über Gegebenheiten und Trends der Branche informiert. Die aus dieser Zusammenarbeit resultierenden Synergieeffekte bieten den Studenten wichtige Impulse wie auch Chancen für den persönlichen Werdegang.

Durch die Schaffung eines touristischen Informationszentrums und durch Projekt- und Diplomarbeiten wird die Internationale Fachhochschule zu einem Impulsgeber sowohl für die stark von der mittelständischen Hotellerie geprägten Region werden, als auch einen wesentlichen Beitrag zum Wissenstransfer für Hotelketten,- kooperationen, Reiseveranstalter und Flughäfen leisten.

Mit dem St. Anno Gelände wurde der ANGELL Hochschul AG vom Erzbischöflichen Ordinariat Köln ein Gelände von 25000 qm mitten in der Stadt angeboten, welches in idealer Weise als Standort für die Fachhochschule geeignet ist.

Durch die Kombination von restaurierter historischer Bausubstanz und moderner Architektur stellen die Gebäude in ihrer Gesamtheit ein städtebauliches Highlight dar. So werden auf dem historischen Gelände modernste Schulungsräume, EDV-Trainingscenter, Bibliothek, Internet-Solarcafé, Seminarräume für Events und Tagungen sowie hochschuleigene Restaurants und Studentenapartments ihren Platz finden.

Um die hochkarätige Ausbildung zu unterstützen, erhalten alle Studenten ab Studienbeginn einen Laptop, der über ein Funk-LAN u.a. Zugriff auf das FH-Intranet und das Internet ermöglicht.

Nach der staatlichen Anerkennung durch das Ministerium für Schule und Weiterbildung, Wissenschaft und Forschung des Landes Nordrhein-Westfalen im September 1999 und dem positiven Votum des Wissenschaftsrats im Mai 2000 wird die Internationale Fachhochschule Bad Honnef · Bonn nun durch Bund und Land mit 5,5 Mio. DM gefördert.

Drei Länder-Ausbildung für Kaufmännische Assistenten

Peter Susat

1. Vorbemerkung

Berufsfachschulen als Orte der Berufsvorbereitung und Berufsausbildung haben eine langjährige Tradition. Generationen von Schülern sind in ein Berufsfeld eingeführt oder in einem Beruf ausgebildet worden.

Die theoriebetonte Ausbildung in Berufsfachschulen hat – trotz aller Handlungsorientierung – im Verhältnis zur praktischen Ausbildung am Arbeitsplatz immer ein erhebliches Übergewicht – vor allem im kaufmännischen Bereich – gehabt. Gleichwohl fand eine verstärkte Praxisorientierung in kaufmännischen Berufsfachschulen innerhalb der letzten 20 Jahre durchaus statt, sei es durch Aufnahme von Praktika, durch Einbeziehung von Übungsbüros oder von Auslandsaufenthalten in die Ausbildung.

Der durch ein beträchtliches Maß an Freizügigkeit und freie Wahl des Arbeitsplatzes bestimmte zukünftige europäische Arbeitsmarkt und die damit verbundenen benötigten sprachlichen Kompetenzen haben uns als Bildungsträger dazu inspiriert, den Lernort Ausland als Schwerpunkt in die berufsfachschulische Ausbildung mitaufzunehmen und zu integrieren.

2. Kurzdarstellung des Bildungsganges

Die Idee war, die vorhandene und seit vielen Jahren durchgeführte zweijährige Berufsfachschule „Kaufmännischer Assistent/-in Fremdsprachen und Korrespondenz" im Rahmen ihrer zweijährigen Ausbildungszeit mit je einem Auslandssemester in Großbritannien und Frankreich zu versehen. Dabei sollte das erste und vierte Halbjahr in Deutschland, das zweite Halbjahr in Großbritannien und das dritte in Frankreich absolviert werden.

Alle Fächer und Inhalte sollten in der vorgesehenen Gesamtzeit – jedoch mit veränderten Schwerpunkten anders verteilt als bisher – vermittelt werden. Die Abschlussprüfung sollte wie bisher in Niedersachsen stattfinden. Es kam darauf an, das Kultusministerium zu interessieren und zu überzeugen und die bei der Ausbildung in Deutschland vorhandene staatliche Anerkennung und die Finanzhilfe möglichst vom ersten Tag an gewährt zu erhalten. Dazu sollte an den rechtlichen Bedingungen möglichst nichts verändert werden. Nur der Lernort sollte partiell ausgelagert und die Dozenten im zweiten und dritten Halbjahr Ausländer sein dürfen.

Insbesondere mussten natürlich auch genügend interessierte Schüler und Eltern gefunden werden, um einen solchen Bildungsgang überhaupt durchführen zu können.

Ferner wäre es wünschenswert, europäische Finanzmittel zur Unterstützung dieses Bildungsganges zu erhalten, um die Kosten für Unterbringung und Verpflegung im Ausland für die Bezieher von Durchschnittseinkommen im Rahmen zu halten.

3. Ausbildungsstruktur

Die Zugangsvoraussetzungen Sekundarabschluss I – Realschulabschluss sollte unverändert und die Gesamtstundenzahl für die einzelnen Fächer in vollem Umfang erhalten bleiben. Entsprechend der Lehrerkapazitäten und sprachlichen Vorbedingungen sollen im ersten Halbjahr in Deutschland vor allem die allgemeinbildenden Fächer und im ersten und vierten Halbjahr in Deutschland die kaufmännischen Fächer unterrichtet werden. Der Schwerpunkt für die Fremdsprachen lag naturgemäß vor allen im 2. und 3. Halbjahr in Großbritannien und Frankreich.

Halbjahreszeugnisse sollten wie bisher erteilt werden. Zwischen dem ersten und dem zweiten Jahr sollte der Versetzungsvorgang erhalten bleiben.

Ein Blick auf die Stundentafel zeigt die Schwerpunktsetzungen beim Vergleich zwischen herkömmlicher und zusätzlicher neuer Ausbildungsform.

3.1 Rechtliche Grundlagen

Unserer Bildungseinrichtung wurde mit Schreiben des Niedersächsischen Kultusministers vom 6. Juli 2000 die Durchführung eines auf vier Jahre befristeten Schulversuches unter Zugestehung der staatlichen Anerkennung und unter Bereitschaft der Zahlung der Finanzhilfe genehmigt. Erhöhtes Interesse an diesem Bildungsgang und das Wohlwollen des Niedersächsischen Kultusministeriums schafften die notwendigen rechtlichen Voraussetzungen für eine großzügige rechtliche Behandlung. Jährliche Berichterstattung wurde zur Auflage gemacht. Alle ausländischen Lehrer wurden pauschal genehmigt.

Das Vertrauen des KM in unsere Bildungseinrichtung erschien uns gerechtfertigt. Sind wir doch seit nahezu 40 Jahren zunächst mit einer einjährigen Ergänzungsschule als Vorreiter, später mit der zweijährigen Ersatzschule in diesem Berufsbereich tätig, haben sehr gute Unterrichtserfolge und hohe Vermittlungsquoten auf dem Arbeitsmarkt erzielen können.

4. Sprachausbildung im Ausland

Die Durchführung einer Sprachenausbildung im Ausland erfordert solide Partner. Diese sind sowohl in Großbritannien in Gestalt eines Berufskollegs in Swindon als auch in Frankreich in Form einer freien berufsbildenden Schule vorhanden, mit denen langjährige Kontakte über Schüleraustausch und Praktika bestehen. Entsprechende Vorgespräche und Vereinbarungen schaffen die Voraussetzungen für den zusätzlichen Unterricht im Ausland.

Die Lehrer mussten die hiesigen Genehmigungsvoraussetzungen erfüllen und die erforderlichen didaktischen sowie methoden- und medienbezogenen Kompetenzen mitbringen. Vierteljährliche Konferenzen im Ausland dienen zur Abstimmung. Wöchentliche Übermittlung von Kopien der Klassenbucheintragungen sind bei der Kontrolle behilflich.

Gute Kontakte mit den örtlichen Bildungsverantwortlichen im Ausland sind unverzichtbare Voraussetzung für eine gedeihliche Zusammenarbeit. Dies gilt auch für die Bereitstellung von Praktikumsplätzen; denn für die Dauer eines Monats durchlaufen die Schüler im jeweiligen Ausland ein gelenktes Betriebspraktikum, das entsprechend bescheinigt wird.

Die Schüler und Eltern werden auf den Auslandaufenthalt intensiv vorbereitet: Zunächst im Vorfeld der Anmeldung über ausführliche Gespräche, Bereitstellung von ausführlichem Informationsmaterial, wozu auch die Dokumentation von Presseveröffentlichungen gehört. In den persönlichen Gesprächen wird auch die Eignung von Schülern festgestellt. Dazu zählen neben der Erfüllung der allgemeinen Zugangsvoraussetzungen eine solide Ausbildung in Englisch und Französisch sowie ein gewisses Maß an individueller Selbständigkeit. Des weiteren dienen Projektwochen im ersten Halbjahr der Vorbereitung und Einstimmung auf den Auslandsaufenthalt.

Die Unterbringung im Ausland erfolgt entweder in Familien, welches die teuerste Variante ist, in einem Schülerwohnheim oder in einer Wohngemeinschaft in einem angemieteten Haus.

5. Augenblicklicher Stand der Ausbildung

Eine erste Klasse von 10 Jugendlichen hat vor einem Jahr begonnen und ist zur Zeit im zweiten Halbjahr in Großbritannien. Die Unterbringung findet in angemieteten Häusern statt. In Frankreich im nächsten Halbjahr werden es Einzelwohnungen in einem Schülerwohnheim sein. Es sind noch alle Schüler dabei. Der Leistungsstand ist gut. Die Stimmung schwankt. Die lange Abwesenheit von zu Haus ist ungewohnt und das Zusammenleben in einer Wohngemeinschaft auf engem Raum muss erst gelernt werden. Gelegentlich bedarf es der Aufmunterung, der Umorganisation und der Kreativität der Betreuer. Im Ausland gibt es einen Betreuungslehrer vor Ort, der sich um die Schüler kümmert. Aber es gibt auch eine Hotline zum Schulleiter nach Braunschweig.

Die Ferien insgesamt betragen 8 Wochen:

6 Wochen im Sommer,

2 Wochen zu Weihnachten.

6. Finanzierung

Das monatliche Schulgeld beträgt 440 DM, ab 1. August 645 DM. Die Kosten für den Auslandsaufenthalt betragen für Miete und Verpflegung monatlich ca. 1.000 DM. Reisekosten jeweils nach England und Frankreich hin und zurück belaufen sich auf jeweils 500 DM pro Schüler. Eine europäische Förderung über Leonardo II gewährt pro Schüler ca. 10.000 DM Mobilitätskosten pro Ausbildungsgang für die Zeit im Ausland. Damit werden die Reisekosten Unterkunft und Verpflegung weitgehend abgedeckt.

7. Ausblick

Die Schulleitung unserer Bildungseinrichtung hält diese Form der Ausbildung zur Fremdsprachenkorrespondentin für zukunftsweisend. Ich persönlich als der Spiritus rector für diese Ausbildung bin überzeugt, dass diese Form der Sprachbildung in 10 Jahren zum normalen Wahlangebot auch an staatlichen Schulen für Jugendliche in Europa gehören wird; denn wo – wenn nicht im jeweiligen Land – lernt man die Sprache, Sitten und Bräuche eines Landes besser als vor Ort. Und der Arbeitsplatz wird in Zukunft überall in Europa sein können.

Ich glaube, dass die beruflichen Perspektiven der Absolventen dieser Ausprägung der zweijährigen Berufsfachschule „Kaufmännischer Assistent/-in Fremdsprachen und Korrespondenz“ bei entsprechendem persönlichen Einsatz der Schüler als besonders günstig bezeichnet werden können, womit sich die Investition in die Ausbildung bezahlt machen dürfte.

Anhang: Neue Konzepte berufsbildender Schulen auf dem Weg nach Europa – dargestellt aus der Sicht des Staatlichen Berufsbildenden Schulzentrums Jena-Göschwitz

ca. 2100 Schüler in den Schulformen:

- **Berufsvorbereitungsjahr**
- **Berufsfachschule**
- **Berufsschule (duale Ausbildung)**
- **Höhere Berufsfachschule**
- **berufliches Gymnasium**
- **Fachoberschule**
- **Fachschule**

Konzeptthema:

Bilingualer Fachunterricht in der Berufsausbildung

1. Auswahl der Schulform:

– **Berufsausbildung** (duale Ausbildung)

* Ausbildungszeitraum: 3 Jahre bis 3,5 Jahre
* Ausbildungsform: meist Blockmodell, z.B. 1 Woche Theorie (Schule)
  2 Wochen Praxis (Ausbildungsbetrieb)

– **Begründung:**
- kein obligatorischer Fremdsprachenunterricht
- didaktische Prinzipien sind zu wenig projektbezogen
- Lehrpläne des fachspezifischen Unterrichtes enthalten wenig Themen zur europäischen Integration

2. Auswahl der Projektart:

– **Leonardo-Pilotprojekt**

* Zeitraum: Dez. 1997 bis Dez. 2000 (3 Jahre)
* Inhalt: Durchführung englischsprachigen Fachunterrichtes in ausgewählten Fachbereichen
* Fachbereiche: a) Elekrotechnik: Berufsgruppe – Elektromechaniker
  b) Ernährung und Hauswirtschaft:
  Berufsgruppe – Hotelfachfrau/mann
  – Restaurantfachfrau/mann

c) Informatik: Berufsgruppe – Mechatroniker

3. Projektdurchführung

3.1 Bildung einer Arbeitsgruppe

– Variante A: Lehrer für Fremdsprachen und fachspezifischen Bereich
z.B. im Berufsfeld – Ernährung und Hauswirtschaft

Vorteil: hohe Sprachkompetenz

Nachteil: fachspezifische Besonderheiten nur bedingt vermittelbar

– Variante B: Lehrer für fachspezifischen Unterricht mit Fremdsprachenkenntnissen z.B. im Berufsfeld – Elektrotechnik, Informatik

Vorteile: hohe fachliche Kompetenz, höhere Flexibilität der Lehrerschaft

Nachteil: fehlende Fremdsprachenmobilität

3.2 Verbesserung der Fremdsprachenmobilität

3.2.1 Lehrkräfte (insbesondere für Lehrer der Gruppe B)

a) transnationale Weiterbildung: Lehreraustausch (Leonardo, Sokrates)

Partner: – Großbritannien: –Leeds – LCOT
–London – EVC
– Irland: –Dublin – EE

b) nationale Weiterbildung : Thillm
Lehrerarbeitsgemeinschaft – Englisch

3.2.2 Schüler (siehe auch Punkt 3.2.1)

Projektinhalte: Schüleraustausche – stets eine Kombination aus sprachlicher und fachlicher Weiterbildung, insbesondere Themen aus dem Sozialbereich, Umweltbereich oder Kulturbereich des Gastlandes

3.3 Erarbeitung von Unterrichtsmodulen

– Unterrichtsbausteine z.B. Beschreibung technologischer Prozesse

– Erarbeitung von Begleitmaterialien, wie Wortsammlungen, Arbeitsblätter usw.

3.4 Evaluierung der Unterrichtsmodule

3.4.1 transnationale Austauschprogramme: – Finnland (Raahe)
– Großbritannien (Leeds, London)
– Irland (Dublin)

3.4.2 nationale Evaluierungsprogramme: – Thür. Kultusmin.
– Thillm
– berufsbil. Schulen in Thür.

5. Weiterführungsphase (Verbreitungsprojekt)

Thema: Sprachkompetenzen (Leonardoprogramm)

Zeitraum: 2001 – 2004

Ziele:

Ausdehnung des bilingulen Unterrichtes auf weitere Berufe (z.B. Augenoptiker, Industriemechaniker)

Einbindung weiterer Stoffgebiete (Unterrichtsmodule) der bereits erprobten Bereiche (E-technik, Ern. u. Hausw., Inf.)

Einbindung weiterer internationaler Partner (Ungarn-Szeged, Frankreich-Merlebach)

Weiterführung der Evaluierungsphase (Lehrer- u. Schüleraust.)

Einbindung betrieblicher Partner (IHK, HK, Innungen)

europaweite Anerkennung von Zertifikaten

statistische Erhebungen zu Ergebnissen d. bilingulen Unterrichtes

Kriterien:
- Vermittlungschancen auf dem Arbeitsmarkt
- europäische / internationale Mobilität
- Leistungseinschätzung des Fachunterrichtes

Erprobung eines ternären Sprachsystems (Drei- bzw. Mehrspr.) (neben Englisch auch Französisch, Spanisch od. Italienisch)

- Berufsgruppe: Hotelfachmann/frau
  Unterrichtsmodul – Rezeptionsbereich

6. Schwierigkeiten bei der Konzeptumsetzung

6.1 inhaltliche Probleme

- unterschiedliche Arbeitsmethoden der Partner
- differenzierte Standpunkte der Partner zur Notwendigkeit des bilingulen Unterrichtes
- Sichtweise der Beurteilung des europäischen Einigungsprozesses

6.2 organisatorische Probleme

- Freistellung der Schüler während der praktischen Ausbildung (Beachtung der betrieblichen Besonderheiten)
- Einbindung von Schülern verschiedener Klassen, Klassenstufen bzw. Berufsgruppen
- schulische Besonderheiten (Prüfungen, Praktika, Turnusunterricht)

6.3 finanzielle Probleme

- kommunaler Verwaltungshaushalt besitzt keine Kostenstelle für europäische Programmarbeit, d.h. Schulen sollten mehr Autonomie in der Finanzverwaltung erhalten
- projektgebundene Zuschüsse (z.B. Leonardo, Sokrates) sind mit einem unflexiblen, kaum überschaubaren Abrechnungsmodus verknüpft
- Zuschüsse von Sponsoren, Förderverein usw. sind kaum gegeben, d.h. hohe Eigenleistung der Teilnehmer (Schüler)

7. Öffentlichkeitsarbeit

- Austausch der gesamten Projektergebnisse mit den Partnern (Internet)
- Veröffentlichungen über internationale Schülerzeitung (Euromagazin)
- nationale und internationale Symposien, Ausstellungen, Presse usw.
- Zuerkennung des Namenszuges „EUROPASCHULE"

Übersicht über die Schulformen und Ausbildungsberufe am Staatlichen Berufsbildenden Schulzentrum Jena-Göschwitz

1.	**Berufsvorbereitungsjahr**	Metalltechnik, Elektrotechnik, Holztechnik, Farbtechnik, Agrarwirtschaft, Textil, Hauswirtschaft
2.	**Benachteiligtenausbildung**	Metalltechnik, Holztechnik, Farbtechnik/Raumgestaltung
3.	**Förderlehrgänge**	
4.	**Berufsfachschule 2 (nb)**	Metalltechnik, Elektrotechnik, Ernährung/Hauswirtschaft
	Berufsfachschule 3 (b)	Restaurantfachfrau, -mann
5.	**Berufsschule**	**Metalltechnik** Gas-Wasser-Installateure, Metallbauer, Feinoptiker, Industriemechaniker, Kraftfahrzeugmechaniker, Zentralheizungs- und Lüftungsbauer, ...) **Elektrotechnik** Elektroinstallateure, Industrieelektroniker, Energieelektroniker, Rundfunk- und Fernsehtechniker

		Ernährung/Hauswirtschaft Köche, Hotelfachleute, Restaurantfachleute, Fachgehilfen im Gastgewerbe **Einzelberufe** Augenoptiker
6.	**Höhere Berufsfachschule**	Physikalisch-technischer Assistent, Assistent für Informatik, Assistent für Automatisierungs- und Computertechnik
7.	**Fachoberschule Metalltechnik,**	FOSI allgemeine Technik, Elektrotechnik
8.	**berufliches Gymnasium**	FR Technik und Gesundheit
9.	**Fachschule**	Augenoptik

Autorenverzeichnis

Bell, Robert

Dr. phil., geb. in Carliste, England. Studium in Cambridge, Dublin und Edingburgh. Nach Tätigkeit als Lehrer in Irland und Nordirland Dozent über Bildungsgeschichte an der Universität Edingburgh. Von 1971–1995 Dozent für Erziehungswissenschaften an der Open University in Milton. Leiter einer Grundschule der Church of England in London mit einem Anteil von Schülern ethnischer Minderheiten von mehr als 50 %. Vizepräsident des Europäischen Forums für Freiheit im Bildungswesen (EFFE). Wichtige Veröffentlichungen (zusammen mit Nigel Grant, Glasgow University): „A Mythology of Britsh Education“ und „Pattern of Education in the British Isles“.

Bönsch, Manfred

Prof. Dr. phil., geb. 1935. Lehrstuhl für Schulpädagogik an der Universität Hannover. Nach 6-jähriger Lehrertätigkeit an Grund- und Hauptschulen Zweitstudium, seit 1972 in der Lehrerausbildung tätig. Mehrere Rufe an Universitäten. Zahlreiche Publikationen zu Schule und Unterricht, zuletzt „Praxishandbuch gute Schule“, Baltmannsweiler, 2000.

Glenn, Charles L.

Prof. Dr., Studium in Harvard, Professor, Chairman of Administration, Training and Policy Studies und Fellow of the University Professors Program an der Boston University. Von 1970–1991 Director of urban education and equity effort für das Erziehungsministerium von Massachusetts. Verantwortlich für die ersten strategischen Programme für bilingualen Unterricht. Diverse Veröffentlichungen zur Bildungsgeschichte und vergleichende Bildungsforschung: The Myth of the Common School (1988); Choice of Schools in Six Nations (1989); Educational Freedom in Eastern Europe (1994, 1995); Educating Immigrant Children: Schools and Language Minorities in Twelve Nations (1996); The Ambiguous Embrace: Government and Faith-based Schools and Social Agencies (2000). Vizepräsident von OIDEL, Chartermember der European Association of Law and Policy, Beratungstätigkeit für das russische und chinesische Unterrichtsministerium.

Grunder, Hans Ulrich

Prof. Dr. phil. I, geboren 1954, unterrichtete nach dem Sekundarlehrerstudium mathematisch-naturwissenschaftlicher Richtung (Universität Bern) zwei Jahre an der Freien Volksschule Bern. Zweitstudium Pädagogik, Ethnologie und Journalismus. Nebenamtliche Unterrichtstätigkeit (insgesamt zwölf Jahre) an verschiedenen Schulen und in der Lehrer- und Erwachsenenbildung. Ab 1983 wissenschaftlicher Assistent am Pädagogischen Institut der Berner Universität. Promotion (1987) mit einer Arbeit über die Landerziehungsheime in der Schweiz. Habilitation (1992) zum Thema Seminarreform und Reformpädagogik. Lehraufträge an den Universitäten Zürich (Päd. Institut) und Bern (Abteilung Höheres Lehramt, Sekundarlehrerausbildung) und Göttingen (Fakultät für Erziehungswissenschaft). Ab Frühjahr 1993 Vizedirektor der Ausbildung für Sekundarlehrerinnen und Sekundarlehrer an der Universität Bern (Sekundarlehramt). Ab Wintersemester 1995/1996 Professor für Schulpädagogik am Institut für Erziehungswissenschaft der Universität Tübingen. Gründer und Leiter der dortigen Forschungsstelle für Schulpädagogik. Oktober 1998 bis Oktober 2000 Direktor des Instituts für Erziehungswissenschaft der Universität Tübingen. Arbeitsschwerpunkte: Schulpädagogik, Geschichte der Pädagogik, Medienpädagogik, Geschichte und aktuelle Konzepte der Didaktik, Anarchismus und Pädagogik, Lehrerbildung, Schulreformen, Sozialgeschichte der Erziehung in der Schweiz, Geschichte der Unterrichts- und Arbeitsmethoden.

Gyárfás, Katalin

geb. 1951 in Budapest, Studien in Pécs (Ungarn) und Leipzig, 1976 – Diplom für Germanistik und Kunsterziehung, seit 1992 im Gymnasium der Lauder Javne Jüdische Gemeinschaftsschule tätig, Leiterin der Abteilung für Fremdsprachenunterricht und der soziographischen Forschungsgruppe der Schüler für Judaistik.

Hallwirth, Uta

Dr., 1986 bis 1992 Gymnasiallehrerin für D/G/Sk an der Wilhelm-Löhe-Schule Nürnberg, Evang. Kooperative Gesamtschule. Seit 1992 Leiterin des Referats für Fort- und Weiterbildung der Evangelischen Schulstiftung in Bayern. Veröffentlichungen zum Thema „Fortbildung für Lehrkräfte an Evangelischen Schulen" und zu Fragen der Profilbildung Evangelischer Schulen.

Hiller, Walter

Geschäftsführer des Bundes der Freien Waldorfschulen und derzeitiger Vorsitzende der Bundesarbeitsgemeinschaft der Schulen in freier Trägerschaft; zuvor 17 Jahre als Oberstufenlehrer an einer Freien Waldorfschule in den Fächern Deutsch, Geschichte und Gemeinschaftskunde tätig.

Jach, Frank-Rüdiger

Prof. Dr. jur.; geb. am 25. März 1956 in Hannover; nach mehrjähriger Tätigkeit am Zentrum für Europäische Rechtspolitik an der Universität Bremen mit dem Schwerpunkt „Europäische Bildungspolitik" seit 1996 Leiter des Instituts für Bildungsforschung und Bildungsrecht e.V. Hannover, Professor für Staats- und Europarecht an der Fachhochschule für Öffentliche Verwaltung Hamburg. Zahlreiche Publikationen zum nationalen und internationalen Bildungsrecht, Herausgeber der Schriftenreihe „Abhandlungen zu Bildungsforschung und Bildungsrecht" im Verlag Duncker & Humblot, Berlin; der Zeitschrift „Recht und Schule" sowie der Sammlung „Bildung und Erziehung in freier Trägerschaft", Luchterhand Verlag. Wichtige Monographien: Schulvielfalt als Verfassungsgebot, Berlin 1991; Schulverfassung und Bürgergesellschaft in Europa, Berlin 1999; Abschied von der verwalteten Schule – Vorschläge für eine umfassende Bildungsreform, Luchterhand Verlag Neuwied 2002.

Jach, Hannelore

Geb. 1955, nach Studium der Fächer Kunst und Germanistik seit 1984 freischaffende Künstlerin, seit 2000 zeitweilige Mitarbeiterin im Institut für Bildungsforschung und Bildungsrecht.

Jürgens-Pieper, Renate

Geb. am 5. April 1951 in Braunschweig. Sie ist mit Wilhelm Pieper seit 1981 verheiratet und Mutter der Kinder Anna und Jan. Frau Jürgens-Pieper besuchte nach der Grundschule das Gymnasium Ricarda-Huch in Braunschweig und studierte nach dem Abitur ab 1970 an der Technischen Universität Braunschweig in den Studienfächern Biologie und Chemie für das höhere Lehramt. Nach dem 1. Staatsexamen 1975 und dem Referendariat am Studienseminar Wolfsburg legte sie das 2. Staatsexamen 1977 ab. Von 1977 bis 1990 war Frau Jürgens-Pieper im Schuldienst tätig. Nach dem Regierungswechsel 1990 wurde Frau Jürgens-Pieper zur Staatssekretärin im Niedersächsischen Kultusministerium ernannt. Sie übernahm Verantwortung als Amtschefin für die Bereiche Schule, Berufliche Bildung, Jugend, Kirchen sowie Politische Bildung. Frau Jürgens-Pieper ist Mitglied der GEW und Mitglied der SPD von 1972 bis 1985 und seit 1994. Am 30. März 1998 wurde Frau Jürgens-Pieper zur Kultusministerin des Landes Niedersachsen ernannt; seit Dezember 2000 ist sie zudem Stellvertreterin des Ministerpräsidenten Sigmar Gabriel.

Kircher, Nikolaus

Oberstudiendirektor i.K. im Bereich I (Glaube und Bildung) des Sekretariats der Deutschen Bischofskonferenz, Bonn, Leiter des Arbeitskreises Katholischer Schulen in Freier Trägerschaft in der Bundesrepublik Deutschland (AKS).

Klute-Wetterauer, Antoinette

Geb. am 18.2.1946, Leiterin und Geschäftsführerin des Montessori Zentrums Angell Freiburg, Oberstudiendirektorin; Geschäftsführerin des Wirtschaftsinstituts Angell GmbH; Präsidentin der Internationalen Fachhochschule Bad Honnef-Bonn; Vorstandsvorsitzende der Angell Hochschul AG. Nach Studium der Anglistik und Romanistik in Freiburg, Sussex und Brüssel Lehrauftrag an der Pädagogischen Hochschule Freiburg in Englisch; von 1971 bis 1987 Studiendirektorin und Fachabteilungsleiterin Fremdsprachen am Kolping-Kolleg Freiburg; Aufbau und Leitung des Bildungszentrums - Sprachkurse - des Bildungswerks der Erzdiözese Freiburg; 1987 Übernahme der Leitung und Geschäftsführung der Angell Schule - Ausbau der Schule zum Bildungs- und Ausbildungsverbund. Mitgliedschaften: Mitglied des Landesvorstands Baden Württemberg des Bundesverbands deutscher Privatschulen (VDP), Mitglied der Montessori - Vereinigung Freiburg; Mitglied des Montessori Landesverbands Baden Württemberg e.V.; Mitglied der Montessori-Vereinigung Sitz Aachen e.V.; Mitglied der ADMV (Aktionsgemeinschaft Deutscher Montessori- Vereine e.V.; Kuratoriumsmitglied der Tourismusakademie Baden-Württemberg; Mitglied der Vollversammlung der IHK Bonn/Rhein Sieg; Vorsitzende des IHK Ausschusses für Europäische Fragen; Mitglied des Skäl Clubs Freiburg; Member Board of Directors EuroCHRIE (The European Federation of the Council on Hotel, Restaurant and Institutional Education); Mitglied in International CHRIE; Mitglied im DRV (Deutscher Reisebüro- und Reiseveranstalter Verband; Mitglied in EURHODIP (The Leading Hotel Schools in Europe).

Köpcke-Duttler, Arnold

Prof. Dr. Rechtsanwalt, Ochsenfurth (Unterfranken) mit den Schwerpunkten Schulrecht; Kinder- und Jugendhilfe-Recht; Jugendstrafrecht; Behinderten-Recht. Diplom-Pädagoge. Apl. Professor der Pädagogik (Phänomenologie der interkulturellen Beziehungen) an der Universität Kassel, Lehrbeauftragter an der Universität Würzburg. Mitglied des Vorstands des Montessori-Landesverbands Bayern.

Netzer, Klaus

geboren 1942 in Mülheim/R. Studium der Anglistik und Romanistik in Freiburg, Köln und Paris. Tätigkeit als „stagiaire" bei der UNESCO. Übersetzer- und Dolmetscherdiplom für Französisch (1966) in Köln. Wissenschaftlicher Assistent an der Fakultät für Linguistik und Literaturwissenschaft der Universität Bielefeld. Mitglied der Projektgruppe „Linguistik im Fernstudium". Seit 1974 Fachlehrer für Englisch und Französisch am Öffentlich-Stiftischen Gymnasium Bethel in Bielefeld. Zuständig für Europakontakte.

Nordmann, Jean-Daniel
Leiter und Gründer der Ecole la Garanderie; Mathematik- und Theologiestudium an der Universität Freiburg/Schweiz. Mathematik-, Physik- und Religionslehrer in verschiedenen Privatschulen im Kanton Freiburg. Co-Rektor College St-Charles in Porrentruy (1981-1986), Leiter der Ecole du Valentin in Lausanne (1986-1996), Vize-Generaldirektor von OIDEL (Internationale Gesellschaft für die Förderung des Rechts auf Erziehung und Unterrichtsfreiheit).

Roon, Tina
Geboren 1962 in Bonn, Studium der Allgemeinen Sprachwissenschaften, Schwerpunkt Psycholinguistik, der Psychologie und Kommunikationswissenschaften; Mitbegründerin der Ecole la Garanderie, Unterrichtsschwerpunkt Deutsch, Entwicklung eines komparativen Grammatiksystems für Deutsch als Fremdsprache, Ausbildung nach den Arbeiten von Antoine de la Garanderie, gibt regelmäßig Kurse für hochbegabte Kinder im Bereich Lern- und Arbeitsstrategien.

Rýdl, Karel
geb. 1952. Gymnasiallehrer 1979–1981. Seit dem an der Karlsuniversität in Prag tätig. Fachliche Orientierung: 1. Geschichte der Pädagogik, Comenius, Reformpädagogik und Alternativschulen. Zahlreiche Schriften auch im Ausland. 2. Vergleichende Erziehungswissenschaft, vor allem Situation in Skandinavien. Mitglied vieler internationaler wissenschaftlicher Organisationen (WAER, ISCHE, EFFE, DGBV).

Schiffer, Manuel
geb. 1954, Lehrer für Mathematik, Gemeinschaftskunde und Astronomie, seit 2001 Studienleiter der Schule Schloss Salem.

Wirz, Schwester Ingeborg
OSU, OstD'i.D.a.S.i.f.T., seit 1990 Schulleiterin der St.-Ursula-Schule Hannover, ein Gymnasium in kirchlicher Trägerschaft.

Wohne, Mike
Diplomlehrer; geb.: 25.11.1993 in Wilhelm Pieck Stadt Guben; Abitur 1982 in Guben; Lehrerstudium von 1985 bis 1989 an der Pädagogischen Hochschule Dresden und an der Martin Luther Universität Halle/ Saale; Abschluss als Diplomlehrer für Mathematik und Geographie; 1989 bis 1992 stellv. Schulleiter an der Burgteichschule in Zittau; 1989 Mitglied des Neuen Forum Zittau, Arbeitsgruppe Bildung; 1991 Gründungsvorsitzender des Verein FIL e.V. (Verein **F**ortbildung **I**nformatik **L**ehrer); Fortbildner für die sächsische Akademie für Lehrerbildung, für Schulverwaltung und Schulmanagement; 1992 bis 1998 Lehrer für Mathematik/Geographie/Informatik am Christian-Weise-Gymnasium in Zittau, seit 1994 Vorsitzender des PEZ Schulträgervereins e.V.; ab September 1998 hauptamtlicher geschäftsführender Vorsitzender

des PEZ Schulträgervereins e.V. mit Sitz in Zittau und Lehrer an der Schkola Jonsdorf – freie Mittelschule; ab September 2000 Sprecher für die allgemeinbildenden Schulen in freier Trägerschaft des Freistaates Sachsen